本书属于 2016 年国家社会科学基金一般项目"抗日根据地对伪造货币的治理及其历史经验研究"(项目号：16BDJ013)结项成果

国家社科基金丛书
GUOJIA SHEKE JIJIN CONGSHU

抗日根据地对伪造货币的
治理及其历史经验研究

Research on Anti-Japanese Base Region's Governance of
Counterfeit Money and the Historical Experience

徐德莉　著

人 民 出 版 社

责任编辑：洪　琼

图书在版编目(CIP)数据

抗日根据地对伪造货币的治理及其历史经验研究/徐德莉 著. —北京：
　人民出版社,2024.6
ISBN 978 - 7 - 01 - 024709 - 0

Ⅰ.①抗…　Ⅱ.①徐…　Ⅲ.①农村革命根据地-伪造货币-犯罪-
　治理-研究-中国　Ⅳ.①D924.334 ②D929.6

中国版本图书馆 CIP 数据核字(2022)第 061354 号

抗日根据地对伪造货币的治理及其历史经验研究
KANGRIGENJUDI DUI WEIZAOHUOBI DE ZHILI JIQI LISHI JINGYAN YANJIU

徐德莉　著

人民出版社 出版发行
(100706　北京市东城区隆福寺街 99 号)

北京汇林印务有限公司印刷　新华书店经销

2024 年 6 月第 1 版　2024 年 6 月北京第 1 次印刷
开本:710 毫米×1000 毫米 1/16　印张:17.5
字数:300 千字

ISBN 978 - 7 - 01 - 024709 - 0　定价:99.00 元

邮购地址 100706　北京市东城区隆福寺街 99 号
人民东方图书销售中心　电话 (010)65250042　65289539

目　　录

导　论

　　2017 年 10 月 18 日,习近平总书记在中国共产党第十九次全国代表大会上的报告中指出,"深化金融体制改革,增强金融服务实体经济能力,提高直接融资比重,促进多层次资本市场健康发展。健全货币政策和宏观审慎政策双支柱调控框架,深化利率和汇率市场化改革。健全金融监管体系,守住不发生系统性金融风险的底线。"①货币安全和金融稳定是国家安全和社会稳定的重要保障,是国家治理体系和治理能力现代化水平明显提高的重要指标系数,因此,深化金融体制改革,健全金融监管体系,能使社会治理体系更加完善,社会大局保持稳定,国家安全全面加强,中国特色社会主义制度更加完善。现实是过去和未来的孩子,历史所呈现的并非只是过去的图景,而是未来的黎明!

　　货币战争是一场没有硝烟的战争,伪造货币是一个古老的历史问题,也是一个年轻的现实命题。基于历史与现实的考量,通过对抗战时期各类伪造货币案卷案情的还原与解读,试图呈现抗日战争时期多维立体的"活态"画面,进一步剖析几个重要问题:为什么会涌现大量伪造货币? 伪造货币呈现出什么样的历史图景? 抗日根据地对伪造货币如何治理? 有鉴于此,综合考察抗

---

　　①　习近平:《决胜全面建成小康社会　夺取新时代中国特色社会主义伟大胜利——在中国共产党第十九次全国代表大会上的报告》(2017 年 10 月 18 日),《人民日报》2017 年 10 月 28 日第 1 版。

日根据地对伪造货币的治理及其历史经验,既为反驳日本右翼势力极力否认甚至美化侵华历史提供有力证据,又为今天治理伪造货币、加强金融建设提供历史经验。

一、选题缘起与研究意义

(一)选题缘起

货币的年龄是 5000 多年,货币是让自由成为自由,让财富成为财富,让欲望成为欲望,让战争成为战争。富兰克林曾说"战争是掠夺,商业是欺骗"。[①]汤因比认为持久和平的根本保障在于经济与社会的发展。[②] 反之,在战争中破坏之巨莫过于经济与社会的动乱。正如凯恩斯所说,要颠覆这个社会最巧妙的手段就是击垮它的货币体系。

抗战时期,日军正是通过伪造我方货币,图谋扰乱金融货币信用体系,配合军事侵略,达到侵华的最终目标。从日本国内媒体言论可见其意图:"'支那'[③]事变顺利结束,一方面无非是在强化对重庆的武力追击的同时,培育新政府,必须使新政府治下的建设,能够进一步对重庆施加积极的攻势。云南作战,浙东作战,以及'北支''共匪军'奸灭战,对'南支'空军根据地的继续空袭便属于前者。最近,对法币展开积极的攻势便是'中支'建设和击垮重庆经济的经济战。"[④]这里体现日本侵略中国的两个重要意图:一是试图建立殖民政府如培植汪伪政权;二是开展对法币的积极攻势,以伪造货币作为"货币进攻"手段,以图破坏中国货币体系,达到配合其军事进攻和整个侵略图谋。

马克思对于战争的掠夺本质有过深刻论述:"在自己周围集合一队贪图

---

① 《关于国民财富的有待研究的几个问题》,斯巴克斯编:《本杰明·富兰克林全集》第 2 卷,第 376 页。转引自《资本论》第 1 卷,北京:人民出版社 1975 年版,第 187 页。

② 王薇、王黎:《阿诺德·J.汤因比论二战的影响与启示》,《四川大学学报(哲学社会科学版)》2016 年第 3 期。

③ 注:本书"支那"遵从原文翻译,是近代日本侵略者对中国的蔑称。

④ 《社说:法币打倒政策の进展》,《読売新聞(朝刊)》1942 年 6 月 2 日第 2 版。

掠夺品的青年人,他们对他个人必须效忠,而他对他们亦然,首领养活他们,奖赏他们,并且按等级制来组织他们;对于小规模的征战,他们充当卫队和战斗预备队;对于大规模的征战,他们是现成的军官团。"①战争不仅为了征服,而且为了掠夺,其经济意蕴远超过政治含义,可以说,现代战争是政治与经济同体的化身。

公元前 650 年左右,吕底亚王国发明了铸币术,从此,钱币是财富的象征,吕底亚是财富的代名词。古希腊历史之父希罗多德著的《历史》,正是以吕底亚的历史作为开篇。货币塑造了人类历史,货币战争激荡了人类冲突。货币战争远至古希腊,历史漫漫,近至一战、二战,延至现世。一战中英国伪造德国马克颠覆了德国经济,二战中德国伪造英镑破坏英国经济。希特勒的伪币行动在集中营开展,关押在纳粹集中营里的阿道夫·博格被迫伪造了价值 30 亿英镑的假币(相当于当时的 1.35 亿英镑),英国在二战中节节败退与其遭到严重破坏的货币体系和濒临崩溃的经济密切相关。亲历者阿道夫·博格撰写的回忆录《魔鬼工厂》(后被改编为电影《伪钞制造者》并荣获当年奥斯卡金奖),并非文学渲染和杜撰小说情节,既是对人类历史中伪造货币的血泪史的真实记载,又是对伪造货币主宰者的控诉。

无独有偶! 抗战时期,日军军部设立专门的伪造货币机关——登户研究所,整个抗战期间伪造中国货币竟达 40 亿元之多,堪比国民政府一年多的货币发行总量,其中至少有 30 多亿元被抛至中国市场用来抢购战略物资。南京国民政府陷入严重的经济危机与此紧密关联。如果说身在纳粹集中营中的阿道夫·博格是被迫所为,而作为登户研究所主任陆军主计少佐山本宪藏则是主动请缨,陆军省的岩畔军事课长岩畔大佐与山本宪藏少佐之间的对话即为例证。岩畔大佐对山本说:"我仔细阅读了你的计划。但是,你真的有全力以赴的打算吗? 如果全力以赴展开工作的话,作为经理部的将校,你的晋升可就会

---

① 《马克思恩格斯选集》第 4 卷,北京:人民出版社 1995 年版,第 160 页。

晚了。你愿意吗?"山本回答:"我愿意。我会彻底让法币陷入崩溃,自己的晋升是小事。"岩畔大佐:"好的,有这样的觉悟的话,这项工作就交给你了","关于这项工作,已经命令登户研究所去研究了,你也会成为这个研究所的成员,去好好干吧"。① 1938 年年底,东条英机正式下达了旨在"使蒋介石政权的法币制度崩溃,并以此扰乱其国内经济消灭该政权的经济抗战能力"的《对"支"经济谋略实施计划》,策划了一场骇人听闻的伪造中国货币之行动计划。

即使今天,假币从未远走。伪造货币不仅是个历史话题,更是一个重要的社会现实问题。历史上的政治家、歹徒、间谍乃至平常老千,或是为了赢得战争而搞垮对方的经济,或是为了使自己发财而伪造货币。总之,人作为贪婪的造物主,从人的本性看,货币战争将永无止境,伪造货币很难绝迹。因此,了解昨天那些伪币制造者成功或失败的手段、原因和目的,有助于我们反思历史和思考未来。

通过"复活"抗战时期伪造货币之现实场域,剖析弥漫着硝烟与鲜血的货币战争本质,揭示货币权博弈所呈现的货币伦理异化,反映伪造货币与货币道德失范的内在意蕴。基于历史分析与现实观照,在一切以货币为中介的货币经济时代的今天,深度解读抗日战争中伪造货币历史图景,对审视当前仍然存在的伪造货币现象、货币控制权博弈、世界货币秩序重建仍然有重要借鉴意义。

(二)研究意义

抗日根据地有效地治理伪造货币,有力地打击了日方金融侵略意图,成功地维护了抗日根据地的货币安全与金融秩序,对抗日战争作出了重要贡献,为解放战争时期和新中国成立初期的金融建设积累了宝贵经验。加强对抗日根据地治理伪造货币的全面研究,为治理当今世界的假币制造之风提供借鉴,利

---

① 《对"支"经济谋略実施案(第 1 期)昭和 12 年 8 月 11 日第 7 课》,防卫省防卫研究所,アジア歴史資料センター,レファレンスコード:C11110869800。

用丰富的资料开展抗日根据地对伪造货币的治理问题研究,有利于深化抗战史研究,推进我们更进一步认识到敌后战场在中国抗战中的地位,中国共产党在抗战中的中流砥柱作用,有利于我们继续弘扬伟大抗战精神。此外,希望本研究成果能为我国从事该领域的理论研究人员和实际工作者提供一份有价值的参考材料。同时,也可为公安部门侦破相关伪造货币案件提供参考,还将为中国人民银行和国家金融监督管理总局制定治理伪造人民币的方案和完善金融市场监控体系提供一定的借鉴。

当今世界正面临复杂多变的局势,全球经济呈现缓慢发展态势,世界金融危机频繁爆发,国际贸易环境仍然严峻。旨在顺应政治多元化、经济全球化、思想文化多样化形势,本着开放与包容同存的原则,在推行"一带一路"(The Belt and Road)的征途中,有效利用现代社会重要细胞——货币(人民币),充分利用人民币在国家组织和社会运动中的信用货币价值,构建世界开放型经济格局和全球自由贸易体系过程中最先发轫的是具有良好信用安全的中国货币体系。① 先后建立亚洲基础设施投资银行(简称亚投行,AIIB)和金砖国家新开发银行(New evelopment Bank,简称NDB),不断提升人民币国际化水平,努力争夺世界金融话语权,重构世界货币金融秩序,使人民币在全球货币序列中拥有良好的信用和安全的通行证,是从政治、经济和文化多层次实现人类命运共同体的重要步骤。

二、研究范畴与研究现状

(一)研究范畴

1.伪造货币的概念与内涵

伪造货币指仿照货币的式样、票面、图案、颜色、质地和防伪标记等特征,

---

① 《推动共建丝绸之路经济带和21世纪海上丝绸之路的愿景与行动》,http://www.xin-huanet.com//finance/2015-03/28/c_1114793986.html。

使用描绘、复印、影印、制版印刷和计算机扫描打印等方法,非法制造假货币、冒充真货币的行为。① 根据《中华人民共和国刑法》第一百七十条的规定,伪造货币罪是指违反国家货币管理法规,仿照货币的形状、色彩、图案等特征,使用各种方法非法制造出外观上足以乱真的假货币,破坏货币的公共信用,破坏金融管理秩序的行为。

追溯及民国,南京国民政府的 1928 年刑法和 1935 年刑法都对伪造货币罪有专门规定,1928 年南京国民政府形式上统一之后,颁行了《中华民国刑法》,其中制定了关于伪造货币罪的内容。1935 年币制改革,国民政府为了维护法币的权威,确保法币信用基础,巩固法币制度,制订了相关保护法令。如1935 年《中华民国刑法》的第十二章"伪造货币罪"中从 195 条至 200 条就对伪造变造法币及收集与行使伪造法币的惩罚做了非常明确的规定。其中,1935 年《中华民国刑法》中关于伪造货币罪的规定十分具有可操作性。其中对"意图供行使之用而伪造变造货币"、"行使伪造变造之通用货币、纸币、银行券或意图供行使之用而收集或交付于人"、"减损通用货币"、"行使减损分量之通用货币"等伪造货币行为分别进行了具体的界定,较为完备,这为国民政府打击伪造货币提供法律基石。1935 年 7 月 15 日,公布《妨害国币惩治暂行条例》,同时说明展期两年施行,裨将其"酌加修正";②《妨害国币惩治暂行条例》又于 1938 年 7 月 15 日得到修正,1943 年又对其进行修正。这些法律法规是保护法币权威的最后屏障,具有相对的稳定性和普适性。当然,也有因战时特殊时域与场域颁布之金融法条。如 1943 年颁发的《战时伪造法币治罪暂

---

① 田秉远:《浅析犯罪对象的概念与存在范围》,《河南社会科学》2011 年第 9 期。

② 按此"条例"公布实施日期为 1935 年 7 月 15 日(参见《中华民国国民政府公报》第 1794号),但一个月后,国民政府军事委员会复发布训令,称该条例仍需"酌加修正",故"应再通饬施行"的时间。参见中国第二历史档案馆编:《国民政府财政部档案》,中华民国史档案资料汇编:第 5 辑第 2 编财政经济(3),南京:江苏古籍出版社 1994 年版,第 2—3 页。受抗日战争影响,加之国民政府内迁重庆,1938 年 7 月 15 日国民政府公布修正后的《妨害国币惩治暂行条例》,但同时又令延期实施;故直到 1943 年 10 月 18 日,国民政府又才公布《妨害国币惩治条例》(但未实施)。

行条例》是专门针对战时治理伪造法币的具体法令,客观上对维护法币安全起到一定作用。

论述伪造货币罪时,认为伪造"是指制造出外观上足以使一般人误认为是货币的假货币的行为"①,就伪造货币而言,伪造是指无制造、发行货币权限的人临摹真实货币而私自制造出与某货币外观相同的假货币的行为。关于货币的伪造标准,有学者主要有三种主张,一是主张"不必模拟真币,只要足以欺罔他人,使之信为真币者";二是主张"非与真币仍同一外貌、同一形式不可,否则,即非此所称之伪"②;三是主张"就其形式之类似,而由客观上为一般之视察,足以使社会一般人误认为真币者"。③ 后者为通说,日本学者大谷实也是主张这一学说:所谓"伪造"即没有制造、发行货币权限的人制造出与真实货币外观相同之物并足以使一般人误认为是真实货币。尽管其表述不一,但基本含义一致。伪造货币罪的设立在于保障政府的专有造币权、维持通用货币的公共信用,而非源于顾及私人利益的损害,所以伪造物品必须具有类似通用货币的各种特色,于交易上能够足以使一般人信以为真的,其行为才属于伪造货币罪中的伪造。

金融是经济的核心,货币是金融的主体。货币是人与人之间社会经济关系的表现,货币的本质反映社会关系的总和。货币内含的信用价值凸显了其伦理意义,但货币演变中又呈现其伦理异化,抗日战争中日军伪造货币的行为即为例证。货币权从本质上来说是国家主权的体现,货币主权是国家主权的主体,货币发行权是货币主权的基本内核。抗战时期,日本发行伪币和伪造货币,破坏中国货币主权,造成币值震荡,扰乱中国货币信用体系。因此,货币主权与政治主权同样重要。

---

① 张明楷:《刑法学》(下),北京:法律出版社 1997 年版,第 625 页。
② 王振兴:《刑法分册实用》第 1 册,台湾:三民书局 1985 年版,第 107 页。
③ 李良志:《建立和巩固抗日民族统一战线——中国共产党战胜日本帝国主义的伟大战略决策》(下),《抗战史料研究》2018 年第 2 期。

货币事关国计民生。古今中外各国的刑事立法无不把伪造货币的行为规定为犯罪,予以刑事打击,维护货币独立与金融稳定,捍卫政权稳定和促进社会经济发展。因此,对"伪造货币"这个具体研究对象准确界定概念和内涵,是十分有必要的,也是深入全面考察抗战时期伪造货币及关联的经济侵略与政治意蕴的重要前提。

2.抗日根据地的概念与内涵

抗日战争时期,国统区、沦陷区和抗日根据地三足鼎立,是我国抗日战争中的一大特点。抗日根据地是指在抗日民族统一战线旗帜下,由中国共产党领导的抗日爱国武装通过艰苦的游击战争开辟的,实际上是中国革命根据地在抗日战争这一特定历史条件下的继承和延续。除陕甘宁边区直接起源于土地革命时期的农村革命根据地外,其他各个根据地在创建的初期,面积小,有的只有几个区、乡或县的范围。后来不断扩大,形成较大的具有战略意义的区域,通称战略区。从 1937 年到 1940 年,中国共产党领导的抗日队伍从 5 万人发展到了 50 万余人,增加将近 10 倍的力量,而且不包括地方武装和民兵。除陕甘宁边区外,在华北、华中、华南建立了约 16 块根据地,拥有 1 亿人口,成为全国抗战的重心。① 自 1944 年抗日根据地面积进一步扩大,到 1945 年春,全国已有 19 块战略抗日根据地。全国形成了包括陕甘宁、晋绥、晋察冀、晋冀鲁豫、山东、华中、华南在内七大抗日根据地,土地面积共达 86.4 万平方公里,人民军队 93 万人,民兵 220 万人。

各抗日根据地建立后,在坚持抗日民族统一战线独立自主的方针指导下,各自建立抗日民主政权,各自统筹本地区的军事、政治、经济力量。为了发展经济,支持战争,在西北、华北、华中的多数根据地建立银行或其他金融机构,发展各自的金融事业。先后创建了陕甘宁边区银行、晋察冀边区银行、冀南银行、鲁西银行、西北农民银行、北海银行及华中等抗日根据地银行,分别发行了

---

① 中共中央党史研究室:《中国共产党历史》(上卷),北京:人民出版社 1991 年版,第549 页。

区域本位币及地方币等货币,对发展经济、建设金融和保障抗战胜利起到了重要作用。

(二)研究现状

1.国内研究成果

一是关于国统区伪造法币研究。学界主要是集中于货币战的货币侵略中制造假币的梳理,通过伪造敌国货币作为货币进攻的方式,达到军事进攻与政治侵略的目的。主要围绕国民政府应对日方伪造货币及其他金融侵略的应对措施及其影响进行论述。如《日本侵华战争中的货币战》(梁晨,2004)、《抗战时期日军使用假钞票的真相》(袁愈,1988)、《日本在侵华战争时期对重庆政权的伪钞工作》(房建昌,1999)、《民国时期的中日假钞之战》(孟国祥,1999),其中《探研日本侵华战争中的货币战》(姚会元,2015)一文非常深刻地分析制造假币是日本妄图以此破坏我国金融体系、遏制我国战时经济命脉、摧毁我国抗战的物质基础的重要金融侵略手段,对伪造的原因、目的及具体进程进行了深入阐述。《中国近代金融史》(中国近代金融史编写组,1985)一书对于1940年日本大藏省印铸局公然伪造法币数千万元事情有过详细记载。宋鸿兵编著的《货币战争》对将近300年的西方近代史与金融发展史进行梳理,揭示了大量不为人知的历史真相,深刻分析国家政权与货币运行之间互为表里的多重关系。戴建兵的《金钱与战争——抗战时期的货币》(戴建兵,1995)一书,其中记述了货币阵地战、法币外汇战、金银争夺战、真假钞票战、物资争夺战等中日货币战,阐述抗日战争背景下的货币与政治、经济、社会的综合关系,特别是对于日伪伪造法币和抗币、国民政府伪造日伪币及其应对措施进行了非常好的论说,这为本项研究提供了重要的研究基础。此外,徐德莉的《抗战时期日本伪造货币及中方治理对策》、《抗日根据地对伪造货币的应对》、《民国时期伪造之风研究——以湖南为例》以及陈建智《抗日战争时期国民政府对日伪的货币金融战》等论著对伪造货币的某些方面进行了研究。

　　二是关于抗日根据地的伪造边币研究。《货币之战：论抗日根据地的金融稳定政策》(汪澄清，2005)、《论抗日根据地的货币斗争》(黄存林，1985)、《略论山东抗日根据地的经济战》(王世豪、肖菲，2014)、《试析胶东抗日根据地的货币斗争》(杨焕鹏，2014)、《华中抗日根据地的货币斗争》(王建国，2015)、《胶东战场的"货币战争"》(2015)等论文对中共应对日方货币金融侵略采取巧妙的回击措施，利用抗币自身特点抵制伪造，加强反假币的治理措施，有效地打击了日伪金融侵略的图谋。高翠在《山东抗日根据地日伪假票研究》(2013)一文中对山东抗日根据地假票的种类、来源与危害及假票的识别与处理进行考察，论述了根据地的反假币斗争，并对若干假票的鉴别方法进行了总结。另外《川陕革命根据地货币史》一书对伪造法币、日伪假币及假的抗币及其相应惩治措施有过具体记载。

2.海外的研究成果

　　1984年6月东京的现代史出版会推出了山本宪藏所著《陆军赝币作战——计划、实行者所公开日中战争的秘话》一书，山本宪藏系伪造法币的设计者和日本陆军第九研究所(通称"登户研究所")主任，他作为亲历者，披露了中国抗日战争期间日本军部印行法币伪钞，意图破坏中国法币和经济的阴谋。这本书既是研究日本伪造中国货币的重要史料，又是驳斥日本右翼势力极力否认甚至美化侵华历史的歪曲历史的有力证据。日本学者纯真、宫下忠雄、大竹慎一、浅田乔二等主要集中于中日货币战争方面论述货币伪造，日本学者浅田乔二在《1937—1945年日本在沦陷区的经济掠夺》(浅田乔二等著，袁愈全译，1997)一书中对抗战时期日方以伪造货币作为货币进攻手段，扰乱中国货币信用体系，破坏中国经济等方面进行了详尽分析，当然，由于著者立场与利用史料不同，其研究的视角不同于国内，尽管有些观点与立场值得商榷，但为本研究提供了一定的借鉴。

　　[美]约翰·K.库勒著《货币战争》(约翰·K.库勒著，陈远明、陈曦琳译，2009)从货币战争的宏观视角对中东、英、美、苏等国的伪造货币历史做了深

度观察,揭示各国通过伪造敌方货币暗中削弱对方经济、社会和执政当局的历史具象,它为本研究拓展研究视野起到一定作用。[美]卡比尔·塞加尔的《货币简史》(*Coined*:*The Rich Life of Money and How Its History Has Shaped Us*)(卡比尔·塞加尔,2015)2008 年世界金融危机爆发后,作为摩根大通新兴市场股票部副总裁的卡比尔·塞加尔是为现实问题到历史去寻找解决方案的角度,基于金融和货币的终极意义考察人类社会对货币深度依赖之历史轨迹,该书全面梳理货币的出现、发展及其历史演变,深度解读货币发展对人的经济、文化、宗教伦理这些方面的影响以及当下货币发展的新趋势。这是一部非常系统的全球货币史,为本课题的研究提供理论参考。曾为国民政府财政顾问、中央银行顾问的美国人杨格在 *China's Wartime Finance and Inflation*(1937−1945)(Cambridge Harvard University Press,1965)一书中认为中共边区银行发行的边币正确处理了与伪币、法币的关系,有效地维护了边币的币值稳定,逐渐形成独立自主的货币体系,有力反击日伪经济侵略。另外,林美莉著《抗战时期的货币战争》(台北,1996)一文主要集中于战时国民政府治理伪造货币之举措及其影响等方面的阐述,亦为中共治理伪造货币研究提供十分有益的借鉴作用。

上述研究成果,为本研究的开展提供了一定的范式指导和深入研究的基础。但是,上述研究成果更多基于货币斗争过程的描述,旨在揭示经济侵略中的政治意味,尚未达到透过伪造现象提升到理论分析的程度。到目前为止,对抗日根据地对伪造货币的治理及其历史经验尚无专门研究,可以说,这与其对历史和现实所产生的重要影响极为不相称。因此,从对抗战时期中国共产党治理伪造货币的理论与实践进行梳理,同时总结其历史经验教训,为深化金融体制改革、加强货币的制度化建设与伦理化建设提供现实启示。

三、研究取向与研究内容

(一)研究取向

本课题研究取向坚持"学术标准与宏观视野"。

历史是现实问题及其解决方案的重要源泉。历史研究或历史学家就如一只"双脚规",它站在过去与未来两个据点上,是为两者找到对接点。抗战时期中共对伪造货币的治理能力所呈现的是一个政党的生命力,如果说历史是一个望远镜的长镜头,那么,处于货币经济时代的今天,直视货币伦理异化带来的历史灾难,有利于提升我们深入把握货币本质规律和重构世界经济秩序与货币伦理秩序。

从历史与文化、社会之间的联系,把研究的现象和问题放在历史的长河之中,在特定的历史语境之下,从宏观的学术视野进行清醒冷静的学术分析,把现象和问题正本清源、梳理清晰,使研究更具体、更深入,真正具有学术价值,在研究具体的现象和问题时,要具有宏观的视野和观察的角度,达到登高海自平的境界,让自己处于俯视的境地,使自己的研究角度不拘泥于一个狭小世界。但是我们在具体研究问题时要避免大而不当,大而空洞的倾向,任何宏观的把握都离不开微观的介入,微观的研究和探讨也是研究者应具备的方法,同样也是不容忽视的一个方面。

"学术标准",就是在研究中要高度重视第一手资料的收集、整理和充分利用,历史研究的基本方法是实证法,特别讲究资料的严谨与充实,强调论从史出,"有一分材料说一分话",摒弃毫无事实依据的逻辑推理。

笔者往来于各大档案馆,如南京第二历史档案馆、江苏省档案馆、上海市档案馆、天津市档案、福建省档案馆、河北省档案馆、河南省档案馆、重庆市档案馆、四川省档案馆、湖北省档案馆、湖南省档案馆、江西省档案馆、山西省档案馆、山东省档案馆、陕西省档案馆等,对其中与民国时期伪造相关的档案逐一查阅、抄录和整理,与伪造货币相关的案卷大约统计如下:南京第二历史档案馆馆藏有 5 个卷宗,至少有 350 多件案件;上海市档案馆馆藏有 5 个卷宗,伪造货币案件有将近 580 余件,详略记载不一,既有大宗系关中日货币战争的日方伪造法币的卷宗,亦有部分系关普通民众因贫而犯之伪造;天津市档案馆藏《河北天津地方法院档案》共有 3 个卷宗,总计 589 件;重庆市档案馆藏《四川省高等法院》《重庆地方法院》有 2 个卷宗,共计 480 个案件;湖南省档案馆藏《湖南省高等法院检察处》《长沙地方法院档案》有 6 个卷宗,所计伪造案共计 1776 件;江西省档案馆藏《江西省高等法院》、南昌市档案馆藏《南昌市地方法院》总共有 4 个卷宗,共计伪造案件 1128 件。关于抗日根据地档案,在所查阅过的山东、山西、河南、河北、陕西、山西等省市县档案馆藏共有 100 多个卷宗,其中,山东省档案馆馆藏共有卷宗 7 个,案件计约为 600 余件;陕西等省档案馆馆藏共有卷宗 6 个,案件计约为 400 余件。本人曾在山东省档及部分市档的关于北海银行档案有过详细收集与整理,大约将近 320 多案件,另外,以涉县和邢台市档为中心,涉县主要集中于抗战和解放战争时期伪造案件有 8 个卷宗,约 330 个案件,邢台市档案馆关于冀南银行的档案资料较为丰富,大约有近 4 个卷宗,收集与整理有关于冀南银行的大约 40 万字资料。因此,史料收集与史料解读是历史研究的重要基石。把档案中发现的有代表性的案例还原到具体环境之中,实现连接历史与现实性之历史研究的本真,力图对当时的治理图景进行一定程度的还原。从而"复活"伪造货币的历史现场,深刻揭示伪造货币与货币伦理异化的本质关联,折射伪造货币所隐喻的货币道德失范的根本意蕴。

（二）研究内容

研究内容即本课题的基本结构。抗战时期,日本对中国发动了一场全面的侵略战争,其侵略包括军事、政治、经济、文化各个方面。日本对中国实施"以战养战"的战略目标,建立伪银行,通过发行伪币,设立专门伪造货币的日本登户研究所,伪造货币作为其金融侵略的重要手段,日军通过伪造大量法币和边币抛放至中国货币市场,充斥货币流通领域,扰乱市场对货币的客观需求量,破坏货币安全,严重干扰中国货币体系和战时经济秩序。日伪成立伪中央银行,发行"新法币"即伪币,并且试图以"现存的法币,尽管持续大幅贬值,却仍然作为'支那'的通货继续流通,在此情况下,新货币制度必须要准备好与法币进行正面的殊死搏斗。这场与法币之间的搏斗,也会成为新政权与重庆之间的政治实力的角逐。……对此,新政权以何种政治实力去进行应对,会影响到新货币制度的规模和成败,即政治的关系将决定经济问题未来的走向。"①可见,货币战争是军事对抗与政治博弈的同行者。"使得储备券成为唯一的货币,保护汪伪国民政府治下民众的生活免受重庆政府的操纵,保证了'中支'的建设进入新阶段,为实现以发展为目标的'大东亚战争'全面胜利提供了巨大的助力"。② 因此,深刻分析日本侵华的金融政策与措施是研究伪造货币的重要历史背景,当然,法币及边币的流通领域的经济生态或金融环境也是其重要原因。与此同时,深度挖掘各类伪造货币案卷,力图还原其伪造货币的历史图景,以期"复活"伪造货币的历史现场,努力去揭示伪造货币的历史成因及其关联的政治、经济及军事等多重社会面相。

第一章关于抗战时期伪造货币产生的社会背景的阐述。在抗日战争时代背景下,对沦陷区、国统区及边区等财政金融局势和经济环境作深度分析,有利于全面考察伪币、法币和边币的流通环境,有利于准确理解伪造货币产生的社会背景,有利于呈现伪造货币之多维历史图景,有利于进一步揭示伪造货币所隐喻的货币道德失范之内在意蕴。

第二章关于抗战时期伪造货币的基本情况的论述。通过利用几乎不曾被使用过的民国高等法院、地方法院的伪造货币案卷等原始档案资料、民国报刊及时人著述,尽量"复活"伪造货币现场及其相关历史演绎场域,发现日占区、国统区及敌后根据地等地诸多伪造货币充斥于市场,主要是对与货币战相关的伪造货币和基于生存视角的底层民众伪造货币等两类情形进行充分考察,力图还原战时"活态"多维的画面。

从第三章到第四章,专门对抗战时期中共领导的抗日根据地边区政府治

---

① 《新中央政権と経済合作(1)新経済体制の進路:秘鑰は政治の関系に》,《東京朝日新聞(朝刊)》1940 年 1 月 20 日第 4 版。

② 《社説:法幣打倒政策の進展》,《読売新聞(朝刊)》1942 年 6 月 2 日第 2 版。

理机制与措施进行深刻论述。第三章和第四章集中论述中共边区政府对伪造货币的治理对策。第三章和第四章分别从中共财政、金融、司法及行政四个方面梳理中共边区政府治理伪造货币的对策。如果把抗日根据地的货币比作一辆行驶的汽车，有利于货币的发行和流通的财经金融制度是高速公路，保障货币有效流通和信用安全的金融司法建设是导航，治理伪造货币和维护金融秩序的行政措施则为油门，这四者是彼此相互联系、相互作用的辩证关系，只有相互配合，发挥多功能组合优势，才能成为有效治理伪造货币的刹车片和制动系统，才能达到抗战胜利和建国的目标。

抗战时期，中国共产党把"发展经济、保障供给"作为指导一切财政工作的总方针，通过发展生产，增加财政收入，制定科学的税收制度，恰当发行国债的财政信用渠道等金融措施，结合独立自主的货币政策，有效调整分配关系，达到财政收支平衡。财经与金融紧密相关。抗战时期，中国共产党实行的是独立自主的货币政策，根据战时特殊的经济环境和金融生态，各根据地在统一的货币政策指导下灵活自主地发行地方货币，是对马克思主义货币本质规律的灵活运用。科学的金融政策和正确的财经政策，是抗战时期中共打击敌伪经济、发展根据地经济，获得打击伪造货币的内生力量，我们的党遵循货币本质规律，采取科学合理的财政、金融措施，不仅有效地治理了抗日根据地的伪造货币，而且很好地维护了边币信用安全，保障了边区金融稳定，加强了根据地经济建设。与此同时，法律与政治之互为表里、相辅相成，犹如鸟之两翼、车之双轮，充分呈现法律与行政的亲密血缘，因此，一方面，从法律规程上构建利于货币发行与流通的司法环境；另一方面，采取将货币斗争与贸易管理相结合的行政手段，为维护边币信用和金融稳定提供良好治理对策。

第五章设计了"抗日根据地治理伪造货币的特点与历史经验"，即对中共治理伪造货币的基本特征及其基本经验进行总结与概括。因为，欲知未来，必须先了解历史，研究历史不只是为了相信历史是必然的，更是为了从历史中寻找本质规律，汲取历史的智慧，去保护未来。

第一章　抗战时期伪造货币
产生的社会背景

　　抗战时期,日本在中国各地以货币手段,或伪造中方通货或在占领区滥发伪币,聚敛财富,并妄图以此破坏中方之金融体制、货币体系,遏制中国战时经济命脉,摧毁其抗战的物质基础。日本对华的金融侵略是伪造货币大量涌现的重要成因,法币制度内生机制缺陷及其流通环境是为伪造货币形成之客观成因。因此,在抗日战争时代背景下,对沦陷区、国统区及边区等财政金融局势和经济环境作深度分析,有利于全面考察伪币、法币和边币的流通环境,有利于准确理解伪造货币产生的社会背景,有利于呈现伪造货币之多维历史图景,有利于进一步揭示伪造货币所隐喻的货币道德失范之内在意蕴。

第一节　日本对华的金融侵略

一、日本战时经济局势

　　日本作为岛国本来资源短缺,随着占领区不断扩大和战线不断拉长,造成严重的财政负担,因此,作为岛国的先天性的资源缺陷不可避免地暴露出来,呈现国力不支与经济崩盘征兆①。太平洋战争爆发之后,日本军费膨胀更厉害,财政日趋困难。从 1942 年起大规模地增加了 67 亿日元以上的租税,自 1937 年到 1944 年为止,租税收入由 15 亿日元增至 116 亿日元。自抗战以来日本军费呈现空前的膨胀状态,此次日本侵华军费,在 1937 年度,预算已达 25 亿元。不规则的预算加上通常的军费 14 亿万元,则战费与军费竟达到 39 亿元的巨额,这在 1937 年度的日本总预算额 54.7 亿元中,要占 72% 强。这已经算是战时预算了。但是更厉害者,即 1938 年度内阁各部的经常预算总额仅为 28.5 亿元,而战费总额,竟达 48.5 亿元,这较之经常预算多一倍以上。在如此庞大战费预算中,陆军费 32.5 亿元,海军费为 10.5 亿元,大藏省(财政部)所管的预备费为 5.5 亿元。这与上年度的战费合计起来,则陆军费为 49.86 亿元,海军费为 15.4 亿元,预备费为 9 亿元,总计共为 73.9 亿元。与甲午之战的日本战费 2.04 亿元相比,要多 36 倍,比日俄之战的 14.52 亿元,日本参加世界大战的 13.29 亿元,也要多 4 倍的样子,这样多的战费,在日本历史上是从来没有的。②

表 1.1　日本战时财政 1937—1940 年(以千日元为单位)岁出净总额③

年　份 项　目	1937—1938	1938—1939	1939—1940
一般预算	3888899	3514541	4804514
特别预算	13269077	13001365	16616120
总　计	16757976	16515886	21420634

在 1940 年度中,国防军事预算中有陆军一般合计 1279000000 日元,临时军事费 2973000000 日元,合计 4252000000 日元。海军一般合计 1018000000

---

① 中国现代史资料编辑委员会编:《战争中的日本帝国主义》,北京:中国现代史资料编辑委员会出版社 1957 年版,第 163 页。
② 彭迪先:《战时的日本经济》,北京:生活书店 1938 年版,第 17 页。
③ 《翁文灏日记》(下册),北京:中华书局 2011 年版,第 713 页。

日元,临时军事费 737000000 日元,合计,1765000000 日元,临时军事预备费 750000000 日元,总计 6767000000 日元。① 日本租税收入 1938 年 1577141000 日元,1939 年 1865858000 日元,1938 年经常性岁入 2206409000 日元,临时性岁入 13159500000 日元,共计 3522360000 日元,1939 年经常性岁入 2378038000 日元,临时性岁入 2246505000 日元,共计 4808543000 日元。② 而这个收入远远不足以支付巨额的财政支出,其中军费增加特别之快之多。

自 1937 年到 1944 年为止,日本租税收入由 15 亿日元增至 116 亿日元,但是以军事费用为中心的岁出的膨胀差不多全靠公债和借款来支付,如表 1.2 所示,其数额从 1942 年起共达 1455 亿日元。关于公债的发行,从 1943 年起取消了发行限额,并通过强制国民储蓄和摊派公债来迫销。日本银行纸币发行额也随着增加,自 1941 年底到 1945 年 6 月止,由 59 亿日元增至 262 亿日元,因而使通货膨胀加剧。③

表 1.2　太平洋战争期间的军事费和公债④

年份	岁出总额 （千日元）	临时军事费 （百万日元）	战费总额 （百万日元）	按 1953 年价格水平折算的 战费总额（百万日元）	公债和借款 （百万日元）
1941	8133891	9487	13212	2655612	9283
1942	8276475	18753	19864	3674840	12945
1943	12551813	29818	32685	5654505	24722
1944	19871947	73493	77422	11845566	63423
1945	21496189	6448	546305	55176805	44455

① 《翁文灏日记》(下册),北京:中华书局 2011 年版,第 713 页。
② 《翁文灏日记》(下册),北京:中华书局 2011 年版,第 644 页。
③ [日]守屋典郎著,周锡卿译:《日本经济史》,北京:生活·读书·新知三联书店 1963 年版,第 363 页。
④ 根据大藏省与日本银行合编:《财政经济统计年报》1948 年版;宇佐美诚次郎:《临时军事费》(《昭和财政史》第 4 卷)1955 年版,第 386、389 页编制。战费总额是临时军事费和一般会计中的战费等项的合计数,1945 年战费的大部分是外资金库损失额,计 524681 百万日元。

由表 1.2 可知,战费总额是临时军费和一般会计中的战费等项的合计数,1945 年战费总计 524681 百万日元。

急剧增长的军费远远超出日本的财政支付能力,随着日本战线拉得越长,日本越来越陷入严峻的财政危机。特别是太平洋战争之后,英美等国加强军事打击和经济封锁,使得日本财政危机更为严峻,特别是粮食等重要战略物资显得更加短缺,对此日本在侵占区农业政策有所调整。

1943 年初,"大东亚"建设审议会通过之"大东亚农业政策"曾有以下三点之规定:(一)日本主要粮食之米,由国防观点言,应由"(伪)满洲"、"中国"等近距离之处供给,故应扩充粮食产量。(二)为积极增强华北及华中之棉花生产,仍应确保棉花生产地带之粮食自给,对棉花之生产与收购价格等,应实行适宜方案。(三)主要粮食,以确保内地自给为原则,但华中、华南之不足地域,应仰给于南洋各地。[①]

粮食危机迫使日本人挨饿甚至陷入死亡危机,据统计,仅仅日本在东北、华北大约 220000 个农民定居者中,大约有 80000 人死亡,其中,有 1.1 万人在报复的中国人手中遭到暴力杀害,一些人自杀,但至少有 6.7 万余人因为缺少食物而活活饿死。[②] 可见,日本战争粮食短缺的严重性,战争中,粮食是最为关键的战略物资,谁掌握了粮食,谁就赢得了战争。对此,英国历史学家丽兹·格林汉姆在《战争的滋味》中以粮食供应问题为视角来审视二战,对美国士兵和日本士兵一天摄入的食物热量进行了详细对比,分析得出战争中决定意义的重要因素,美国大兵定下的摄入标准是每天 4300—4785 卡路里,足足超过基本需求的 20%,超过德国士兵实际摄入量的 50%,是日本士兵摄入量的两倍多。大多数日本士兵迅速陷于营养不足状态,1944 年每人每日均热量

---

① 庄建平、章伯锋等:《抗日战争》(第六卷·日伪政权),成都:四川大学出版社 1997 年版,第 652 页。

② Lizzie Collingham.*The Taste of War:World War II and the Battle for Food*,Penguin Press HC,2012,pp.50~78.

只有 1900 卡路里，1945 年配给标准量又进一步减少。战争后期，在太平洋孤岛上守卫的日军，很多都陷入粮食危机之中。因此，可以说，第二次世界大战是以食物紧缺开始、以一场普遍的饥荒告终。

以 1940 年日本农业调查数据为例。1941 年 1 月 22 日农林省发表，1940 年产米实收额为 10874252 石，较 1939 年减少 8090216 石，合 2.7%；较前五年平均收获额减少 4315748 石，合 6.6%；甚至较该年第一次预料收获额也减少甚多。引录近年产米额如下：

表 1.3　1935 年以来产米额①　　　　　　　　　　单位：石

年　份	产米额
1935	57456976
1936	67339699
1937	66319764
1938	65869092
1939	68964468
平均值（1935—1939）	65190000
1940	60874252
1940（第一次预料收获额）	63119430
1940（第二次预料收获额）	60475240

单就日本本土而言，1940 年米消费额约为 8300 万石，较 1936 年增加 1150 万石，供需不能均衡，米价仍见高涨。政府公定价格为每石 43 元，较全国平均生产费的 47 元 80 钱，尚低 4 元 80 钱，于是农民或囤积不售，或供给黑市，黑市米价已高至 60 元左右。在黑农相为此特于八月中制定临时米谷配给统制规则，命令农民出售其所产米谷给产业组合团体，再分由商人团体分别给消费者，禁止个人买卖，借以杜绝黑市。然而，此务权办法使农民产米无利可

---

① 上海市档案馆藏：档号：Q53-2-8，第 29 页。

图,势必转变生产方针,因而更加减少米谷之生产额,因此日本民食问题隐患较多。

表 1.4　1940 年物价指数及生活费指数表①

月份	日东银行批发物价指数 （1900 年 10 月 = 100）	日东银行零售物价指数 （1914 年 7 月 = 100）	内阁统计局生活费指数 （1937 年 7 月 = 100）	
			工人	薪水生活者
1 月	319.9	247.4	133.3	131.2
2 月	316.6	250.6	136.8	134.6
3 月	311.9	254.4	139.1	136.8
4 月	313.9	259.3	143.4	140.5
5 月	311.8	262.7	144.3	141.2
6 月	308.3	262.7	145.5	142.8
7 月	305.8	266.5	149.6	147.1
8 月	306.0	265.0	150.0	147.5
9 月	308.0	264.5	147.2	144.4
10 月	309.6	262.0	143.9	140.9
11 月	310.7	260.7	143.9	141.1
12 月	312.5	261.1	144.4	141.6

　　观察上列统计,虽见物价因季节及政策关系,每月略有波动,但依全年情形来看,则批发物价高 28 点,零售物价高 33 点,均在 10%—12% 间。换言之,即物价上涨十分之一余;再就生活费指数而言,工人指数高 22.3 点,约合 16%,薪水生活者指数高 20.9 点,约合 15%,均较物价高涨为速,于是足见一般人生活的不安。日本国内经济出现预算增加、通货膨胀、贸易入超、汇价下落,由于农产物的歉收与消费的增加,使得物价不断高涨。1940 年日本物价承前数年的趋势继续高涨,因物资缺乏与通货膨胀的加剧,涨势更厉害,日本财政陷入严重危机。

----

① 上海市档案馆藏:档号:Q53-2-8,第 33 页。

1939 年下半期,欧战爆发,英镑下落,日元以一先令二便士的汇价与英镑相联系。英镑跌价以后,日元也随之猛落,日本政府即决定日元与英镑脱离关系,而以二十三又十六分之七美元等于日元的汇价,与美元相联系。此种汇价基准的转移,无异于抑低平价,实乃救济日元汇价动摇的方法。① 日本国内统制国外汇兑甚严,在国内获取国外汇票殆甚困难,但也不能完全禁止日钞之外流。而其出口统制因有伪满洲、华北及华中的复杂关系存在,亦不能属于全盘的性质,故外汇统制与贸易统制均有漏洞。日本国内严格统制外汇,为迫使日钞不能不向外流动之原因。因为许多支付手段既非实现不可,但在国内不能获得外汇,除了将钞票输往国外,在国外变价之外,别无他法,而日本国内之拟逃避资金者亦唯有走此道路。因此造成海外日钞之供给的后果,而此种中心即在上海。②

日本人所需之物料除自日本运来及在沦陷区吸收者外,均系在上海采购,即以汽油为例,上海输入之一大部分实为直接、间接供给日本人使用,上海每月之入口货,其为日本人购去消费者恐占相当大之成数,因法币汇价降低,致此种商品之售价突然飞涨,日本人为采购商品所付出之代价,当然增加。……日军在上海购办货物,即非付法币不可,日本在华军事用品之自上海购采者数值不少,因法币汇价下跌,致物价飞涨,彼之军事支出当然亦随之增加。关于所谓经营经济事业之用费亦不免感受法币价值变动之影响,盖其所办事业所需之材料、机件,其非日本国内所能供应,及沦陷区不能取得者,即非自上海采购不可,法币下跌后物价飞涨,彼之此项支出当然亦随之而增加。③

日本当局明白无法依靠单纯的军事作战迅速迫使中国投降,被迫改变对

① 上海市档案馆藏:档号:Q53-2-8,第 24 页。
② 中国第二历史档案馆编:《中华民国史档案资料汇编第 5 辑第 2 编·财政经济(三)》,南京:江苏古籍出版社 1997 年版,第 164—165 页。
③ 中国第二历史档案馆编:《中华民国史档案资料汇编第 5 辑第 2 编·财政经济(三)》,南京:江苏古籍出版社 1997 年版,第 163 页。

华战略,提出"今后,不仅要用武力,更要倾注政治、经济、文化等国家的总力"①。自 1940 年开始,日本战时经济陷入困境在很大程度上,归于以下几个方面的原因:一是因国际情势之改变。日本国内向第三国获取物资较前更趋困难,国内物资缺乏情形较前更趋严重,因此在沦陷区中之各种经济设施更趋于急功近利化,使不能取之于第三国者能取之于沦陷区。二是因所谓圆系通货之价值日趋下跌,为图挽救此种通货之命运,不能不采取紧缩之政策,使直接、间接由日人支配之各种纸币之膨胀进程能稍为和缓。圆系通货之购买力得以保持比较的安定。三是因沦陷区(即彼之占领区,包括东三省)对外之贸易日趋不振,收支逆调〔差〕亦逐渐增加,因之商品缺乏、物价飞涨。为改善此种关系,不得不加强各种统制,使对外收支能以人为方法稍事改正。四是因过去日本人在华从事活动漫无节制,私人企业所追求者为利益,至于事业之性质则在所不问,因是往往有与军事目的相反者,或在军事目的上无关紧要者,为供应对华军事上之需要及为应付随时可以发生之对第三国之冲突,因是有急求调整之必要,使在华进行之公私企业能更切合军事上之目的。②

二、日本对华金融侵略

(一)建立伪银行、发行伪币

伪币是敌人进行经济掠夺的工具,是推行政治伪化的先声。经济侵略之先锋,为金融侵略。日本通过严禁法币流通、成立伪银行,发行伪币,导致法币、边币之价值亦趋降低,以图破坏中国货币体系政策,扰乱金融秩序,达到军事侵略之野心。

日方指出"对法币展开积极的攻势便是'中支'建设和击垮重庆经济的经

① 〔日〕防卫厅防卫研修所战史室:《中国事变陆军作战史》第 2 卷,东京:朝云新闻社 1976 年版,第 464 页。

② 中国第二历史档案馆编:《中华民国史档案资料汇编第 5 辑第 2 编·财政经济(三)》,南京:江苏古籍出版社 1997 年版,第 178—179 页。

济战"①。敌伪运用货币金融政策掠夺占领区域内人民的物资,破坏法币信用的基础,以便达到他们在政治上的愿望。"敌人所采取的经济侵略手段有敌方通货泛滥、开设伪银行、滥发伪币。"②日本占领东北、华北、华中地区之后,日军在金融政策上实施多种通货并行的策略,一个重要的手段是大量推行军用票③,规定"军票与日本通货之兑换暂不实行"。④ 1938 年 11 月在华中、华南发行的军票为 3000 万元;到 1940 年底,已上升到 6 亿元,以后又继续扶摇直上,到 1939 年 12 月,在华南日军占领区,其费用支付的全部是军票。⑤ 显然,日伪政权发行军票的数目非常惊人。

日军在沦陷区,一面利用伪组织,准以军用票缴纳关税正课,一面在敌军掌握下之铁路、税卡及其他公营事业,强迫用军票购票缴税。同时利用权力将法币压低,使人民缴纳以上各项税捐及月费者,必须遭受重大损失,将法币换取军票缴纳。"敌方赶印军用票一千万元,由使轮运往沪、粤,以吸收法币,套取外汇。"⑥

1940 年 2 月 17 日电称:武汉敌伪企图破坏我金融、禁用法币,并勒令各商民人等即持法币至伪兑换处兑换日军手票,规定法币每元兑日钞七角,而军用手票只能购货,不能兑现。3 月 20 日,查汉口敌伪运到食盐 3 万石,各盐商购盐必须军用票,而敌又故意操纵不放,以致敌军用票价格突涨,每元折合法

---

① 《社说:法币打倒政策の进展》,《読売新聞(朝刊)》1942 年 6 月 2 日第 2 版。

② 《敌人对我之金融侵略》,《防空军人》1939 年第一卷第 8 期。

③ 注:日本军票最初是日本政府作为发放日军饷的货币,最早起于日俄战争发行,后用于日军对外战争使用。在二战期间,日本疯狂发行这种没有任何准备金的军票,并且逼迫当地居民使用,成为日本支配占领地经济的一种侵略手段。

④ 日本银行调度室编:《日本金融史资料》,昭和篇 29,1971 年版,转引自清水善浚:《中国事迹军票史》,第 4 页。

⑤ 余子道、曹振威等:《汪伪政权全史》(下卷),上海:上海人民出版社 2006 年版,第 750 页。

⑥ 中国第二历史档案馆编:《四联总处抄送关于敌赶军票套法币拟于元旦在广州湾行使军票情报的公函》,《中华民国史档案资料汇编第 5 辑第 2 编》(附录)《日伪在沦陷区的统治》(下册),南京:江苏古籍出版社 1997 年版,第 721 页。

币一元四角八分,影响法币价格甚大。① 到 1941 年底,日本军用票,仅在华中各地流通额约为 9 亿至 12 亿日元左右。② 日本在侵华过程中,财政困难,在其占领区中,发行军票,当做财政上的收入,作为军费的支付。大量印制没有任何储备金的军票,不仅被用来发放大量日军军费,而且广大沦陷区人民被强迫使用,是对中国老百姓财富的任意掠夺。军用票在内地使用,由日本人进行收付,公私机关均系依照法币一元二角合一元之比率,而在民间其价格有较法币稍高者,有与法币平价者,有较法币稍低者,视日军支配力之强弱而定。如在上海四川路一带有军用票之买卖,唯其中心市场则在虹口,其价格较日元稍低,大体追随日钞对法币比价而变动。军用票兑成日本纸币极不自由,兑换所调出,均应得财务官或军事机关之许可。但是由于军用票实为日军在占领区发行之一种军用流通库券,日本人在各地售货,因而乐于接受法币,即使收成军用票亦只能在内地军用票流通区购成货物出口,或交换成法币。因为军用票可以换成法币,法币可以购买外汇之故,因此不能说军用票对外全无价值,其价值亦系借法币以表现,即视军用票对法币之比价及法币对外汇价之两重关系以定之。其对外之支付能力,系依存于法币,是以法币汇价缩时,彼之价值亦随之下跌。③

1941 年 1 月 6 日,日伪当局在南京成立了汪伪中央储备银行,伪中央储备银行开张后的第一件大事,就是发行货币中储券④,1944 年 6 月 23 日,中储券开始发行 200 元、500 元大钞。1945 年 2 月 10 日,开始发行千元大钞;6 月 9 日,开始发行 5000 元大钞。至 8 月 16 日,发行了万元大钞。⑤ 这样超大面

---

① 上海市档案馆:《中国银行总处驻港处关于日寇、汪伪强迫使用军用票与假造法币及经济情报的来往文书》,档号:Q54-3-155,第 15 页。

② 赵学禹:《抗日战争时期日寇的货币侵略》,《武汉大学学报(社会科学版)》1989 年第 3 期。

③ 中国第二历史档案馆编:《中华民国史档案资料汇编第 5 辑第 2 编·财政经济(三)》,南京:江苏古籍出版社 1997 年版,第 172—173 页。

④ 指汪伪政权建立的中央储备银行发行的中储钞券,所谓"新法币",通称为伪币。

⑤ 余子道、曹振威等:《汪伪政权全史》(下卷),上海:上海人民出版社 2006 年版,第 1234 页。

额的没有任何准备金的中储券的发行，导致物价上涨、通货膨胀，由此可见日军对沦陷区千百万老百姓的肆意掠夺。1941 年 6 月末，中储券发行额为 6400 余万元，1943 年 9 月底增发 67 亿元。① 到 1945 年 8 月日本投降时为止，伪中储币发行额已达 434079690 余万元，比 1941 年 1 月开始发行额 1370 余万元，增长了 30 余万倍。②

表 1.5　1937—1940 年日本在华发行通货表③　　　单位：百万日元

蒙疆银行	1937 年 12 月	1938 年 12 月	1939 年 11 月	1940 年 6 月
日本银行券	2399	2858	2946	3597
朝鲜银行券	291	334	392	437
中国台湾银行券	114	142	154	176
伪满洲"中央"银行券	317	430	553	630
北联银行券	——	162	305	558
蒙疆银行券	12	32	54	61
总计	3135	3961	4444	5459

日本本年度（1940）普通预算 10500000000 元，再加特别开支约 50 亿元，共计约 15500000000 元。一月间，日本银行发行额 3050000000 元。④ 1940 年 1 月 22 日翁文灏日记记载日伪钞数目：日钞及鲜钞 35500000 元，日本军用票 135000000 元，华北联准伪钞 375500000 元，蒙疆伪钞 45000000 元，华兴伪钞 5100000 元，共计日伪币 496600000 元。⑤ 日本在华发行通货数据表明，发行纸币是日本解决财政赤字和军费的重要渠道。

据不完全统计，从抗战爆发至 1943 年 6 月底止，伪钞发行量之总和，如将

① ［日］《续·现化史资料 11·占领区货币工作》，みすず书房 1966 年版，第 318 页。
② 徐昭：《中华敌寇之货币侵略》，《中农月刊》1938 年第二卷第 11 期，第 113 页。
③ 《翁文灏日记》（下册），北京：中华书局 2011 年版，第 713 页。
④ 《翁文灏日记》（下册），北京：中华书局 2011 年版，第 460 页。
⑤ 《翁文灏日记》（下册），北京：中华书局 2011 年版，第 432 页。

其实际价值折合成战前法币为 66.6 亿元。军用票的发行额也在 35 亿元以上,如按中日货币兑换率予以折算,高达战前法币约 10 亿元左右。而战前法币的发行额仅为 14.1 亿元。① 据统计,日本吸收法币数据显示:"日本对华输出,虽在严厉执行查禁敌货之下,仍有渐增的趋势,如 1937 年总值 1.5 亿元,1938 年为 2 亿余元,1939 年为 3.8 亿元,1940 年则增至 4.6 亿元。"②

斯密说过"货币必须具有十足的价值,不能人为贬低,否则便是政府对国民的掠夺"③,又如列宁所言"滥发纸币是一种强迫性公债"④。日伪大量发行伪钞,利用法币套取外汇,破坏法币币值之稳定,严重扰乱了中国的金融秩序。

日伪当局彻底查封、清算了原国民政府(南京国民政府)金融系统在上海的中央、中国农民两大银行,劫夺和改组了中国银行和交通银行,全面禁止法币在沦陷区的流通使用。汪伪政权通过制订《汪伪国民政府抄发整理旧法币条例及其修正条文的训令》⑤规定"整理旧法币应先收回中央、中国及交通银行所发行之钞券。凡以旧法币单位订立或约定之债权、债务,应以旧法币二对一之比率改为中储券单位处理之"。这样,进一步巩固了以中央储备银行为中心的金融侵略系统。此外,日本当局还通过横滨正金、三井、住友、朝鲜等日本银行经管英国的汇丰、沙逊等 6 家银行,美国的花旗、大通等 6 家银行,荷兰的荷兰、安达银行和比利时的华比银行,试图进一步巩固以上海为中心的日本经济侵略的金融体制机制。

1942 年 5 月 27 日,日本大藏省和汪伪国民政府⑥财政部部长之间的声

① 《经济史》1987 年第 7 期,第 126 页。
② 《翁文灏日记》(下册),北京:中华书局 2011 年版,第 538 页。
③ 艾春岐:《西方经济学说简史》,北京:首都经济贸易大学出版社 2008 年版,第 243 页。
④ 中共中央马克思恩格斯列宁斯大林著作编译局编译:《列宁选集》第 3 卷,北京:人民出版社 1972 年版,第 158 页。
⑤ 中国第二历史档案馆:《汪伪国民政府抄发整理旧法币条例及其修正条文的训令》,《中华民国史档案资料汇编:第 5 辑第 2 编》(附录)《日伪在沦陷区的统治(下册)》,南京:江苏古籍出版社 1997 年版,第 672—674 页。
⑥ 译者注:本书国民政府为汪伪政府。

明,通过在"中支"地区经济核心区域实施新旧法币一比二的无条件兑换,展现出了驱逐旧币的姿态。同一天,上海方面日军陆海军最高指挥官发表共同声明,指出重庆方面四大银行中的中央银行和中国农民银行两银行有着"明显的敌性",对其断然关停,对中国银行及交通银行则要求"切断与重庆方面的关系并进行适当改组",在改组的基础上再重新营业。5月30日,"南支"军当局也在广东设立了储备银行分行,并声明以军票汇率18元的汇价推动储备券流通,并实现储备券和法币的全面兑换,由此将法币从"南支"重要地区驱逐出去。①

1942年5月31日,汪伪国民政府财政部发出布告,要求在即将到来的6月8日开始的两周时间内,以"一比二"的比例实施新旧货币的兑换工作,全面回收"中支"地区残存的3亿法币,并逐步禁止法币的流通。先后颁行《整理货币暂行办法改正法》《旧法币整理条例》《民国三十一年金融安定公债条例》《民国三十一年特殊会计办法》《中央储备银行公告》等法令,同时为配合汪伪国民政府的相关货币政策,上海银行业同业公会也对回收法币行动表示了全面协助的妥协态度。

日本国内报纸对货币战有较为直面的评价:"法币对策,首先是将汪伪国民政府统治下的法币废弃用储备券作为一般通用的货币斗争形式。汪伪国民政府自成立以来,日本与汪伪国民政府通力合作,以军票、华兴券、储备券等武器进行货币斗争。对此,重庆方面以外汇管制,操纵法币安全委员会,用统制管制等手段进行对抗。但是随着'大东亚战争'的发展,其丧失了战斗力,近期已经进入了不得不败退于汪伪国民政府的阶段。重庆政府还在内地发行关金券等特殊货币,收回法币,并通过在汪伪国民政府统治下收购掠夺物资的奸计。而目前的对策正是完全使重庆方面的行动成为徒劳,并且汪伪国民政府统治下的法币流通也会中重庆方面通货膨胀的诡计,造成物价高涨。通过现

---

① 《社说:法币打倒政策の進展》,《読売新聞(朝刊)》1942年6月2日第2版。

如今的新措施,储备券成为唯一的货币,保护汪伪国民政府统治下民众的生活免受重庆政府的操纵,保证了'中支'的建设进入现阶段,为实现以发展为目标的'大东亚战争'全面胜利提供了巨大的助力。"①可见,伪中储行从本质上来说充当日军对华金融侵略的总机关,是日本对华实施极为严重的金融侵略的重要工具。

(二)伪造货币计划

日本在中国各地以货币手段,一方面是通过这种大量发行没有准备金的伪钞、军用票以此来挤兑法币、边币,破坏中方货币信用;另一方面,是在沦陷区设立伪造机关大量伪造法币,投入市场,套取物资,造成假币混流,试图造成中方货币的信用危机,以达到利用经济侵略、金融侵略进而达到政治侵略之最终野心。

日本全面侵华后,于 1938 年开始,日军陆军最高指挥部参谋本部密令日本特务机构"杉机关"正式实施伪造法币计划,以图破坏中国的经济,达到配合军事侵略的阴谋,由此拉开一场浩大的货币战争。

表 1.6　1937 年 8 月 11 日日本陆军《对"支"经济谋略实施案(第 1 期)》②

对"支"经济谋略实施案(第一期)昭和 12 年 8 月 11 日第 7 课			
缓急顺序	项目	内　容	所需经费(单位万日元)
1	伪造纸币	以伪造纸币 2000—3000 万元为主。使之在"中南部支那"流通,激发民众对南京财政的不安感和憎恶感,并引起财政的混乱	200
2	煽动罢工	煽动上海主要工厂铁路和其他交通机关运输业者绅士苦力等职业工会发动罢工,造成物价高涨并使之主张反对战争	250

① 《社説:法幣打倒政策の進展》,《読売新聞(朝刊)》1942 年 6 月 2 日第 2 版。
② 《対"支"経済謀略実施案(第 1 期)昭和 12 年 8 月 11 日第 7 課》,防衛省防衛研究所,アジア歴史資料センター,レファレンスコード:C11110869800。

续表

对"支"经济谋略实施案（第一期）昭和 12 年 8 月 11 日第 7 课			
缓急顺序	项目	内　容	所需经费（单位万日元）
3	特殊贸易	1. 扩大实施"北支那"低关税贸易（冀东贸易的延伸） 2. 扩大在"南支那"的走私，使"中南支那"正规贸易萎缩，造成南京政府关税收入大减	200
4	破坏沿海贸易	组织海岸监视民船队，对"中南支那"沿海贸易的"支那"船舶进行偷袭，并烧毁或缴获其物资	250
5	遏制"支那"米谷进口	1. 遏制暹罗、法属印度支那、英属印度等地的对"支"出口 2. 购买占有上海和其他等地的重要粮食（米、小麦等）	500
6	遏制自荷属东印度的石油进口	责成三井、三菱等在荷属东印度的婆罗洲等地购买占有向"支那"出口的油品（特别是飞机用汽油）	500

从日本陆军《对"支"经济谋略实施案》中明确计划对伪造中国货币的数量及实施手段和地区有仔细的安排。

伪造法币的设计者及负责人日本陆军第九研究所（通称"登户研究所"）主任、陆军主计少佐山本宪藏，他在伪满洲国期间对中国的币制进行了详细研究，非常了解东亚包括中国和朝鲜等国的货币流通基本情况，伪造法币的计划由他具体负责执行。

山本宪藏回忆其与第八课工作交接始末中记载：①白井第八课长找我，要求把草案提交陆军省的岩畔军事课长并进行说明。（中略）我对岩畔大佐详细说明了这项工作的必要性。后来才知道，这种说明是班门弄斧，因为这项工作的发起人本身就是岩畔课长本人。岩畔课长在不发一言听完我的说明后，他让我把草案放在一边。此后一周，没有来自岩畔大佐的任何联络。为此我

---

① 山本宪藏：《陆军贋币作戦》，东京：德间书店 1984 年版，第 63—64 页。

还向臼井课长要求向第八课催问。正在此时岩畔课长打来电话,要求我迅速前去。我站在岩畔大佐面前,不知情况吉凶。岩畔大佐对我说:"我仔细阅读了你的计划。但是,你真的有全力以赴的打算吗?如果全力以赴展开工作的话,作为经理部的将校,你的晋升可就会晚了。你愿意吗?"我回答:"我愿意。我会彻底让法币陷入崩溃,自己的晋升是小事。"岩畔大佐:"好的,有这样的觉悟的话,这项工作就交给你了","关于这项工作,已经命令登户研究所去研究了,你也会成为这个研究所的成员,去好好干吧。另外,会安排第八课的冈田芳政参谋担任负责人,在好好商议的基础上千万别泄露了。另外,当地的机构打算在上海启用阪田诚盛这么一号人,已经指示冈田参谋了。"

1938年12月,日本陆军大臣东条英机亲自下达了批准伪造中国货币的命令,制定了《对"支"经济谋略实施计划》,其中对于侵略方针是为"计划使蒋介石政权的法币制度崩溃,并以此扰乱其国内经济,消灭该政权的经济抗战能力"。并且对其侵略计划具体实施要领和工作有明确的安排:1.本工作的机密代号为"杉工作"。2.为使本工作在绝密中实施,限定本工作相关者为如下所示:(1)陆军省:大臣、次官、军务局长、军事课长、担当课员。(2)参谋本部:总长、次长、第一部长、第二部长、第八课长、担当参谋及部副将校。(3)兵器行政本部:本部长、总务部长、资材课长。3.谋略材料的制作由陆军第九科学研究所(以下略称登户研究所)负责,必要时可在大臣许可下全部或者部分利用民间工厂。4.有关登户研究所谋略器材相关的命令,在与陆军省及参谋本部负责人协商后,直接抄送给登户研究所所长。5.谋略器材完成之际,必须立即向陆军省及参谋本部报告其种类和数量。6.参谋本部在同陆军省协商后,确定器材交付单位并附上其负责人,以绝密文件交付给规定机关。7.在"支那"设立本谋略的实施机关(以下以该机关代号"松机关"称呼)。该机关目前设在上海,并可在对敌贸易的要冲地区以及适合收集情报的地区设立支部或派遣机构。8.本工作的主要目的是对敌进行隐蔽连续的经济干扰工作。为此原则上以法币为日常交易货币,购入军需和民用物资。9.获得的物资根据军方所确定的价格,按照种类交付相应军需补给工厂,所获得之利润作为破坏法币的资金。在有其他命令情况下除外。10. 松机关需要明确松工作经费和所获得的物资,每月末将资金及物资状况报告参谋本部。11. 松机关可自由使用以法币交付的经费中的两成资金。①

其侵略方针极为明确就是为了破坏中国的抗战能力,推翻中国现政权,并且为使蒋介石下台,应进一步强化现行计划。其经济侵略计划即为成立专门伪造中方货币机关——机密代号为"杉工作",以谋求法币崩溃,并通过截取中国在外国的资金,使中国现中央政府在财政上自我灭亡。其侵略野心非常明确,旨在亡我中华。

见表1.7"杉机关"专门伪造货币机构图,可见其伪造机构之严密伪造手段之精确。

据曾在登户研究所第三科从事伪造法币工作的大岛康弘回忆:"我在昭和17年4月跟随川原少佐前往(中国)香港。中华书局有非常不错的设备,这些设备之后由内阁印刷局管理,一台凹版轮转印刷机和号码机等附带设备以及其半成品、未使用的纸、印刷原版等被扣下,被我带去了登户研究所。商务印书馆、大东书局没有见到这样的设备,就放置不管了。"②据档案记载,1940年3月16日"据报敌与亚院华中联络部长津田静枝,谋破坏我法币信用,由敌大藏省仿造大批伪法币运沪,计中国农民银行伪钞一元券、五元券各300万元,十元券200万元,均储存于狄思威路。③

1945年6月杉工作报告书中的假币出纳情况:一是收入部分(累计):旧法币共计二十五亿一千三百四十七万六千元。其中,二亿二百五十万为本月收入。二是岁出部分(累计):旧法币共计二十五亿八百二十九万九千零九十五

---

① 山本宪藏:《陆军贋币作战》,东京:德间书店1984年版,第66页。
② 大岛康弘:《私の履歴書・第二次世界大戦と偽札秘話》,明和グラビア株式会社《めいわ》,1995年9月号,第7页。
③ 上海市档案馆:《中国银行总处处驻港处关于日寇、汪伪强迫使用军用票与假造法币及经济情报的来往文书》,档号:Q54-3-155,第13页。

表1.7 杉工作相关机构略图①

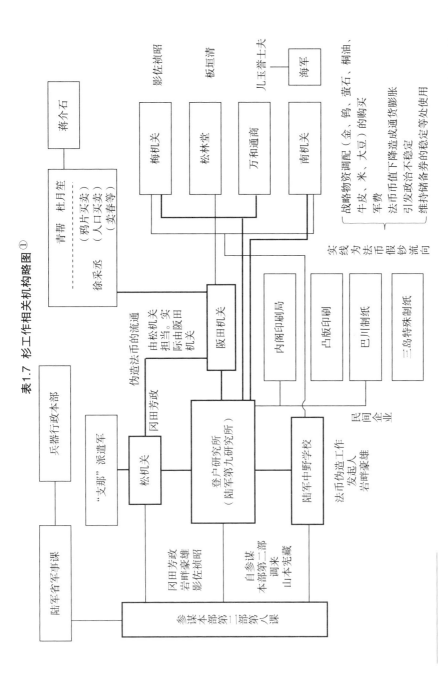

① 海野福寿、山田朗、渡辺賢二编：《陸軍登戸研究所：隠蔽された謀略秘密兵器開発》，東京：青木書店2003年版，第113页。

元十三分,其中六月为三亿九千二百五十万元。三是余额(现金余额):旧法币共计五十七万六千九百零四元十八分。四是支出金额中的回收金:旧法币共计二十五亿八百二十九万九千零九十五元十三分。储备券十五亿九千二百零四万五千零四十七元五十六分。①②

据不完全统计,整个抗战时期,日本军部专门研究与制造中国纸币的登户研究所就伪造了40亿元法币之多。③ 其中至少有近30亿被投至市场得以流通,一部分用来吸取法币购买战略物资,一部分被用作侵华日军的军饷。

表1.8 战时法币发行情况统计表④

年 份	累计发行额(亿元)	发行指数(1937年=1)
1937	16.4	1.00
1938	23.4	1.64
1939	42.9	3.04
1940	78.7	5.58
1941	151.0	10.71
1942	344.0	24.40
1943	754.0	53.48
1944	1895.0	134.39
1945	5569.0	394.96

表1.8数据可见,日本总共伪造法币数据是1937年和1938年南京国民政府发行货币数量之总和,相当于国民政府两年的国民收入,相当于1939年一年的国民收入,太平洋战争之后,为了解决国内财政危机和巨额战费,大量发行大面额法币,使得法币贬值,通货膨胀严重。但不管怎么说,数据最能说

① 注:旧法币均以伪钞支付。
② 山本宪藏:《陆军贋币作戦》,东京:德间书店1984年版,第170页。
③ 戴建兵:《日本投降前后对中国经济的最后榨取和债务转移》,《抗日战争研究》2001年第1期。
④ 师毓符:《中国货币金融史略》,天津:天津人民出版社1984年版,第366页。

明,日军通过伪造大量法币,力图实现其对华经济侵略之计划"使蒋介石政权的法币制度崩溃,并以此扰乱其国内经济,消灭该政权的经济抗战能力"。

(三)套取外汇、抢购物资

太平洋战争爆发后,日伪当局对于货币战策略进行分析:"外商银行势必撤退,中中交农四行及有联系的商业银行因失去屏障不免途穷,本行(‘中央储备银行’)为上海的唯一银行,业务与发行的长足发展是无疑的。从反面看弊端,新币虽准备雄厚,但还要利用旧币套取外汇,换取物资,英美此举即塞住漏洞,今后较难套取大量外汇。"[1]利用法币套取外汇、换取物资是日军金融侵略之重要策略。1938 年日本的《对"支"经济谋略实施计划》的主要目的是"对敌进行隐蔽连续的经济干扰工作。为此原则上以法币为日常交易货币,购入军需和民用物资"。[2]

驱除法币,敌伪之成立伪行,发行伪钞,禁止法币之流通,意图消灭沦陷区内的法币,断绝我方在沦陷区内之金融势力,如此,则沦陷区内游击队的精确接济,物资抢购,经费之供应,皆将失去依靠,其策略极其毒辣。严厉取缔法币及南京政府发行之各种钞票,先以伪票贬价收回,继复强迫接收我国各地中、中、交银行分行,停止其营业。日军占领晋北后,为达到彻底征服之目的,除严令禁止原有之钞通用外,可以伪钞(蒙疆银行、察南银行)大量兑换,名虽为整理地方币制,实际亦为敌人金融进攻政策之一。"计第一次(1937 年 11 月至 12 月)收回伪钞约 130 万元,第二次收回晋钞约 157 万元。"[3]说明,日伪建立伪银行和发行

---

① 中国第二历史档案馆:《汪伪"金融座谈会"关于货币战与外汇战的分析》,档案号:二〇四一(2)26,转引自《中国银行行史资料汇编》[上编 1912—1949(一)],北京:档案出版社 1991年版,第 429 页。
② 山本宪藏:《陆军赝币作战》,东京:德间书店 1984 年版,第 66 页。
③ 中国第二历史档案馆编:《重庆国民政府财政部秘书处录送蒙疆伪组织有关财政金融事项调报告函》,《中华民国史档案资料汇编:第 5 辑第 2 编》,(附录)《日伪在沦陷区的统治》(下册),南京:江苏古籍出版社 1997 年版,第 693—704 页。

伪币,是为了利用法币、套取外汇,为解脱日伪之财政困难。以日本1937—1940年统计的汇价表为例,可见其套用外汇、抢购战略物资是其重要的侵略目的。

表1.9　近年日元对英对美汇价表(每日平均)①

年　份	英镑(便士/先令)	美元(美元)
1937	1：1.992	28：71.7
1938	1：2.000	28：44.4
1939	1：2.054	25：985
1940	1：2.000	23：438

观察上表,日元对英汇价虽无重大变化,而对美汇价已较1937年猛缩5.279美元。美元自1934年以来始终稳定于一盎司黄金等于35元的标准,为近年来世界最安定的通货,日元对美汇价的猛缩,即为其对黄金跌价,依日本国内物价高涨的程度而言,汇价的跌落当属趋少。但是由于外汇的统制,如果外汇允许自由买卖则日元汇价的下落,当然更不止如此。以观察上海自由市场为例,日元换为法币,间接购买外汇之际仅得六便士或十美元左右,即可见日元国内汇价的趋高。

日元对外价值实际上既已低落,然则日本政府为何不抑低币值,促进出口改善贸易差额,而图根本解决。依平时理论而言,抑低币值确有改善贸易差额之效,但在战时,进口者均为军需上必要物品,如果汇价低落,则成本随之提高,预算点被迫膨胀,将使恶性通货膨胀转瞬即至。

法币的联系可分两个系统:一为英镑、美元及港币,此数种货币之价值以法币为稳定,故可视为法币之上联。另一个系统即所谓圆系通货,包括日钞、鲜钞、"满"钞、华北联钞、蒙疆银行钞、日本军用票以及华兴银行钞等在内,此等货币对外无自由市场,其在暗市之价值较之法币为不定,因此,可以视为法币的下联。由于法币的"汇兑本位"属性使之与英美之货币体系有其天然亲

---

① 上海市档案馆藏:档案号:Q53-2-8,第24页。

属关系,于是,日、鲜、"满"、华兴等纸币不能照其官定汇价购取英镑、美元等货币,凡是握有此等货币而换取英镑、美元者,必须先交换成法币,所以法币无形中成为这种货币联系美元和英镑的媒介。

日钞在国内之官价前定于对英 14 便士,后来改为对美 23 元,然流出国外日钞之价值则依靠于法币,其对外价值由两重关系定之:一为其对法币之价格,一为法币对英、美之汇价。日钞在上海之价格并无独立之支持力量,以是法币对英、美汇价下跌,日钞价格亦跟随下跌,法币无形中成为自由市场中之日钞联系美元及英镑之核心。[①] 由此法币与日伪钞票之间关系是:法币事实上已成为圆系通货之重要工具。如果无法币对外汇市的存在,日系通货将出现如下情形:A. 日本对华中之出超将失去其意义,因出超部分不能获得外汇。B. 东三省之向外获得商货将更困难,物价将更高涨,民生及一般经济情形将更恶劣,因无从经由日钞利用法币汇市取得外汇,以支付一部分之入口货价。C. 华北之物资缺乏及经济情形之恶劣将更甚,因不能利用法币购买外汇以抵付入口货价。D. 日本对华北之出超亦将失去意义,因其所得货款不能转成外汇。E. 华中之军用票及华兴钞亦将失去其根据,因此两种纸币之价值事实上亦以法币为基础。[②] 法币对于日钞的重要价值,正是日伪当局利用法币套取外汇和抢购物资的重要原因。

日本通过在沦陷区贬抑法币劫夺银行,达到掠夺中国物资与打击中方法币体系。[③] 利用伪钞榨取物资与劳力,通过驱除法币用伪钞取代法币,使之成为沦陷区内合"法"货币,则敌伪可利用发行权,随意发行伪钞,一是可以购取沦陷区之物资供其利用,二是可以役使沦陷区内人民为其劳动。

---

① 中国第二历史档案馆编:《中华民国史档案资料汇编第 5 辑第 2 编·财政经济(三)》,南京:江苏古籍出版社 1997 年版,第 164—168 页。
② 中国第二历史档案馆编:《中华民国史档案资料汇编第 5 辑第 2 编·财政经济(三)》,南京:江苏古籍出版社 1997 年版,第 175 页。
③ 中国第二历史档案馆编:《日军在沦陷区贬抑法币劫夺银行之暴行纪实》,《中华民国史档案史料汇编第 5 辑第 2 编·财政经济(三)》,南京:江苏古籍出版社 1997 年版,第 235—238 页。

此外,日伪还实施经济统制政策作为侵略的重要措施。日方统制华北全部出口贸易,使华北市场中之外汇供给减至极其不重要的程度,外汇挂牌实际上等于有价无市,想要购买外汇者,则不能不另想其他办法,即调款来沪,在上海之汇兑市场实现其购买。因此,伪联钞之对外价值又必须由伪联钞对上海法币之对外汇价来实现。

因为津沪货币情形的复杂,天津对上海之汇兑方式亦极为复杂。第一种为在天津交法币,在上海取法币;第二种为在华北交联钞,在上海取汇划,一般银行营业大体均遵守这一原则。而且也只有在天津交联钞直接申兑在沪获取法币,也有在天津交法币,但在沪亦只能取汇划。汇兑方式虽极复杂,但基本情形并无变更。商人就最有利之途径而趋之,其最终目的均为将联钞变成可以购买外汇之头寸。

华北之出口外汇为日本人所吸收,而进口所需要之外汇则缺乏供给来源,在此情形之下,自然之结果即为华北进口之减少。唯事实上若干商品之进口,为绝不能免,商人唯有别求实现对外支付之方法,一为商品直接进口,但汇款来沪购买外汇支付,一为汇款来沪,在沪购办所需要之货物。然前后两者均为华北伪联钞借法币为媒介实现其对外之支付,亦即法币成为联钞对外联系之核心。

此种情形在经济上造成之自然结果,即为日货在华北处于绝对优势之地位。如果英、美货之进口货币系参照法币,黑市汇价则低于汇率进行支付,因为联钞价比法币价要低,而联钞则与日元等价,当然便利日货之推销。①

自从太平洋战争爆发以后,上海与香港均成死港。据说国民党早有准备放弃维持上海香港法币之说法,就目前趋势观察,已经成为事实。据查上海法币流通量大约有 9 亿余元,其中除一小部分小工商业者手中外,大部分是操之于大官僚大资本家手中,向来以投机外汇为主要出路。现外汇市场内移,沪港黑市渐告消灭,此项法币向后方逃避是很有可能的,如此,则法币在大后方的

---

① 中国第二历史档案馆编:《中华民国史档案资料汇编第 5 辑第 2 编·财政经济(三)》,南京:江苏古籍出版社 1997 年版,第 170—171 页。

流通量势将倍增,其购买力亦将因之而愈益下降。敌人可能以大批法币用各种手段向我方抗日根据地抛出,吸收资源,捣乱金融,同时敌人为了应付战争,在敌占区可能实行通货膨胀政策,今后伪币的购买力也必然日趋下降,这对于边币也会发生同样的影响。①

敌伪从1941年起,开始对各抗日根据地的边沿区、游击区的粮食大肆掠夺。敌人抢粮的方法有三种:一是征收,即按村分配一定数目,定期强制人民缴纳。二是派购,其方式有两种:(一)以配给制名义,用合作社方式,按官定低价向人民强制购买;(二)以专卖粮食方式,以低价在市场上垄断强购。三是灌仓,借口防止我方征粮,把敌占区人民所收获的粮食,统统集中到指定的仓库,然后再按人口进行定量配给。②

伪币、法币及大量伪造之货币流入抗日根据地,由于敌伪抢购物资,导致大量物资外流,严重影响根据地经济和抗战物资保障。敌人还可以利用假票来掠夺根据地的物资,影响我军事经济实力,敌人用假票来套取物资比用敌币更为阴险毒辣。因为敌人用敌币套取物资,我们还可以用这些敌人的货币向敌占区购回我们所需的物资,而用假票来买时,我们的物资就会白白地被掠夺去。例如,1941年和1942年,仅山东解放区一地,每年便有几千万元甚至几亿元法币流入,相应便有几千万元甚至几亿元的物资流出。③

敌伪搜刮华北粮食之总额,虽无确实统计可查,但据报告,仅河北1省之密云、通县、香河、大兴、良乡、三河、顺义、昌平、涿县等9县,于1943年7月间,仅小麦一项,即一次被征去3738吨。其他如山西之汾阳、文水、孝义、交城等地,每年每县被掠去之粮食均在10万石以上,全省则在500万石以上。④

---

① 《中共中央财政经济部关于法币贬值各根据地应采取的对策的指示》,《建党以来重要文献选编》第19册,北京:中央文献出版社2011年版,第55—58页。
② 戎子和:《晋冀鲁豫边区财政简史》,北京:中国财政经济出版社1987年版,第53页。
③ 王其坤:《中国军事经济史》,北京:解放军出版社1991年版,第617页。
④ 庄建平、章伯锋等:《抗日战争》(第六卷·日伪政权),成都:四川大学出版社1997年版,第654页。

由于敌寇粮食恐慌的严重及准备大规模的军事行动,需要粮食更加迫切。因此敌寇在山西加紧抢粮活动。1943 年 3 月至 5 月的三个月拟在山西抢粮 4.8 万吨。驻长治的敌人就从 1943 年 4 月至 1944 年 3 月底,拟在上党地区抢粮 6827 万斤。①

套取外汇、稳定外汇率,是巩固币值的一种手段,敌伪看到法币作为抗战金融财政坚强后盾,力图破坏。破坏的方法有很多,而最重要的方法,是用伪币调换法币,再用调换来的法币,套取外汇,消耗我国外汇基金,来扰乱汇市,动摇法币信用。用此种策略,一方面以伪币调换法币,有驱除法币于流通界外之功;另一方面以调得的法币套取外汇,扰乱法币汇市,有破坏整个货币信用之作用,是最为巧妙的办法。

日本对华新经济政策的主旨在于"以华制华",因此,军票也好,中储券也罢,发行军票是为转嫁军费,推行中储券,也是为实现中储券军用通货化(即军票的变种),都只是日军获取物资供应的工具,皆为日军侵略中国的经济手段。上述日伪当局联手打造的金融侵略体系,成为日军侵华的重要手段。这些既是抗战时期日方扰乱中国货币体系、破坏中国经济的侵略手段,也是战时中国大量伪造货币丛生的客观原因。

第二节　货币的流通环境

货币的本质是商品,货币的流通与商品的流通紧密联系。货币流通表示同一个过程的不断的单调的重复。货币作为商品流通的媒介,货币取得流通手段的职能,货币运动来源于商品运动。② 商品运动本身是源于货币作为流通手段职能所引起的,因此,货币运动只是商品流通的表现,商品流通却是货币运动的结果。货币流通环境与商品流通环境具有同一性,货币的流通受其

---

① 戎子和:《晋冀鲁豫边区财政简史》,北京:中国财政经济出版社 1987 年版,第 53 页。
② 《资本论》第 1 卷,北京:人民出版社 1972 年版,第 134—135 页。

流通领域的社会环境的制约和影响,诸如政治环境、经济环境、法律和特殊战争环境以及国际因素等环境。抗战时期,日本发动对华侵略战争,在政治上呈现国共两党及日伪三种不同性质的政权博弈,在经济上造成沦陷区、国统区和边区完全不同的经济政策、经济结构和经济形势,在这三个军事对抗、政治博弈的区域里发行截然不同的货币,即伪币、法币和边币。纸币是一种法定货币,通常是政府强制发行和流通的货币,由中央银行执行国家银行功能和作用,发行货币通常只能是主权国家所为。因此,科学全面理解伪造货币的历史成因,是制定治理伪造货币对策的重要基础。

一、国统区金融概况

(一)国统区财政景况

经济是决定战争胜负的基本因素,经济政策是运用经济和发挥经济力量的一把"双刃剑",如果不能很好地使用这把剑,不但不能解决好战时的经济问题,还会造成军事失败。抗日战争特殊情景下,中日之间、国共之间在国统区、沦陷区和边区之间的军事对抗与政治博弈背后隐藏着一场硕大的物资抢夺的经济战,其间,货币是一个不可或缺的重要的媒介或载体,揭示了中日货币战的实质是物资抢夺,通货膨胀严重、金融混乱的经济现状正是法币流通的客观经济环境。

美日战事爆发后,上海即被日寇占领,此具有国际性之商埠与金融市场,不复能为中国所利用,后方与沦陷区域之金融,自然受其影响,而生波动。中国香港、缅甸或已沦为战场或为双方争夺目标,国际运输路线亦将感受相当威胁与阻碍,以后物资外运固有困难,内运亦属不易,故外销货物势须看跌,内运商品将见暴涨。1941 年 12 月 8 日至 9 月 1 日之间,20 支绿飞艇棉纱,每件由 10590 元激涨至 11590 元,增加 1000 元;美亭阴丹布每匹由 439 元激涨至 530 元,增加 91 元;蓝牌金宁丸靛,每瓶由 130 元激涨至 165 元,增加 35 元;狮马快靛,每件由 18166 元(11 月份平均价格)激涨至 23000 元,增加 4833 元;涨风之烈实足惊人。中国抗战陷入极为困难时期,特别是在粮食等重要战略物资供应方面受到严重影响。此风一开,大后方各省粮价,不问供求是否过应,一律抬头。上海的物价猛涨之后,重庆也发生了更为严重的通货膨胀,以重庆市 1937 年的平均价格为 100,各年度的 12 月物价指数(米等 15 种类)1938 年是 145.9,1939 年是 284.5,1940 年是 1225.7,比前年上升 4.3 倍。当前大后方各重要城市的物价,究竟高涨到什么程度? 以 1940 年 12 月份来说,重庆物价和战前比较,涨了 60 多倍。更惊人的是昆明,竟涨了 138 倍之多,最低的要算西宁,也涨了 36 倍强。城市如此,乡村亦然。①

当欧战英法失利时,有人估计集中重庆昆明两地之游资,竟超出十万元,完全用于商品与粮食的投机。后方粮价上涨,一方面是都市游资兴风作浪,另一方面是地主富农在通货过度膨胀之下,获取暴利。1942 年,囤积之风可谓已登峰造极,不论外来商品与土产品,无所不囤。单就粮食而言,1941 年新谷进入市场以后,因为全国普遍丰收,各地粮价,颇有下跌的趋势,但太平洋战争以后,情形完全不同,米价显出跳跃式的上升,以桂林为例,1942 年 3 月上旬,白米老秤每石价为 208 元,隔了 10 日,突涨至 250 元,至四月中旬,其价较 1941 年 12 月高一倍半。如洛阳,1941 年 12 月中等米每斗零售价为 26.03 元,到 1942 年 2 月已卖到 32.33 元,4 月的价钱增至 43.33 元。其他各地,涨风之炽,可谓不相上下。②

特别重大的问题是粮食的价格异常飞涨,大后方的粮食价格,1940 年米价飞涨,在重庆 3 月一石米是 22 元,7 月是 60 元,9 月是 120 元,12 月是 220元。③ 1941—1944 年重庆的物价指数每年飞涨 2.5 倍以上。粮食价格之飞涨以 1940 年四川米价为例,如表 1.10。

---

① 张锡昌、陈文川等:《战时的中国经济》,北京:科学书店印行 1944 年版,第 224 页。
② 张锡昌、陈文川等:《战时的中国经济》,北京:科学书店印行 1944 年版,第 228—229 页。
③ [日]石岛纪之著,郑玉纯译:《中国抗日战争史》,长春:吉林教育出版社 1990 年版,第91 页。

表 1.10　1940 年四川米价比较表①　　　　　　　　　价格单位:元

县市	9 月上半月	9 月下半月	10 月上半月	10 月下半月	11 月上半月
成都	29.25	73.25	91.47	97.00	108.97
重庆	37.0	37.0	—	78.00	99.00
自贡	47.67	62.0	64.87	68.00	69.25
泸州	60.53	70.72	71.67	82.12	113.40
内江	85.13	84.42	93.30	103.13	115.32
遂宁	80.93	84.27	87.13	120.81	146.70
万县	43.39	47.87	52.23	55.48	67.20
南充	60.53	64.80	79.00	97.01	101.41

　　从上表可见,仅从 9 月上半月到 11 月上半月仅 2 个月的时间,成都米价上涨约 4 倍,重庆米价上涨将近 3 倍,其他各县市上涨比例也不低,由此,可见,不论是敌伪区还是抗战大后方,粮食都极为紧张,粮食价格浮动也非常大,粮食是决定战争胜利的重要物质基础。

　　1938 年底,广州、武汉,相继撤守。物资西运,倍感困难;申汇贴水,日趋增高;外汇黑市,动荡不定;成渝两地之物价指数,由 1939 年 1 月起,即涨至战前之水准以上,从此徐徐上涨,未见回跌,5 月后,因敌伪捣乱,法币对外汇率,重复下游,物价涨势稍剧。9 月欧战爆发,物价涨势,益趋猛烈。至 1939 年底,重庆指数,已涨为 170.8,而成都,则两倍于战前矣。1940 年起,四川因小春麦类收成欠佳,粮价回涨,总指数亦扶摇直上;及至该年夏季,又因雨水失调,秋季产量恶劣,物价指数之涨势更烈,加之 6 月中旬,宜昌失守,湘米济川,备受限制;7 月 18 日,滇缅路遭受封锁,物资输入困难,以致米粮及输入品之价格,同受刺激而暴涨,至 12 月份,重庆之总指数,竟以脱出 1000 大关,而成都之指数亦在 900 以上矣,回顾一年前之物价,已增加 5 倍矣。②

　　抗战期间,粮食价格飞涨。以陕西省西安市为例,"1937 年 6 月至 1942

---

① 《翁文灏日记》(下册),北京:中华书局 2014 年版,第 588 页。
② 陕西省档案馆藏:档号:31-1-675。

年 9 月的几年时间,白米涨 5.00 元、小米涨 5.00 元、小麦涨 0.45 元、苞谷涨 1.5 元、机粉涨 0.40 元、土粉涨 2.02 元。1939 年 6 月粮价有涨落,唯较 1937 年 6 月一般的仍趋上涨,白米涨 7.00 元、小米涨 0.50 元、小麦涨 1.50 元、苞谷稍落为 0.40 元、机粉涨 1.10 元、土粉涨 4.5 元。……1942 年 7 月和 6 月比较,白米价涨 187.01 元、小米涨 40.44 元、小麦涨 50.83 元、苞谷涨 17.35 元、机粉涨 8.8 元、土粉涨 40.09 元。8 月与 7 月相比较,白米涨 238.05 元、小米涨 96.62 元、小麦涨 92.26 元、机粉涨 28.07 元、土粉涨 113.22 元。9 月与 8 月相比较,白米涨 192.05 元、小米涨 120.94 元、小麦涨 86.91 元、苞谷涨 79.86 元、机粉涨 38.90 元、土粉涨 93.68 元。"①数据是直接的,从中可见粮食上涨速度之快之猛。以陕西省 1942 年 1 月粮食价格调查表为例:

表 1.11 陕西省 1942 年 1 月份主要粮食价格调查表②

品名 价格 等级		大米		小麦		面粉				附注
		上等	次等	上等	次等	一等	二等	三等	土面粉	
零售	最高	33.00	31.00	23.00	22.00	86.00	84.00	82.00	1.80	一、价格单位为国币元 二、数量单位米麦零售价为市斗,趸售为市石,机粉零趸均为袋,土粉零售为市斤,趸售为市石
	最低	32.00	29.00	21.00	20.00	86.00	84.00	82.00	1.70	
	平均	32.11	30.19	21.68	20.67	86.00	84.00	82.00	1.76	
趸售	最高	330.00	310.00	230.00	220.00	86.00	84.00	82.00	180.00	
	最低	320.00	290.00	210.00	200.00	86.00	84.00	82.00	170.00	
	平均	327.10	301.90	216.80	206.70	86.00	84.00	82.00	175.57	

根据均以全国之交易量为准,再以重庆、上海两地之平均基价,计算其总值。兹将各物品之权数,见中行各地基要物品趸售物价指数所采用之权数表:

---

① 陕西省档案馆藏:档号:17-1-88(2)。
② 陕西省档案馆藏:档号:17-1-78,第 28 页。

表1.12 中行各地基要物品趸售物价指数所采用之权数表①

中行各地基要物品趸售物价指数所采用之权数										
物品名称	粳米	糯米	小麦	黄豆	牛肉	猪肉	鸡蛋	盐	菜油	糖	棉花
权数	38.6	4.4	13.7	4.0	1.6	6.4	1.9	4.3	1.6	2.4	5.3
物品名称	生丝	羊毛	铁	铜	煤	煤油	木材	牛皮	猪鬃	桐油	茶
权数	1.6	0.3	1.2	0.1	3.6	1.4	5.0	0.2	0.5	1.1	0.8

1940年下半年起,因为我国物价上涨,较为猛烈之时,故本指数所示之各地物价,一律上涨。其间虽有下落者,不过一两个月之例外。在最近之一年内,物价上涨最烈者,计有两期:一是1940年10、11月间;二是1941年5、6月间,此两期每月之增长率,各地均约在20%以上。如1940年10月,成都物价竟较上一月增加44.2%,西安亦较上月增加26.5%,梧州则为23.7%,及至11月,重庆之物价,较前月增加30.8%,万县与天水,各较上月增加27%强,此盖因1940年秋收欠佳,粮价飞涨所致也。至1941年5月间,各地物价指数,再度高涨,如西安较上月增加32.5%,常德、桂林、洛阳,增加约30%,如成都、万县、天水、梧州等地之增长率,亦均在20%以上。重庆则增加15%,贵阳5月之物价,虽仅较4月增加8.6%,惟6、7月之增长率,则俱在20%以上也。8月以后,各地指数,涨跌互见。② 此时物价上涨的重要原因之一是和法币发行总量有关,以抗战期间的法币发行与物价指数为例说明,详见表1.13。

表1.13 抗战期间的法币发行与物价指数③

年 份	法币发行指数(1)	重庆物价指数(2)
1937	117	98.3

---

① 陕西省档案馆藏:档号:31-1-675。

② 张锡昌、陈文川等:《战时的中国经济》,北京:科学书店印行1944年版,第227页。

③ [日]石岛纪之著,郑玉纯译:《中国抗日战争史》,长春:吉林教育出版社1990年版,第112—113页。

续表

年　份	法币发行指数（1）	重庆物价指数（2）
1938	164	164.0
1939	305	355.4
1940	560	1276.2
1941	1076	2736.6
1942	2422	7766.5
1943	5357	20930.0
1944	13464	58744.0
1945	73845	212690.0

注：（1）以1937年6月为100；（2）以1937年上半年的平均为100。

关于法币的发行总额过量，对此，日本对法币有类似的观察："重庆政府的货币发行量在事变后走上了膨胀的不归路。该政府法币发行准备委员会的公报显示，去年底政府四大银行的法币发行总额达到了三十亿八千一百万元之巨，与去年六月底相比，增加了四亿五千五百万元，增加了17%。这与事变爆发前即一九三七年六月底的十四亿七百万元相比，增加了两倍以上。……上述法币发行额的准备金大约是现金准备十五亿五千六百万元，保证准备十五亿二千五百万元。现金准备占五成，比去年六月底的四成四略微增加，但较事变前六成七乃至七成相比，有了显著的下降。"[1]可见，物价飞涨的原因之一是每年达两倍以上的法币发行量以及物资的严重不足。

据1942年3月中央银行西安分行经济市况报告[2]：因南洋战局每况愈下引起之物价波动，3月涨风尤趋激烈，经缉私方面及物资管理工作展开后，稍稍稳定。市面因商人纷带法币东上办货，致筹码短绌，银风甚紧，10日至月底折息，每千犹得五六十元，且所带法币多为10元券，使西安市小钞异常缺乏，

---

① 《新中央政権と経済合作（1）新経済体制の進路：秘鑰は政治の関係に》，《東京朝日新聞（朝刊）》1940年1月20日第4版。
② 陕西省档案馆藏：档号：31-1-675。

大小券贴水日形高涨,买物找零,发生问题 3 月物价较上月均趋高涨,尤以棉花涨劲最猛烈,由每一百斤 360 元涨至 560 元,粉包纸烟最高至 28000 元,单刀至 22000 元,阴丹士林布超过 710 元,安安色布亦达 700 元,面粉由 86 元定价,改为 96 元,落雨后,回价 4 元,其他日用物品,亦皆上涨。①

抗战以来,渝市早已成为后方金融中心,商业繁荣,其与各地间汇兑往来亦因之频繁。汇兑区域在西南方面,以衡阳、桂林、柳州、昆明、贵阳、成都等地为主,在东南方面向以金华、永康为重要,唯自 1942 年上半年浙东沦陷以后,汇兑早已停止。华南方面以韶关、广州湾为代表,而豫、鄂、陕三省则以漯河、西安、洛阳、老河口等埠为汇款要地。以上各埠,因其与重庆之商业、金融关系各有不同,故其汇率之变动,亦不尽趋一致,然大体多属高昂,其原因盖由对于一般商业汇款,中央银行限制汇额,商业银行遂趁机抬高汇水承做,推波助澜,最足以助长物价。更有商人串通奸徒,假借名义,向中央银行套汇取巧,限制商汇之目的,遂不能达到。当局有鉴及此,故于 1942 年 4 月以后,变更内汇收费办法,以畅通内汇。于是,黑市汇价逐渐压低,而物价所受汇水之影响,亦因以减少。②

全面抗战爆发后不久,政府为了调剂内地金融及农工商矿各业的资金流通,立即授命中央银行会同中国、交通、农民三行合组贴放委员会,办理内地贴放业务,这可以说就是国家银行内地业务活动的起点。据财政部公布,自 1938 年 8 月,该会改组而为四联总处,内地贴放办事处后,至 1939 年年底为止,内地贴放款总额为 53200 余万元,其中公私工矿业贴放占 5.52%,计 2900 余万元;1940 年度该处专案贴放总数增至 85500 余万元,其中工矿贴放占 20.41%,计 17400 余万元,1941 年上半年贴放总额又有增加,达 78700 余万

---

① 中国第二历史档案馆编:《中华民国史档案资料汇编第 5 辑第 2 编·财政经济(三)》,南京:江苏古籍出版社 1997 年版,第 185—186 页。

② 中国第二历史档案馆编:《中华民国史档案资料汇编第 5 辑第 2 编·财政经济(三)》,南京:江苏古籍出版社 1997 年版,第 334—335 页。

元,工矿业贴放占 14.33%,计 11300 万元,3 年合计只专案贴放一项工矿业贴放达 31600 余万元。此外如将中国银行的工合贷款以及四行历年普通贴放项下有关工矿业的短期放款都计算进去,则总数当不止此数。同时,在上述国家银行的工贷数额中,我们还有一点必须指出的,那就是这些贷款的最大部分是投资于公营产业的,民营工业所占的百分比少得非常可怜。例如四行的工贷总额,截至 1941 年年底,为数共计为 54000 余万元,其中投资于民营工矿业者,却只占总数额的四分之一弱,仅 1 亿元而已,在此币值不断跌落之日,国家银行对整个大后方的工矿业贷款,仅此区区之数,实属杯水车薪,无济于事。①

无怪乎往年来后方一般工业界莫不以流动资金周转不灵而大感发展困难。至于 1941 年度的农贷,在表面上看来,固然增加之巨,但如以目前法币的购买力来计算,恐怕比往年减少甚多。凡此种种,均足以说明抗战以来国家银行的资金对于民族产业的作用,依然微不足道,其需要改进之处,也是刻不容缓的。

早在 1939 年,张公权就对上海严峻的经济局势有深刻感触,他在日记中曾说:“出席孔院长召集讨论上海租界银行提存风潮会议,因接中国银行宋董事长子文自香港来电,称日人有干涉上海租界迹象,致上海各银行发生提存风潮。孔院长拟征询宋子文意见,将外汇买卖移至重庆。盖海岸几乎完全被封锁,外汇有出无入,政府在上海供给外汇,维持法币,势难继续。”张先生对金融严重现况至无计可献之忧虑,亦从中影射国民党统治下的金融景况。他发出如此之感慨:“余不问金融已久,今后财政金融,日见困难。每次遇有关于财金之会议,必被邀参加,实无善策,可以贡献。”②

(二)法币内生机制

从金融实务角度看,任何金融活动必须以货币为载体,因此,货币在

---

① 张锡昌、陈文川等:《战时的中国经济》,北京:科学书店印行 1944 年版,第 49—51 页。
② 姚崧龄:《张公权先生年谱初稿》(上册),北京:社会科学文献出版社 2014 年版,第 218 页。

金融活动中占据基础性地位;从制度角度看,货币是金融法律制度的最重要客体,所有法令都直接或者间接与货币发生关系,因此货币管理制度当然成为国家银行制度乃至整个金融制度之核心。作为全国抵抗日本侵略的金融备战措施,战时货币制度具有鲜明的时代特征,它在艰难困苦的抗战期中,巩固了货币基础,稳定了币值,树立了币信,"是抗战的重要支柱"①。因此有人评价说,"法币为国民经济的命脉,亦为抵制敌伪金融侵略的最良武器"②。

如果说日本侵华是伪造货币产生的外因,那么法币本身及其流通环境是伪造情事形成之内因,因此,分析法币本身及流通样态有利于理解伪造货币产生和流通的"活态"环境。在抗日战争这一特殊时域与场域,上述现象的存在反映诸多社会面相,体现了制度与实施环境的不契合性,一定程度上,相互对立限制和抵消的种类繁多货币现况更加剧了货币阻塞在流通过程中,因此,中国"内生"货币制度的残缺会使许多经济政策的实施发生异位。这正是抗战期间大量货币伪造现象涌现的现实场景与客观究因。

1935 年 11 月 3 日,南京国民政府宣布实行法币政策。法币改革主要内容里规定旧有以银币单位订立之契约,应各照原定数额,于到期日概以法币结算收付之;中央、中国、交通三银行无限制买卖外汇。③ 这里的"按照目前价格"和"无限制买卖外汇"即界定了法币实行的是外汇汇兑本位制。也就是说,法币的稳定是依靠法定的汇率来满足市场兑换外币实现的,说明上述两个因素是确定币值稳定的关键。特别是外汇是法币币值稳定的重要调节剂,货币的本质是由货币本位制度决定的。由此表明"按照目前价格"和"无限制买卖外汇"是保持法币币值稳定的重要因素,一旦二者受到破坏,汇兑本位制度

---

① 寿进文:《战时中国的银行业》,重庆:中央信托局印制处 1944 年版,第 71 页。
② 姚会元:《法币政策与抗日战争》,《抗日战争研究》1996 年第 1 期,第 163 页。
③ 中国第二历史档案馆编:《财政部关于施行法币布告》,《中华民国金融法规档案资料选编》(上册),北京:档案出版社 1990 年版,第 401—403 页。

就会招致异化,使得法币公信力面临危机。因此,维持汇率成为南京国民政府此后一直努力的结点。① 伪造敌方货币,扰乱对方货币金融体系,破坏敌国经济,进而通过货币的伪造达到经济的操纵与政治的控制。在这一过程中,中国对于货币权的运用也大受限制,说明以汇兑为本位制度的法币体系极易受外部因素的干扰,特别是在抗日战争这一特殊背景下,使得西方外部势力对于中国货币的渗透力与影响力在很大程度上决定法币体系的运行样态。②

金融是经济的核心,货币是金融的主体,货币主权是国家主权的主体,货币发行权是货币主权的基本内核。货币主权与政治主权同样重要。抗日战争中,日军利用各种金融侵略手段破坏我国法币政策,削弱法币信用基础,导致币值震荡,扰乱中国货币信用体系。改变纸币发行混乱,统一纸币发行权是南京国民政府币制改革的重要目标。通过实现货币集权,削弱地方权力,加强中央集权,统一货币发行权,为南京中央政权加强地方当局的统治提供了货币保证。因此,既是加强中央政府对地方当局控制的重要手段,又是抵制敌伪货币金融侵略的基本条件。

南京国民政府建立初期,纸币发行极为混乱,集中纸币发行权是法币改革的重要目的,1935 年的法币改革大大加强了纸币发行权的统一进程。1935 年11 月 3 日颁布的《施行法币布告》规定:"自本年十一月四日起,以中央、中国、交通三银行所发行之钞票定为法币,所有完粮、纳税及一切公私款项之收付,概以法币为限。"从法律上赋予中、中、交等银行垄断纸币发行的权利。"中央、中国、交通三银行以外,曾经财政部核准发行之银行钞票,现在流通者,准其照常行使,其发行数额以截至十一月三日止流通之总额为限,不得增发,由财政部酌定限期,逐渐以中央钞票换回,并将流通总额之法定准备金,连同已印未发之新钞及已发收回之旧钞,悉数交由发行准备管理委员会保管。其核

---

① 王亚南:《中国经济原论》,福州:福建经济科学出版社 1946 年版,第 97—98 页。
② 吴景平:《蒋介石与 1935 年法币政策的决策与实施》,《江海学刊》2011 年第 3 期。

准印制中之新钞,并俟印就时一并照交保管。"①这一条法令强化了中央银行的行政权力,使其力求改善以尽银行之职务,使得中央银行成为国家金融权力机构,具备领导其他银行之银行机关职能。为更进一步统一法币发行权奠定法统基础。

1935 年 11 月 4 日,蒋介石即通电全国各行营主任、所属军政机关推行法币政策,称其以谋"复兴经济,保存形同血脉之全国流通货币准备金,以谋货币金融之永久安定起见"。② 法币发行之统一,法币之准备确实,监督严密,信用则益臻巩固,确乃事关救国要政。同年 11 月 8 日,财政部向各省市政府发文,要求地方银行及相关银行性质机关"其所发各种钞券,亦应即日截止发行,并将已印未发、已没收回之新旧各券,先行封存"。③ 但在此次发文中,却有这样的描述:"如果实有困难情形,并盼随时咨商。中央与地方休戚相关,本部无不兼筹并顾也。"这反映了中央政府在推行法币发行统一立场上存在一定的不坚定性,当然,对于尚处内忧外患的南京国民政府来说持一定的妥协态度属情理之中。但即便如此,对于纸币发行权的取消仍然遭遇地方当局不同程度的反抗。

1942 年 6 月财政部关于统一货币发行与各有关方面往来文件中认为,抗战进入持久阶段,值英美贷与我国大量借款用以安定金融之时,正是统一纸币发行的时机,"惟现在发行分隶于中、中、交、农四行,兹拟集中于中央银行"④。说明中央银行即将从中国、交通、中国农民三行取得独立垄断的纸币发行权。并对"如何接收其钞券及准备金,如何接济中国、交通、中国农民三行业务上

---

① 中国第二历史档案馆等编:《中华民国金融法规档案资料选编》,北京:档案出版社 1989 年版,第 402 页。

② 中国第二历史档案馆编:《中华民国史档案资料汇编第 5 辑第 1 编·财政经济(四)》,南京:江苏古籍出版社 1994 年版,第 318—319 页。

③ 中国人民银行总行参事室:《中华民国货币史资料(1924—1949)》(第 2 辑),上海:上海人民出版社 1991 年版,第 204 页。

④ 中国第二历史档案馆编:《中华民国史档案资料汇编第 5 辑第 2 编·财政经济(三)》,南京:江苏古籍出版社 1997 年版,第 53—57 页。

之需要,与集中发行接收准备金后,中央银行对于中、交、农三行历年分担金融任务之补偿,及稳固该三行之基础",上述问题均有详密规定。说明削弱三行纸币发行权已经提上议事日程。1942 年 6 月 21 日公布《财政部颁布之统一发行实施办法》规定"中交农三行已发法币总额、各地发行库存及定制未交券各项数额,应在六月底决算日结出,于七月底以前造具详细表单,送交财政部、四联总处及中央银行各一份备查"。"中交农三行在三十一年六月三十日以前之发行准备金,应于三十一年七月底以前,全部移交中央银行接收。"①说明中交农三行的发行实力从不断抑制到被取消。

随后,7 月 1 日国民政府颁布《统一发行办法》,其中规定:"所有法币之发行,统由中央银行集中办理。""中、交、农三行在本年六月三十日以前所发行之法币,仍由各该行自行负责,应造具发行数额详表,送四联总处、财政部及中央银行备查。""中、交、农三行订印未交及已交未发之新券,应全部移交中央银行集中库保管。"②中央银行集中纸币发行权是在法币改革的计划之中,此后一步步将发行权不断向中央银行集中,到《统一发行办法》的实施完全将纸币发行统一至中央银行。1942 年 12 月 24 日,开四联总处理事会,蒋介石认为:"本年自法币发行统一,以及各行业务人事皆能纳轨道,此为我国经济与革命,最大之成就也。"③

1943 年 2 月 3 日《蒋介石关于限制各地公私银行开设的手令》"各地公私银行之开放,财部应有严格之规定,不可漫无限制,任其自设。如云南省银行,查在西安设分行,此是否为其业务所必需,应由财部审核决定。如认为无此必

---

① 中国第二历史档案馆编:《中华民国史档案资料汇编第 5 辑第 2 编·财政经济(三)》,南京:江苏古籍出版社 1997 年版,第 19—21 页。
② 中国第二历史档案馆等编:《中华民国金融法规档案资料选编》,北京:档案出版社 1989 年版,第 457 页。
③ 黄自进、潘光哲编:《困勉记》(下),台北:世界大同出版有限公司 2011 年版,第 875 页。

要,应令停止开设"。①

陕西境内,陕西省银行既有自制五十元、十元兑换券之发行,而南郑、宁羌、襃城等县银行亦均有五元,十元钞票之发行,纸张粗劣,印刷模糊,且多用旧日废钞涂改而成,强使民间使用,过境作废。闻陕省各县大都如此,或由县银行发行,或交商会发行,亦有县政府发行者。如果属实,显系紊乱币政,应请贵省政府迅予严饬停止发行。其已发行者,限期收回销毁,并报转来部查核。如各该行所发,即系当地缺乏小券时发行之定额本票,应请查照本部渝钱币(2598)(1168)(1558)号历次代电转催,克速悉数收销具报,以肃币政。②

抗战的特殊时域,为了应对日军发行伪钞与伪造我方货币等货币侵略手段,国民政府在总体统一货币发行权的前提下,因时利势恰当调整辅币发行权,抗战早期是采取授权与鼓励地方发行辅币,中期加强战时辅币发行的监管,后期加紧限制地方银行辅币的发行。

1935 年南京国民政府颁行《设立省银行或地方银行及领用或发行兑换券暂行办法》,规定"省银行或地方银行为调剂农村金融起见,暂停发行辅币券"③。1936 年 1 月 11 日颁布的《国民政府公布之辅币条例》规定:"辅币之铸造,专属于中央造币厂。其发行,由中央银行专司之。"④1940 年 2 月 13 日颁布的《财政部公布之修正辅币条例》规定:"辅币之制造,专属于中央造币厂,其发行由中央银行专司之。"⑤这里是将辅币发行权统一

① 中国第二历史档案馆等编:《中华民国史档案资料汇编第 5 辑第 2 编·财政经济(四)》,南京:江苏古籍出版社 1997 年版,第 540—541 页。
② 中国第二历史档案馆等编:《中华民国史档案资料汇编第 5 辑第 2 编·财政经济(三)》,南京:江苏古籍出版社 1997 年版,第 685—686 页。
③ 中国第二历史档案馆等编:《中华民国金融法规档案资料选编》,北京:档案出版社 1989 年版,第 397 页。
④ 中国第二历史档案馆等编:《中华民国金融法规档案资料选编》,北京:档案出版社 1989 年版,417 页。
⑤ 中国第二历史档案馆等编:《中华民国金融法规档案资料选编》,北京:档案出版社 1989 年版,第 440 页。

归为中央造币厂,集中由中央银行控制。但是这里所指的辅币指的金属辅币,另外还有一种辅币券,这里集中于中央银行发行权的辅币指的是金融辅币。

1936年10月16日财政部公布之《省银行或地方银行印制辅币券暂行规则》:"省银行或地方银行遵照设立省银行或地方银行及领用或发行兑换券暂行办法,呈经财政部核准发行辅币券者,其印制辅币券,应依本规则办理。"① 这说明财政部制授权地方银行印制辅币,只要有合理之理由,并呈报辅币券式样、辅币券种类及数目、定制期日及制成期日,经过财政部核准后可以印制。只是规定省银行或地方银行印制辅币券时,应于印成后须交由省银行或地方银行总行所在地之中央银行保管,需用时分批请领。共请领辅币券若干,同时即依法缴交准备金于中央银行。

唯自战事扩大以来,沦为战区地方,敌伪破坏我金融,发行伪币及军用票强制流通,并限制法币输入,一方予以收买,一方贬值行使,遂致战区各省发生法币缺少现象。故调剂通货应分为后方各省及战区各省而为个别之应付。"利用省银行或地方银行原发有钞券或辅币券者,照原版为增印发行,以维持市面流通,而节省法币发行。"②

战区扩大,沦陷区及游击区因有敌伪调取法币之顾虑,四行未便充裕发行,而抢购战区物资,供应战地筹码,需要增加发行,势不能不利用省地方银行钞票,代替一部分法币行使。爰于二十八年三月财政部召集第二次地方金融会议议定各省地方银行得配重发行一元券及辅币券,以应战时需要,不得在后方行使,印刷则由中央信托局统一办理,以便管理。③

---

① 中国第二历史档案馆等编:《中华民国金融法规档案资料选编》,北京:档案出版社1989年版,第419—420页。
② 中国第二历史档案馆等编:《中华民国史档案料汇编第5辑第2编·财政(二)》,南京:江苏古籍出版社1997年版,第80—87页。
③ 中国第二历史档案馆等编:《中华民国史档案资料汇编第5辑第2编·财政经济(四)》,南京:江苏古籍出版社1997年版,第491页。

银行负有协助政府执行战时金融政策之使命,战区各银行尤应设法维持,以便利当地人民巩固法币信用,保持我方金融势力,前经密颁分区金融处理办法,对于陷敌区域及邻近战区之银行,分别规定办法,分行办理。以与敌伪作经济斗争,予伪银行从根本上之打击。① 这里指的分别规定办法分行办理,指提地方银行分别发行辅币,以粉碎敌伪利用伪币套取抗战物资。

财政部就地方金融会议有关维持法币信用即各省地方银行发行一元券等项并附送省地方银行监理员章程咨函稿(1939 年 5 月 26 日):财政部为监督省地方银行业务,并检查发行或领用一元券、辅币券是否合于法令起见,特设省地方银行监理员监理之凡不用省地方银行名义而具有其性质之银行,依照本章程办理之。② 对于银行业务之监督事项非常多,包括银行资金状况、发行或领用一元券、辅币券数目的审核事项及准备金等事项,已印未发之一元券、辅币券印版、戳记之封存及保管事项。领用一元券、辅币券是否照章运用之监督事项等。

1940 年 5 月 11 日,国民政府颁行《管理各省省银行或地方银行发行一元券及辅币券办法》:"各省省银行及地方银行发行钞券及准备金之缴存保管事宜,由发行准备管理委员会监督之。各省省银行或地方银行钞券,以在本省流通为宜。各省省银行或地方银行呈经核准印制之钞券,应由财政部交由中央信托局代印。"③

1942 年 7 月 1 日《统一发行办法》规定:"各省地方银行之发行,由财政部规定办法限期结束。"④1942 年 7 月 14 日颁行的中央银行接收省钞办法,"各

① 中国第二历史档案馆等编:《中华民国史档案资料汇编第 5 辑第 2 编·财政经济(二)》,南京:江苏古籍出版社 1997 年版,第 142—147 页。

② 中国第二历史档案馆等编:《中华民国史档案资料汇编第 5 辑第 2 编·财政经济(四)》,南京:江苏古籍出版社 1997 年版,第 639—641 页。

③ 中国第二历史档案馆等编:《中华民国金融法规档案资料选编》,北京:档案出版社 1989 年版,第 441—443 页。

④ 中国第二历史档案馆等编:《中华民国金融法规档案资料选编》,北京:档案出版社 1989 年版,第 458 页。

省银行或地方银行应将截至三十一年六月三十日止,所有钞券数目分为:
(一)呈准印制券,(二)定印券,(三)定印未收券,(四)呈准发行券,(五)发行流通券,(六)已发收回券,(七)销毁券,(八)库存未发等项,分别券类列表呈报财政部,并分报中央银行查核。"①

在对外的经济斗争中,货币权是对外斗争的重要武器。在中国主权备受侵略的情况下,货币权的控制也必将受到限制。伪造货币是一个复杂的命题,它与系统的货币政策的内在机制和严密的机构相伴随,反映着复杂的政治、经济、国际关系。透过国际力量渗透与国内政治势力博弈,反映货币主权与政治主权控制之间关联性,直视货币制度本位制的内在缺陷是抗战时期货币伪造大量呈现的重要社会原因。

二、抗日根据地金融概况

(一)抗日根据地财政局势

随着第二次世界大战形势变化,日本侵华侵略调整,国民政府对中共政策的变化,日军加强对抗日根据地的经济侵略,国民政府加重对抗日根据地的封锁,中国抗日战争进入艰难的相持阶段,各个抗日根据地经济陷入最为恶劣的局势。

1937年10月,日军沿津浦路南下,12月侵占济南,到1940年年底几乎侵占了山东所有的县城,控制了全部铁路和将近5000公里的公路,建立了1156个据点。山东的经济遭到空前的摧残和破坏,民族工业资本损失总额达1349万余元,形成了日本垄断资本。占领区的农村成为他们用粮的供应站,采取武力强征的方式,搜刮农民,抢夺粮食。②

国民党对抗日根据地的军事围剿和经济封锁,断绝根据地的一切外援与

① 中国第二历史档案馆等编:《中华民国金融法规档案资料选编》,北京:档案出版社1989年版,第457—458页。
② 李炜光等:《中国财政通史》第9卷(上册),长沙:湖南人民出版社2015年版,第369页。

外界的经济往来,使根据地物资异常匮乏,严重地影响了抗日根据地的经济发展。国内外严峻的军事、政治、经济形势已经将抗日根据地逼进重重危机,偏偏此时,1940—1942 年,这三年边区遇到历史上最为严重的自然灾害,这对经济困难的抗日根据地简直是雪上加霜,真是"屋漏偏逢连夜雨,船迟又遇打头风"。

据不完全统计,陕甘宁边区,1940 年水、旱、风、雹交相侵袭,受灾面积达4298312 亩,损失粮食 235850 石,受灾人口 515145 人;1941 年,受灾面积603558 亩,损失粮食 79720 石,受灾人口 90470 人;1942 年,受灾面积 856185亩,损失粮食 79720 石,受灾人口 352922 人。[①] 其间,以 1940 年所受的灾难最为严重,对农作物造成致命打击的水灾、旱灾和雹灾一齐涌上,此处以当年旱灾统计表为例,如表 1.14 所示。

表 1.14　陕甘宁边区 1940 年旱灾情况统计表[②]

县　别	受灾时间	受灾区域	受灾人数	说明
志丹	上半年	全县	43518	
安定	上半年	全县	63607	
靖边	上半年	全县	43056	
环县	上半年	全县	28096	
淳耀	上半年	全县	17024	一、受灾县份全年减收约二分之一。
绥德	上半年	全县	150000	二、绥德、清涧、吴堡、
清涧	上半年	全县	100000	神府、定边、盐池、安
吴堡	上半年	全县	30000	定等县均为连年灾
神府	上半年	全县	36718	荒。
定边	上半年	全县	35375	
盐池	上半年	全县	11287	
合计		11 县	558681	

　　① 　边区政府民政厅:《陕甘宁边区社会救济带来概述》"1939—1942 年灾情损失统计表",其中受灾人口 1940 年和 1942 年为全区的统计数字,其他年份只是几个县的材料。转引自李炜光、赵云旗:《中国财政通史》第 9 卷(上册),长沙:湖南人民出版社 2015 年版,第 392 页。
　　② 　陕西省档案馆藏:《陕甘宁边区政府文件选编》第 2 辑,北京:档案出版社 1987 年版,第567 页。

由于严重的水旱灾害所带来的其他人畜瘟疫之情尤其为甚,据陕甘宁边区灾情统计数字呈现,其中,"靖边 8 月 25 日大霜,毁田禾甚多,并于 7 月间大风,吹倒房屋及塌死牲畜,又神府县亦受风灾。延安县全境,及环县、淳耀、延川、延长、安定各县一部,均发生过瘟疫,仅盘龙一个区死人 500 余,瘟病为脑脊髓膜炎、猩红热,天花、白喉等病。安塞、甘泉、延长等县都发生过牛羊瘟。"①

无独有偶,陕甘宁边区灾情之严重,并非特例,其他抗日根据地所遭受灾情的破坏更为之甚。山东抗日根据地,1941 年水旱灾害交替,夏粮歉收,粮食缺乏。1942 年,春荒夏旱,鲁南、泰山、淄河敌占区几万户难民逃往根据地。晋察冀抗日根据地在这一时期同样发生了历史上罕见的灾荒。1942 年,旱灾遍及 39 个县,据孟县、广灵等 11 个县统计,灾民达 47520 人。入夏又遇涝灾,完县几个区有 2 万人外出逃荒,有的村庄人口所剩无几。行唐、灵寿等县房屋塌毁牲畜压毙。1943 年,旱灾面积达冀中全区的 4/5,并涉及北岳三个专区,灾民为 6439 人,敌占区逃来的难民有 11600 人。1943 年,冀西根据地中心区的边缘和腹地,相当数量的灾民断炊,曲阳三区太平庄全村 170 户,春节没米下锅的有 70 多户。大多数灾民以花生皮、花生秸荞麦皮、甘草充饥,"有些地区不断发生饿死人现象。"②

根据 1939 年、1942 年和 1943 年晋察冀抗日根据地的城乡遭受灾荒的生产量的调查,以 1937 年为基准六年来平均降低了 36%,在战争与灾荒的影响下战后产量只为战前的六成四,因此上述人民生活情形可想而知。如按六成四的年成,把上述收支重作计算于表 1.15:

---

① 陕西省档案馆、陕西省社会科学院:《陕甘宁边区政府文件选编》第 2 辑,北京:档案出版社 1987 年版,第 566 页。

② 《陕甘宁边区四年来赈济粮款统计表》,1944 年 5 月 30 日,转引自李炜光、赵云旗:《中国财政通史》第 9 卷(上册),长沙:湖南人民出版社 2015 年版,第 392—393 页。

表 1.15　战后连年灾荒影响下的每人收支表①

	地主	富农	中农	贫农
收入	6.943	4.692	3.036	1.962
支出	8.531	6.675	4.181	3.426
盈亏	−1.588	−1.983	−1.145	−1.464

注:(1)土地、租子收入按前表六四折,山货收入不折,支出数未加变更,可得出盈亏概念。(2)支出数包括负担在内。

由此可见,在前两年中人们实际生活与收支情形是不好的,各阶层(连地主在内)都是入不敷出,因此地主富农有卖地交公粮工资的现象,而中农以下则只有尽量把生活降低。

据晋冀鲁豫边区政府不完全的统计,在抗日战争时期,全区因旱灾减产130 余亿斤,因水灾减产 52 亿余斤。全边区灾民达 150 万。其中 1942—1943 年的大旱灾,农业收成只达常年产量的二至四成。1939 年冀南发生过大水灾,后者,1944 年、1945 年,全边区又发生大蝗灾。"八年全民族抗战、四年灾荒"就是边区灾情的真实写照。仅据太行区左权县拐儿镇一地的调查,差不多每 4 个人中就有 1 个染了病。旱灾严重的冀南二专区巨鹿县,在 1943 年夏秋之交,因霍乱致死的达 3000 余人;同一个时期,三专区曲周县东王堡村、四专区威县南胡帐村,邱县梁二庄,在 620 户中统计死亡达 1110 人。② 前段数字足以说明根据地灾情之严重性,可以说灾荒是接踵而至。

外部援助断绝,加上严重的灾荒,导致根据地财政进入了严重困境。边区几乎出现军政人员没饭吃、没衣穿、没被盖、没纸用的极度困窘景况。毛泽东同志说 1940—1941 年是我们最为困难的时期,他对此作过这样的描述:"我们

---

①　涉县档案馆藏:《偏城县国民经济及负担调查》(1943 年),档号:9。

②　赵秀山:《抗日战争时期晋冀鲁豫边区财政经济史》,北京:中国财政经济出版社 1995 年版,第 166—167 页。

曾经弄得几乎没有衣穿,没有油吃,没有纸,没有菜,战士没有鞋袜,工作人员在冬天没被盖。国民党用停发经费和经济封锁来对待我们,企图把我们困死,我们的困难真是大极了。"①

(二)抗日根据地金融情势

抗日根据地内流通的货币十分繁多,极为复杂,导致货币市场混乱不堪。抗战前期,坚持抗日民族统一战线,因此,国民政府给八路军发军饷,因此,法币允许在边区流通,当时除了国民党政府发行的中(央)、中(国)、交(通)、农(民)四大银行发行的法币流通于全区外,还有经国民政府许可的中国实业银行、大中银行、浙江实业银行、中国垦业银行、中南银行、北洋保商银行发行的钞票流通于各地市场。同时,还有各省、各县地方银行发行的钞票或流通券等,此外,还有各县的县票、土票及种类繁多的杂钞,计算起来不少于几百种。这些纸票的流通地区界限极为严格,各省各县的钞票,离开了本省本县就如同废纸,而县票、土票及其他杂钞流通范围更窄,因此,这种货币金融割据、混乱的局面严重影响着抗日根据地物资正常进行交流和贸易的畅通。

以晋察冀抗日根据地货币流通情况为例,山西省有山西省银行、晋绥铁路银号、绥西垦业银行、晋北盐业银行;河北省有河北省银行、北洋保商及平津的大中、农工、盐业、垦业、实业、中南等银行,还有创自明代成化三年的平市官钱局;察哈尔有察省银行。它们均为地方实力派及官僚或金融资本家所有。属于日伪的则有所谓冀东银行、东三省官银号、察南银行、伪满洲银行、朝鲜银行、蒙疆银行等。② 晋察冀边区因地处三省之间,比三个省中任何一省的金融都复杂得多,三省流通的各种钞票都兼而有之,可谓无所不包,加上日本侵略者触角的伸入,实为混乱至极。1941 年,彭真对边币发行曾这样描述:"市面

---

① 《毛泽东选集》第三卷,北京:人民出版社 1991 年版,第 893 页。
② 魏宏运:《晋察冀抗日根据地财政经济史稿》,北京:档案出版社 1990 年版,第 65 页。

通行纸币十余种,金融异常混乱。"①田宋劭文在《边区对敌货币斗争之史的发展与当前的斗争方针》中描述:"当时边区货币以河北钞、法币、晋钞为主力,其次是平津杂钞与地方钞。"②

将各抗日根据地流通货币种类做一初步统计归类,大概有抗日根据地货币、国民党政府发行的货币、抗日根据地内私营经济的货币、从国民党阵营中分离出来的军队、政权机构或经济组织的货币,此外,还有日伪币。

1.各抗日根据地货币,即中国共产党领导的军队、政权机构、银行及经济组织,为保证抗日战争的胜利进行和保障抗日根据地的建设与发展而发行的货币。在各大战略抗日根据地逐渐形成的过程中,原来分散发行的仅限于某一地区流通的基层的地方性货币,逐渐集中统一于由各抗日根据地统一发行、统一管理和统一组织流通的本位币。区域本位币为本战略区唯一法定通货,有利于当地的经济发展和支援战争。这些区域本位币有陕甘宁边币、陕甘宁商业流通券、晋绥西北农民银行币、晋察冀边币、冀南币、鲁西币、北海币以及华中地区的江淮币、淮海币、盐阜币、淮南币、淮北币、豫鄂边建设银行币、浙东币等。在整个抗日战争时期,各大战略抗日根据地共发行了区域本位币53种,其中地名券27种,这些地区一度流通的地方性货币有199种,两类货币合计252种。据统计,在七大抗日根据地的252种货币中,各种不同的版别竟达1063种之多。见表1.16:

---

① 彭真:《关于晋察冀边区党的工作和具体政策报告》,北京:中共中央党校出版社1981年版,第111页。

② 魏宏远:《晋察冀边区财政经济史资料选编》(财政金融编),天津:南开大学出版社1984年版,第701页。

表 1.16　抗日战争时期抗日根据地货币综合统计　　　单位:种、家

根据地	货币种类			面额种类	钞币版别	发行机构			
	区域本位币①	地方性货币	合计			行政性机构	金融机构	经济组织	合计
陕甘宁	2	3	5	17	37	—	2	—	2
晋　绥	1	4	5	11	31	2	2	1	5
晋察冀	4(2)	31	35	15	119	1	4	28	33
晋冀鲁豫	9(6)	32	41	24	210	5	15	2	22
山　东	8(7)	24	32	15	216	16	11	1	28
华　中	28(12)	103	131	30	442	59	25	21	105
华　南	1	2	3	5	8	2	—	1	3
总　计	53(27)	199	252	117	1063	85	59	54	198

这些边币对抗战胜利起到了重要作用,也是特殊历史时期的特殊产物,起了特别的历史作用。当然,也有其不利,这种各地区分散发行的流通的货币的缺陷也不少,如货币种类繁多、版别复杂、票面不易识别、价值标准和货币购买力不一等,给市场商品交换和地区间物资交流带来不便。

2.国民党政府的货币:国民党政府的货币主要是法币。自西安事变和平解决后,国共两党建立抗日民族统一战线,在 1937 年到 1940 年期间,国民政府统一配发抗日根据地军费;同时,根据地还通过各种渠道获得了海外诸多友好人士的物质支持。据统计数字所见,抗战前期,抗日根据地财政三分之二的财政依靠外援,见表 1.17 所示。

---

①　区域本位币栏右括号内数据为地名券种数。资料来源:河北省金融研究所:《晋察冀边区银行》,北京:中国金融出版社 1998 年版;《中国钱币大辞典》编纂委员会:《中国钱币大辞典》,北京:中华书局 2001 年版。

表 1.17　陕甘宁边区外援占财政收入比重表①　　　　单位:法币元

年　份	财政收入总额	外援金额	外援占岁入%
1937	526302.45	456390.01	77.20
1938	907943.31	468500.00	51.69
1939	6602909.88	5664667.34	85.79
1940	970995.31	7550855.04	70.50

从表 1.16 可见,抗战初期,边区外援和捐献在财政收入所占比例权重很大,达到一半以上,在一定程度上解决了抗日根据地的财政困难。外援金额中苏联援助占有相当之比重,据王稼祥回忆,1938 年共产国际从它的外汇中拨出 30 万美元送给中国共产党。② 1940 年,季米特洛夫要求斯大林向中国提供了 35 万美元的援助。③ 此外,陕甘宁边区等抗日根据地还一度实行了以法币为主币或本位币的货币制度。可见,一个时期内法币在抗日根据地流通量较大。

3. 抗日根据地内私营经济的货币:这类货币是在抗日市场找零辅币缺乏,遵循当地的流通习惯,经根据地民主政权批准或同意,由私营经济组织发行的在一定区域内流通的货币。据有关资料统计,目前可见到的浙东商会抗币有18 种、48 个版式,发行机构 15 个。④

4. 从国民党阵营中分离出来的军队、政权机构或经济组织的货币。其中有些县政权为了斗争需要而发行了货币,像当时晋西北的五寨县、中阳

---

① 陕甘宁边区财政经济史编写组、陕西省档案馆:《抗日战争时期陕甘宁边区财政经济史料摘编》第 6 编,西安:陕西人民出版社 1981 年版,第 427 页。
② 徐则浩:《王稼祥传》,北京:当代中国出版社 1996 年版,第 296—297 页。
③ RCPSMH,495/74/317.转引自杨奎松:《毛泽东与莫斯科的恩恩怨怨》,南昌:江西人民出版社 1999 年版,第 166 页。
④ 浙江省钱币学会:《华中革命根据地货币史》第 3 分册,北京:中国金融出版社 2004 年版,第 157—179 页。转引自许树信:《抗日货币:中国近现代货币的特殊形式》,《金融时报》2015年第 9 期。

县、离石县等都发行了这类流通于当地的货币,现在能见到的有 8 种钞券、17 种版别①。

5. 伪币,即指敌伪政权发行的货币。通常指 1941 年 1 月 6 日日伪当局在南京成立了汪伪中央储备银行所发行的中储券②。汪伪政权通过制订《汪伪国民政府抄发整理旧法币条例及其修正条文的训令》③规定"整理旧法币应行收回中央、中国及交通银行所发行之钞券。凡以旧法币单位订立或约定之债权、债务,应以旧法币二对一之比率改为中储券单位处理之"。

苏德战争和太平洋战争爆发后,海陆等交通要道受到全面封锁,严重影响到了物资进口,导致诸多物品价格上涨,特别是一些依赖进口的物资上涨速度更快。各个抗日根据地遭受严厉的军事打击和经济封锁,国共关系发生变化,陕甘宁边区禁用法币。由于边币发行速度过快,导致物价快速上涨,以绥市物价上涨为例,其中洋纱 1940 年 9 月至 10 月涨了一倍。④ 1942 年 1 月西安物价:"月初物价一致趋扬,尤以匹头为最,继后虎标药品因南洋战事紧张,涨风愈烈,万金油每打竟达五十元关头……"⑤以 1940 年陕甘宁边区最需要物资价格为例,棉花一年中突涨 22 倍,布匹涨 19 倍,染料涨 17 倍,铁条则涨了 54 倍。⑥ 可见,物价暴涨、金融紊乱之情形极为严重。

---

① 杨世源:《晋绥革命根据地货币史》,北京:中国金融出版社 2001 年版,第 23—28 页。转引自吴景平:《日伪统治时期上海金融市场秩序的重构》,《民国档案》2018 年第 5 期。
② 指汪伪政权建立的中央储备银行发行的中储钞券,所谓"新法币",通称为伪币。
③ 中国第二历史档案馆:《汪伪国民政府抄发整理旧法币条例及其修正条文的训令》,《中华民国史档案资料汇编第 5 辑第 2 编》(附录)《日伪在沦陷区的统治(下册)》,南京:江苏古籍出版社 1997 年版,第 672—674 页。
④ 魏协武、贲光和、梁丁中:《陕甘宁边区金融报道史料选》,西安:陕西人民出版社 1992 年版,第 12 页。
⑤ 陕西省档案馆藏:《中央银行西安分行三十一年一月份金融市况报告》,档号:71-3-703。
⑥ 陕甘宁边区财政经济史编写组、陕西省档案馆:《抗日战争时期陕甘宁边区财政经济史料摘编·第六编·财政》,西安:陕西人民出版社 1981 年版,第 67—68 页。

表 1.18　1940—1941 年物价指数表(1937 年物价指数为 100)①

时　期	1940 年 12 月	1941 年 1 月	1941 年 2 月	1941 年 3 月
物价指数	716.7	1075.5	1373	1224

以陕甘宁边区 1940 年 12 月到 1941 年 3 月仅仅 4 个月的物价指数来看, 1941 年 3 月比 1940 年 12 月上涨 500 多个点,其增长速度真可谓惊人,物价不断飞涨。

表 1.19　延安市 1940—1941 年物价指数表(1937 年物价指数为 100)②

时　间	1940 年上半年	1940 年下半年	1941 年上半年	1941 年下半年
物价指数	378.2	622.9	1356.1	3101.7

1940 年下半年延安物价指数比上半年增加将近一倍,而 1941 年年底与年初比较竟然翻了三倍之多,1941 年与 1940 年相比则增长五倍之多。

物价不断飞涨,使财政总预算大了数倍,为弥补财政赤字,不得不扩大边币的发行量,使货币发行有所增加。1941 年陕甘宁边币发行量急剧增长,2 月发行量为 1000 万元,6 月已经发行了 1101 万元,月均递增 28.5%,其中发行最多的 3 月份比上月增发 71.2%。由于发行速度过快,发行量过大,物价随之上涨,1941 年 2—3 月月均上涨 14.2%,4—6 月月均上涨 28.4%。边区外贸出口大增,大量法币涌入边区。边区各部门对法币进行联合抵制,又使陕甘宁边币发行量大增。物价随之急速上涨,延安下半年物价指数达到 2040.3。1943 年,全年货币发行量为 163064 万元,比上年增加 16.9 倍,全年累计货币

① 陕甘宁边区财政经济史编写组、陕西省档案馆:《抗日战争时期陕甘宁边区财政经济史料摘编·第六编·财政》,西安:陕西人民出版社 1981 年版,第 15—16 页。
② 陕甘宁边区财政经济史编写组、陕西省档案馆:《抗日战争时期陕甘宁边区财政经济史料摘编·第五编·金融》,武汉:长江文艺出版社 2016 年版,第 135 页。

发行量达到 174909 万元,比上年增加 13.8 倍。1943 年延安市场物价指数为 33611.6,比上年同期增加 16.5 倍。① 晋冀鲁豫边区近来物价暴涨三四倍至 七八倍,水冶、洪河屯小米 58 元,洋线 180 元,各种洋纱 240 元,彰德白市布 240 元。以生金计算,年前每月纯金折联银券尚为 470 元,现在则每两纯金折 联银券 1200 元。(公定价黑市尚高)较年前涨三倍。②

金融不稳是物价上涨的根本原因,物价上涨,增加货币发行量,势必引起 物价下一轮高涨,如此恶性循环,货币对内购买力降低,使得货币贬值引发物 价上涨,抗日根据地物价上涨,说明根据地货币对外购买力降低了,边币、抗币 贬值了,其对内价格发生了跌落,因此,物价指数是币值稳定的晴雨表。朱理 治认为,物价波动和货币流通量有着密切关系,他说:"今年 3 月份以来,延安 物价波动得非常厉害。其客观原因,首先是边币发行量的膨胀。银行在去年 12 月和今年 1、2 月增发边币 1000 万元,边币数量一增,自然要影响到物价上 涨。"③说明物价问题从根本上来说是金融问题。

抗日根据地经济困难主要表现为财政困难、金融危机,表面是财政问题、 金融问题,但表象背后的内在实质则为生产问题,即生产和消费的矛盾。用今 天的话说,也就是人民群众日益增长的物质文化需要与落后的社会生产之间 的矛盾,当时落后的社会生产力,几乎是生产力水平极为低下的自然经济状 态,生产上几乎不能达到自给自足,特别是在 1941 年后外援被完全切断,无疑 加剧了根据地财政的困难。至于其他财政和贸易金融上的困难,则皆为生产 与消费这对矛盾衍生出来的。

---

① 姜宏业:《中国金融通史》第 5 卷,北京:中国金融出版社 2008 年版,第 161—163 页。
② 山西省档案馆藏:《关于目前形势与对敌经济斗争紧急任务的指示(极密)》(1943 年), 档号:A204-01-00001。
③ 张文杰、王怀安、郭晓平主编:《纪念朱理治文集》,郑州:河南人民出版社 1993 年版,第 253 页。

第二章 抗战时期伪造货币概况

抗战时期,日本对中国发动了一场全面的侵略战争,其侵略包括了军事、政治、经济、文化各个方面。抗战期间,日本对中国实施"以战养战"的战略目标,伪造货币作为金融侵略的重要手段,日军通过伪造大量法币和边币抛放至中国货币市场,充斥货币流通领域,扰乱市场对货币的客观需求量,破坏货币安全,严重干扰中国货币体系和战时经济秩序;同时,伪造货币所引发的货币混乱造成人们严重的心理恐慌和精神迷乱,导致严重的社会危机。

第一节 伪造法币基本情况

通过对翔实史料的认真梳理与分析,尽量"复活"伪造货币现场及其相关历史演绎场域,发现日占区、国统区及敌后根据地等地诸多伪造货币充斥市场,基本归于与货币战相关的伪造货币和基于生存视角的底层民众伪造货币两类情形之"活态"。

一、日军伪造法币

抗战期间,日本为实现"以战养战"的战争策略,通过在中国设立日伪银行发行各类伪币、伪造法币,破坏中国的货币体系、金融秩序。抗日战争中,日本有专门的伪造货币机关、伪造团伙及将伪造货币流入市场的系列措施。1937年,日本军部成立登户研究所作为伪造中国法币的专门机构,配备极为高档的高级印刷机械和精湛印刷技术专家,以提高假法币的"仿制"水平。在1941年太平洋战争爆发后日本占领中国香港,掠去在港法币印版运至日本后,印制大量"真正的"假法币,登户研究所印制的假法币包括中央银行、中国银行、交通银行发行的从5元、10元至100元约十多个品种。抗战期间,日本伪造中国货币行为十分猖狂,据不完全统计,整个抗战时期,仅登户研究所就伪造了40多亿元法币。[1]

以1935年至1941年南京国民政府发行法币总量参考来核对日寇伪造法币之比例,见表2.1。

表2.1数据显示,选取自1937年至1941年每年南京国民政府发行货币总量为参照,1937年大约16.4亿、1938年约为23亿元、1939年为42.9亿元、1940年大约79亿元、1941年为152余亿元。日本伪造法币数目相当于1937年和1938年四行发行额度之总和,相当于1939年一整年的发行总量,其伪造比例之大,影响之甚,不言而喻!

1940年,在华中地区发现日寇将成批伪造的中国农民银行壹圆、伍圆、拾圆券法币500余万元,从日本运到中国,由他们的特务机关打入沦陷区和抗日根据地市场,用以抢购真法币。[2] 这些伪造的法币被投至抗战大后方和敌后抗日根据地,至少有30多亿以上在市场得以流通,一部分用来吸取法币购买战略物资,另一部分被用作侵华日军的军饷,严重扰乱中国金融市场秩序。

1936年伪造中华书局印的中央银行无地名一元版,1937年德纳罗印钞公司印的中国银行无地名五元版等。[3] 据1936年7月13日财政部第27888号

---

① 戴建兵:《日本投降前后对中国经济的最后榨取和债务转移》,《抗日战争研究》2001年第1期。

② 江苏省钱币学会:《华中革命根据地货币史》第1分册,北京:中国金融出版社2005年版,第53页。

③ 郭静洲:《华北、华中地区的中日货币战》,《东南文化》1995年第3期。

表 2.1　四行发行数额及抗战后半年增发数额比较表（1935 年 12 月—1941 年 12 月）①

单位：法币元

年	月	中央	中国	交通	中农	合计	每半年增发 数额	每半年增发 %	备注
1935	12	179064899. 00	286245041. 00	176244950. 00		641554890. 00			表内之百分数系以每半年作标准
1936	6	299253125. 00	351772791. 92	204912051. 00		855937967. 92			
1936	12	325592469. 00	459310240. 42	295045524. 50		1079948233. 92			
1937	6	375839967. 00	509862882. 30	313548434. 00	207951051. 00	1407202334. 30			
1937	12	430608288. 00	606547660. 50	371143585. 00	230798241. 00	1639097783. 50	231895449. 20	16. 5	
1938	6	489666785. 00	653251720. 00	321859495. 00	262219835. 00	1726997833. 00	87909031. 50	5. 4	
1938	12	738027870. 00	711050325. 00	543131425. 00	275247070. 00	2267456690. 00	540458855. 00	31. 3	
1939	6	1048883145. 00	990771265. 00	602631745. 00	326019345. 00	2968305500. 00	700848810. 00	30. 9	正户 2626929300. 00 另户 341376200. 00
1939	12	1880142095. 00	1226830260. 00	814231690. 00	365432160. 00	4236636205. 00	318330705. 00	44. 4	正户 3081787295. 00 另户 1204848910. 00
1940	6	2894012895. 00	1650061850. 00	1007566790. 00	510967980. 00	6062609515. 00	775973310. 00	41. 4	正户 3962144205. 00 另户 2100465310. 00
1940	12	3912687977. 50	1964913570. 00	1329007995. 00	746064080. 00	7934673622. 50	872064107. 50	30. 9	正户 3460728622. 50 另户 2473945000. 00 未公告

① 中国人民银行总行参室编：《中华民国货币史资料》(1924—1949)第 2 辑,上海：上海人民出版社 1991 年版,第 862 页附表。

续表

年	月	中央	中国	交通	中农	合计	每半年增发		备注
							数额	%	
1941	6	4827922687.50	3044944115.00	1783805995.00	1094811385.00	10751484182.50	816810560.00	35.5	正户 8010213967.50 另户 2740270215.00 未公告
	12	6437133697.50	4348551720.00	2636593675.00	1811592735.00	15233871827.50	482387645.00	41.7	正户 11628240242.50 另户 3603631585.00 未公告

代电内容呈现:据各处报告发现伪造钞券之案极多,上海五方杂处,敌伪最容易混入,近数日,已迭准上海市政府咨报破获伪造及贩卖中国等银行法币案件两起,其伪造机关之组织设备以及贩运交付行使等情节均重大。① 此项伪钞已由各口岸,蔓延到内地,贻害商民扰乱金融,对于法币推行影响尤大。

以赵树生、周玉清等与日本人石井信吉合伙伪造货币之案详述如下:②1936 年 12 月,赵树生、周玉清等与日本人石井信吉合伙,各自出 1000 元与在香港的刘次乾合伙购买机器铜板等件,意图伪造广东省银行一元票。先由1936 年 3 月将机器铜板等件运来上海,在上海制造,4 月间租赁马霍路 75 号印刷所,后来在广东雇佣印刷工 5 人来上海工作,在该所仅印刷广东省银行一元票,5 月 12 日,石井信吉与赵树生忽然来所,将机器铜板及一切用具等件运至照华德路 142 弄 23 号石井信吉家内,即于该处伪造广东省银行一元票 2 万张,带往香港行使。7 月 17 日,捕探侦悉日本人出卖伪钞票,华副探长朱寿林化名李姓,到跑马厅中华饭店开 511 号房间,向日本人石井和田木秀夫商量买卖,同时石井信吉也委托刘次乾,转委托周玉清在外寻找卖主。从 7 月 19 日起至 21 日上,经 3 日之接洽,后向周定购伪造之中国银行票 2000 元,每 100元价 30 元约定在华安饭店交付,22 日上午 8 时,周玉清在法租界贝勒路新都公寓 24 号房间内交给刘实伪造之中国银行五元票 400 张,刘实藏在身内,于10 时携往华安饭店,当场被拘获,日本人石井和田木秀夫等跟踪至该饭店,亦被拘获,并在石井、米山及金顺德家内搜出伪造之中央银行十元票及中国银行五元票各一张、伪造广东省银行一元票之印刷机、裁纸机、铜板、纸张、剪刀、墨水等件。

1937 年 9 月 9 日上海第一特区地方法院一审判决:刘次乾、周玉清二人共同意图供行使之用,而交付伪造之通用纸币于人未遂,犯罪情节重大,应各

---

① 江西省档案馆藏:《部令知伪造货币及纸币从严处断卷》,档号:18-3-1691。
② 上海市档案馆藏:《江苏高等法院第二分院关于诉周玉清等人伪造货币案(收)件》(1937),档号:Q181-1-416。

从重处断。赵树生只出股数,情节较轻,援依刑法第二十六条,第一百九十六条第一项、第三项,第一百九十五条第一项、第二项,第二百条,对刘次乾、周玉清各处有期徒刑八年,处赵树生有期徒刑六年。伪造之中国银行五元币四百零三张(内一张日领署作证),伪造之中央银行十元币一张,印刷机一架,机器零件一篮,印刷机及裁纸机计件共十五件,伪造广东省银行票铜板六块(内四块在日领署作证),白票纸两捆,币刷墨水五罐,裁纸刀三把,剪刀一把,空白铜板一块没收。

1938 年 4 月 30 日,财政部渝钱币字第 18727 号公函:据报曲江敌货充作伪造之法币颇多,混入交通、农民两银行之一元券等情。① 1938 年 10 月 26 日,四联总处第 1749 号函:先后据中国农民总行即中央银行业务发行两局函复办理情形转运查照办理,到部除通电各海关暨各省政府转饬,一体注意查禁,以资防范外,相应函复查照,至希于找到伪券辨明真伪不同各点后,仍转部查核。② 1938 年 12 月 16 日,中央银行秘书处致洛阳司令长官电:"近日沦陷地域内,发现中、中、交、农伪钞很多,仅河南查抄伪军携带伪钞一项,竟达数 10 万元之多。"③

1939 年 3 月 3 日,四联总处抄转财政部渝钱字 6336 号函:敌伪在大连纸币印制处,专伪造中国交通中央三行钞票已有 2200 万,到香港转委托汉奸推销混用,旨在破坏法币信用。1939 年中央银行发行局通函第 133 号:"敌人伪造之法币,此间市上已发现者,有中、农五元票、本行两角券。中、农五元票,水印略有差异,本行两角券纸张较白,颜色稍淡,花纹微觉模糊,其余均与真票相似,一时不易辨别。"④

---

① 重庆市档案馆藏:《关于防范曲江伪币混入致中央银行的函》,档号:0282000000670000090000。

② 上海市档案馆藏:《交通银行总管理处密件》(1939.12),档号:Q55-2-938。

③ 洪葭管:《中央银行史料》(1928—1949),北京:中国金融出版社 2005 年版,第 641 页。

④ 洪葭管:《中央银行史料》(1928—1949),北京:中国金融出版社 2005 年版,第 641—642 页。

1939 年 8 月 16 日,军事委员会委员长桂林行营白主任电:"据薛岳电称,敌人近日伪造中央、中国银行法币甚多,抬高价值,并且规定敌军用票 12 元兑换伪造法币 10 元,表面上观察几乎难辨真伪,只有对着灯影照,伪造中央、中国法币内无水印总理像及水印实塔,仅有水印大日本三字。"①1939 年 9 月,桂林行营政治部第 1263 号电称:日本特务机关伪造桂币交由施唐山(陈炯明时曾充师长)与其弟等经营私通日奸商换取法币输入日货,扰乱中方之金融并输入大批日货。② 同年冬天,据广东省府报财经部报称,查禁敌伪将旧货及伪造中、中、交三行纸币源源运往汕头,然后偷运到内地,企图破坏我方经济金融。③ 1940 年 2 月 20 日,四联总处转财部函报:"敌伪近日运到四行伪法币 30 万元抵汕头,内分一元五元两种,现已在市面行使,开发作为购买我方粮食之用,查该项伪法币有水印,惟式样图案略粗。"④

对日伪曲江银行伪造法币流入市场一事,财政部渝钱币字第 18727 号公函亦有记载:据报曲江敌货充斥,伪造之法币颇多混入,尤以交通及农民两银行之一元券为多。⑤ 3 月 16 日,"据报敌兴亚院华中联络部长津田静枝,图谋破坏我国法币信用,由敌大藏省仿造大批伪法币运沪,计中国农民银行伪钞一元券五元券各 300 万元,十元券 200 万元,均储存于狄思戚路,敌兴亚院华中联络部内,运日由伪华兴银行理事陈日平及洪思明主持向市区混用。"⑥4 月 13 日,四联总处函称:"敌兴亚院华中联络部长津田静枝近由倭运来伪造民国十七年我中央银行钞票 500 万元,业于五月二日悉数点交敌商三井洋行及大

---

① 洪葭管:《中央银行史料》(1928—1949),北京:中国金融出版社 2005 年版,第 642 页。

② 南京第二历史档案馆藏:《军事委员会委员长桂林行营政治部电报赤坎日特务机关伪造桂币换取法币输入日货的文书》,档号:四-26922,第 1—8 页。

③ 《广东政府公报》1939 年第 445 期。

④ 上海市档案馆藏:《中国银行总处驻港处关于日寇、汪伪强迫使用军用票与假造法币及经济情报的来往文书》,档号:Q54-3-155,第 8 页。

⑤ 重庆市档案馆、重庆市人民银行金融研究所合编:《四联总处为曲江伪造法币颇多转饬防范函》,《四联总处史料》(上),北京:档案出版社 1993 年版,第 435 页。

⑥ 上海市档案馆藏:《中国银行总处驻港处关于日寇、汪伪强迫使用军用票与假造法币及经济情报的来往文书》,档号:Q54-3-155,第 13 页。

康、同兴、公大等纱厂混用,企图破坏我方法币信用。"①5月8日,又报敌伪大批假造法币,"敌于五月八日运到上海假造法币 3000 万元,存于正金银行,其推销办法,已定为(A)在租界各商场购买物品,(B)在租界发售假币百元售法币五十元,(C)利用日台浪人在曹家赌窟混用。"②1940 年 6 月 20 日,财政部渝钱币字第 19957 号电:四联总处针对敌伪兴亚院从日本运来伪造民国十七年(1928)中央银行钞票 500 万元,并且交由敌商三井洋行、大康、同兴、公大等纱厂混用等严重破坏我国法币信用的恶劣情事。对此作出严厉防范之指示:"对于敌伪运输伪造法币走私,即伪财部将发伪中央银行钞票,由部分令各战区货运稽查处即各海关一体严密查禁,对于伪中江银行吸收我国法币,由部电请湖北省政府饬属严禁收受敌伪钞票,并查究私运法币资敌,以打击敌伪诡计外,相应函请注意防范为荷。"③

1940 年 9 月,日本大藏省印铸局伪造中国银行法币上千万元,其中有十元券 500 万元,百元券 500 万元。④ 1940 年 11 月 20 日,四联总处第 2549 号公函:敌特务机关为破坏中央金融起见,特派技师池田及其助手四人到广东,制造中央、中国、交通、农民及汇票等假币,组织伪造币倾销各地,相关方面之批发总机关设于深圳上大街大成洋货店,其倾销办法,凡承销 1000 元者得佣金 400 元,承销 2000 元以上者每 1000 元得佣金 500 元,此项伪币偷运至港转往南洋销售者甚多,深圳第三区区长张维栋即为敌推销伪币最得力之一人。⑤

---

① 上海市档案馆:《中国银行总处关于敌寇与汪伪发行军用票及伪造法币强迫使用情报的通函》,档号:Q54-3-162,第 2 页。
② 上海市档案馆藏:《中国银行总处驻港处关于日寇、汪伪强迫使用军用票与假造法币及经济情报的来往文书》,档号:Q54-3-155,第 22 页。
③ 重庆市档案馆、重庆市人民银行金融研究所合编:《四联总处为转敌运抵伪造币等情饬注意防范函》,《四联总处史料》(上),北京:档案出版社 1993 年版,第 437 页。
④ 中国近代金融史编写组:《中国近代金融史》,北京:中国金融出版社 1985 年版,第 253 页。
⑤ 重庆市档案馆藏:《关于抄送敌制造大量伪币破坏中央金融情报致中央银行总行的函》(1940.11),档号:0282000000660000109000。

据 1940 年 12 月 22 日新闻报:12 月 21 日下午 5 时 30 分,重庆路 120 号烟纸店楼上突然失火,顿时浓烟四起,烈焰飞腾,当中央救火会得报,立即到场救火,结果火已熄灭。当经成都路捕房得讯,立刻派中西侦探前往调查,据悉该楼正是造伪钞机关起火的原因,或为制造时失慎,百余万伪钞尽付一炬。①

日本由专门伪造货币机关、伪造团伙有组织、有用心地伪造中央银行、中国银行、农民银行等大量法币,其流通方式主要通过敌商三井洋行及大康、同兴、公大等纱厂混用,仅 1940 年流通在上海、汉口等地的伪造法币数目竟超过千万余元,并且结合日伪金融机构如汉口伪中江银行大量发行毫无发行准备金、保证金的伪币,用来吸取法币加以混用,严重破坏法币信用安全。此类伪币的发行与伪造货币的行为是严重违反货币价值规律,严重违反纸币发行必须代表货币的价值符号的基本要求,是对中国人民财富赤裸裸的掠夺,也正是日军对中华民族侵略的铁证。

除上海、汉口等地日军制造并且发放大量伪造货币,对于其他日占区乃至在抗战大后方均有大量伪造法币充斥于货币市场。1941 年 1 月 16 日,查悉"周佛海"阴谋即将伪中行币流通于上海英法两租界内,决请敌海陆军及特务机关首长转商两租界当局予以方便,并拟利用两租界车务及公共汽车电车等公司倾销辅币,又派黄仁方、陈华伯分向各公司及银钱众各有关方面从事活动。② 1941 年 9 月 26 日,蒋介石就敌伪伪造法币致电财政部孔部长、四联总处徐秘书长勋鉴:"据报敌近日伪造我中国银行法币三千万元,已于八月十日运到厦门,设法输入内地行使。上项伪钞系仿造中国银行二十九年度新版印刷,计十元券、百元券各五百万元,余多属五元券。"③

---

① 上海市档案馆藏:《中国银行总处关于敌寇与汪伪发行军用票及伪造法币强迫使用情报的通函》,档号:Q54-3-162,第 34—35 页。

② 重庆市档案馆藏:《关于抄送周佛海将伪中央银行货币流通于上海英法两租界经济情况报致中央银行总行的函》,档号:282-1-66。

③ 重庆市档案馆、重庆市人民银行金融研究所合编:《四联总处史料》(上),北京:档案出版社 1993 年版,第 470—471 页。

1941 年 8 月 6 日,中央银行上海分行函报:某机关在租界以外区域破获伪造钞票机关并搜得该行一元、十元伪版及其辅币券伪版数块。① 这是除日本本土大型伪造法币机关登户第九研究所外,在中国境内查获之伪造货币机关,说明伪造机关遍布各地,伪造货币行为极度猖獗。

据财政部 1943 年电称:"查悉奸伪在皖北某县建有兵工厂仿造民国二十九年中华书局印,蓝色中央十元小型劣券,三年绿色中央五元小型劣券,三年大东书局印紫红色交通十元券、五元券等情。"②据财政部调查证实,该日军伪造之 1940 年币券的印版,原存于香港,在香港沦陷时被敌掠去大量印刷,所伪造之钞券甚多,印刷花纹均与原券无异,惟纸张稍劣,若无辨别经验,无法判断真伪,即便是中央银行有时亦难鉴别。据查悉,1940 年中华书局印制之钞券被日军大量抛入市场,扰乱金融,人民经济、政府信用同受影响之深之重不堪想象!

日军伪造民国二十九年(1940)中华书局印之伪券,均在河南、江苏、浙江、安徽、福建等地发现,江苏省财政厅电:"经收中央银行二十九年中华版十元小票约五万元左右,导致各银行拒收。"③伪造币券充斥于市面,使得人民莫识真假,严重影响币信,扰乱我方金融,因此,对此项伪造币券,重庆财政部孔部长庸公勋鉴渝钱币元电敬悉查取缔伪钞办法,限期收集送缴本部登记封存,禁止向市面使用,当时计送缴封存三万八千余元,嗣照公布检足号单向地行兑换,计可兑者,二万六千元余,一万二千余元因号码不合无法兑换。④ 仅从查获上缴之数目竟达千万元之多,还有大量流入市场且免于查获之伪造货币之数目不

---

① 上海市档案馆藏:《中国银行总处关于敌寇与汪伪发行军用票及伪造法币强迫使用情报的通函》,档号:Q54-3-162,第 50 页。
② 南京第二历史档案馆藏:《财政部关于查办福建、安徽等地发现假法币案与军事委员会、监察院、各省政府、中央银行等机构来往文书》,档号:三(6)-1419,第 50 页。
③ 南京第二历史档案馆藏:《财政部关于查办福建、安徽等地发现假法币案与军事委员会、监察院、各省政府、中央银行等机构来往文书》,档号:三(6)-1419,第 58 页。
④ 南京第二历史档案馆藏:《财政部关于查办福建、安徽等地发现假法币案与军事委员会、监察院、各省政府、中央银行等机构来往文书》,档号:三(6)-1419,第 50 页。

得而知,其伪造假币券数量之多略见一斑。

二、普通民众伪造法币

笔者通过认真梳理案卷,细嚼档案提供的信息,考其源流,深究基于抗战特殊背景下的普通民众伪造货币历史图景。尽量"复活"伪造现场,还原历史之本真,以期全方位、多角度理解抗日战争对中华民族的多重影响,深入推动抗日战争史的深度研究。

从笔者选取南京、上海及华中、华北及西南各地等具有一定代表性的战时档案资料伪造货币概况来看,笔者在南京第二历史档案馆所见之档案多数为日军伪造法币情形,一般民众伪造之货币所见不多,也有可能是未能全面查阅司法部之档,亦有可能战时司法部档案主要藏于重庆之故,总之,所见甚少,仅见之全宗号 3、全宗号 4,有案卷 40 余件。① 上海市档案馆馆藏关于普通民众伪造或行使伪造之货币案卷则有 5 个卷宗,伪造货币案件有将近 80 余件,从中详略记载不一,略读呈现景况显示,大多为上海沦陷之后,老百姓生活困苦,不堪忍受贫困,或为奸商或日奸引诱,系为行使伪造之货币。② 天津市档案馆藏《河北天津地方法院档案》,其中关于货币伪造案宗共有 3 个,总计 589 件,其中被告为农民、无业及小手工业者的有 467 件③。重庆市档案馆藏《四川省高等法院档案》《重庆地方法院档案》,其中情系伪造货币案卷宗有 2 个,伪造案件共计 600 件,其中为普通民众伪造与行使伪造货币竟达 438 件。④ 湖南

---

① 第二历史档案馆藏:档号:三(6)-1531,三(6)-1532,三(6)-1533,四-26922,四-26923。

② 上海档案馆:档号:R22-1-70-50,R47-2-45,S173-1-284,S173-1-304,R22-2-14-21,R37-3-1590,Q178-2-45,Q178-2-250。

③ 天津市档案馆藏:《河北天津地方法院档案》,档号:J0001-3-11399-004,J0001-3-11399-005,J0001-3-11399-009,J0001-3-11399-011,J0002-3-11399-001,J0002-3-11400-022,J0003-2-11404-011,J0003-1-112009-010,J0003-1-10399-002。

④ 重庆市档案馆藏:《四川省高等法院档案》《重庆地方法院档案》,档号:109-1-72,109-1-77,109-1-745,110-2-256,110-2-232-331,110-2-342。

省档案馆藏《湖南省高等法院档案》《长沙地方法院档案》,其中关于伪造货币卷宗有 5 个,所计伪造货币案共计 2786 件,其中被告为农民、无业及小手工业者的有 2432 件。[①] 江西省档案馆藏《江西省高等法院档案》、南昌市档案馆藏《南昌市地方法院档案》总共有 3 个卷宗关于伪造货币案,共计伪造货币案件 132 件。[②] 此外,其他省市档案馆所见之卷宗不在此一一列举。除此之外,还有大量民国报纸杂志刊登相当数量之伪造货币案情,如《东方杂志》《申报》《大公报》《银行周报》《财政评论》等,以及根据地之《解放》、延安《解放日报》《八路军军政杂志》《新中华报》《共产党人》《边政导报》《晋察冀日报》《新华日报》《大众日报》《群众报》等报刊也载有大量伪造货币案情。

据前述档案报刊资料之不完全统计可以归为两类:一类是普通民众或为战时因贫而犯或为营利而为等伪造货币的伪造行为;另一类即为普通民众行使伪造之货币于市井之间。

普通民众行使伪造之货币,抗战时期伪造货币问题十分严重,普通民众行使伪造之货币心态多样,既有因为广大民众无知无识,对于仿真度较高的伪造货币无从辨识而为之,亦有明知显系假造钞券仍行使或转让行使等劣迹,对此,若仅为少数人所为,可以说是因为此等人认识层面低,性乃自私所为,而若干数量民众行使此类行为,则无不反观社会之另态,是以下案为例分析之。

1939 年 1 月 31 日,在南昌万舍镇殷家村及本市二郎庙六号等处先后拘获伪造江西裕民银行及南昌市立五分辅券,案犯连文林、严发香、严细妹行使伪券,案犯秦云清、查旺生及在逃要犯殷明普之姘妇王香妹等伪造货币案。连

---

① 湖南省档案馆藏:《湖南省高等法院档案》,档号:29-2-2066-2090,29-2-2026-2078,28-209-720,880-902;918;983-984;1048-1055;1108-1109;1126-1127;1146-1148;1188;1204-1205;1248;1349-1351;1443-1451。

② 江西省档案馆藏:《江西省高等法院档案》,档号:18-2-11047;18-7-16524;18-2-13868;18-2-11031;18-2-2832;18-2-11047;南昌市档案馆藏:《南昌市地方法院档案》,档号:1-2-106-128,1-2-202-256。

文林系印刷工人,因失业于本年与朱瑞泉等合伙印造市立裕民银行五分辅币券约共 240 元。严发香 41 岁,严细妹 21 岁,同供与连文林等合伙印裕民市立两行伪辅币券一次,由秦云清、查旺生推销伪券各 20 元,严殷民 56 岁寄居,本人并未参与伪造,其伪券为女儿严细妹、弟妹严发香所给,于其伪造之情事确不知情。秦云清 48 岁,查旺生 18 岁,供曾以半价向严发香购买得伪券各 20 元行使,王香妹 51 岁与殷明普同居。于其伪造情事确不知情,查连文林、严发香、严细妹、查旺生等伪造情事已供认不讳。严殷民虽未正式入伙,但知其女儿、弟妹伪造情事不报,本案一并解送南昌地方法院。

连文林、严发香、严细妹对于上述事实在审判中虽坚不承认,但查连文林在特务处初次供称近因失业衣食住行均无着落,借住友人严细妹家中,严有母舅殷明普他们均感家贫债累,异想天开就商量合伙印造伪钞,邀我入股,我初不肯,后因感失业生活无计的痛苦,我答应加入,当时合伙的有朱瑞泉、殷明普、严细妹、严发香和我共五人,而严发香与其夫合一股,由严发香、严细妹、殷明普等各出衣物典当共得 60 余元,另由严发香等先后共计 100 余元,购买石印机一部,即于本年 5 月间运至南昌万舍殷明普家中开始印刷。

又一案①:

肖寿山,男,39 岁,浏阳人。肖寿山在 1937 年 5 月份用六元钱向逃犯胡矮子买伪造之中国农民银行二角券 50 张,随后拿到乡间及省会陆续使用,被湖南省会警备司令部察觉,并将其拿获,搜出伪券八张,后被移送长沙地方法院检察官侦查起诉。

长沙地院调查认定,肖寿山称其伪钞来自于同住一个饭店的称为胡矮子的手中买来,用 6 元真钞从胡矮子手上换来 12 元伪票,并在乡间用去 3 元,又来省里用。对其犯罪事实供认不讳。

① 湖南省档案馆藏:《长沙地院检察处吴春生伪造货币案》(1936—1937 年),档号:29-2-710,目录号 2,案卷号 710,第 40—75 页。

1937 年 9 月 9 日,长沙地院一审判决:肖寿山有期徒刑六年。

肖寿山不服原判向湖南省高等法院提起上诉。1937 年 10 月 16 日,湖南省高等法院二审判决如下:高院根据"妨害国币惩治暂行条例"第四条,仅就伪造变造券及收集行为而未规定其所谓收集自系指反复收受集合者而言,参照最高法院十九年上字第五四九条判例。本件上诉人只在胡矮子手上买受伪券 50 张,显难被认为收集,原审于上诉人连续行使伪券外,谓其有收集行为。又以其犯在妨害国币惩治暂行条例施行前,因依刑法第二条第一项但书,规定适用刑法未免误导上诉意旨翻供,固无足据,但原判既有未当,仍应认上诉为有理由。据上结论应依《刑事诉讼法》第三百六十一条第一项,刑法第五十六条,第一百九十六条第一项,第二百条。判决:原判决撤销,肖寿山连续行使伪造银行券处有期徒刑五年,伪造之中国农民银行二角券 8 张没收。

肖寿山不服二审判决又向最高法院提起上诉,并于 1938 年 9 月 22 日最高法院三审判决如下:上诉人于民国二十六年旧历五月间以 6 元代价向在逃之胡矮子买伪造之中国农民银行二角钞票 50 张,持往乡间陆续使用,经湖南省警备司令部特务队队员察觉,将上诉人拿获并搜出前项伪票 8 张为原审认定之事实,查中国农民银行钞票原属通用纸币,原审认为银行券已有未洽,且刑法第一百九十六条第一项所谓收集依本院最近见解系指收买、受赠、互换等一切行为,在收取以前即有行使之犯罪意思而言并不以反复为同一之收取行为为限,即一次之收取行为亦可成立,是上诉人所犯显与妨害国币惩治暂行条例第四条第二项相当,虽其行为系在该条例施行以前,依刑法第十一条第二款第一项但书,应适用有利于上诉人之刑法处断,原审以上诉人仅买受伪票一次不认为收集,因而对上诉人所犯该条例之罪置而不问,于法亦属有违上诉意旨,专就事实饰辩,固无可据,唯原判决既有违误,应由本院予以撤销改判。据上结论应依刑事诉讼法第三百八十九条,第三百九十条第一款,刑法第十一条第三款第一项但书,第一百九十六条第一项第二百条。判决:原判决关于罪刑部分撤销,肖寿山意图供行使之用而收集伪造纸币处有期徒刑三年,伪造之农民银行二角纸币没收。(按:该案审理最高法院刑事第二庭审判长推事叶在均亲自莅庭审理。)

本案历经三审终审结案,且二审三审皆进行改判,此案二审改判认为在此案中改判之缘由一是因为定罪有误,本案原审仅就伪造变造券及收集行为而为规定其所谓收集自系指反复收受集合者而定罪,然参照"最高法院十九年上字第五四九条判例",本案上诉人只在胡矮子的手上上次买受伪券 50 张显然难以认定为收集行为,此处认定存在错误;二是本案案犯于 1937 年 5 月用 6 元钱向逃犯胡矮子买伪造之中国农民银行二角券 50 张,明显其犯罪行为发生在"妨害国币惩治暂行条例"施行前(该条例于 1937 年 7 月 15 日修正公布并实施),原审并依"新刑法"第二条第一项判处显系错误。是故,二审改判处肖寿山连续行使伪造银行券处有期徒刑五年,显然二审判决趋轻。三审终审又因认定伪造对象有误予以改判,伪造之中国农民银行钞票本属通用纸币,而原审认为银行券本有不当,至此,撤销二审之判决部分,判处肖寿山意图供行使之用而收集伪造纸币处有期徒刑三年。案经三审判决刑期已减至一半,不管缘由何为,其取轻之态则显明。

按不完全归纳,从查阅之诸案情显示,诸多案犯系农民或失业工人,所行之情是为行使伪造货币,用于民众日常生活之购买情事,普通民众行使与伪造货币情事较为普遍,普通民众行使伪造货币也许更多基于谋利之单纯性行为,即便是在抗战特殊时域下,作为底层民众的农民或无业者,我们尚不能苛求他从法币作为国家货币信用安全这个高度去理解,也许对于普通民众来说,遭受严重饥饿之苦时,这远不如一碗面食来得实在。如果将此等行为视为当然接受,那么,无疑助纣为虐,无意间成为敌人金融侵略的帮凶,当然,这也反映了日军金融侵略给普通民众带来的消极影响。据不完全统计,仅以湖南省伪造货币案件被告职业表为例,详见表 2.2。

表 2.2　以湖南省伪造货币案件被告职业表①

职业	农民	经商	业儒	退伍军人	公务员	总案件人数
被告人数	1394	245	59	407	89	2194

　　货币是经济运行的主体,在经济运行中处于主导地位,货币是商品价值的承载体,货币使得千万种处于无序状态商品运动状态转化为一种可以控制的有序运动,因此,货币本身的信用度既是使得一切商品运动处于有序的基本前提,也是有效维护社会秩序的最有力承重点。反之亦然,当大量伪造货币被抛放市场,充斥货币流通领域,为侵略者所利用,为广大民众所使用。货币的动乱集中反映了人们心理的混乱和道德的迷乱,体现侵略战争的破坏力。货币信用度的日趋弱化,最后会加速政府公信力的日益丧失,极度恐慌的心理阴影势必引发严重社会危机,这正是日本金融侵略投射在中国人心灵上的雾霾。

第二节　伪造边币基本情况

　　通过梳理抗日根据地日军伪造货币的基本史实,如陕甘宁根据地、晋察冀根据地、晋冀鲁豫根据地、山东根据地等地流通的伪造货币情形,除伪造边币外,还包括被投放至根据地的伪造法币;分析各抗日根据地流通的伪造货币对根据地金融安全和抗战情势的影响,对根据地的经济掠夺及通货膨胀、严重威胁货币信用、扰乱了根据地的金融市场、破坏战时金融秩序等。

一、伪造边币概况

　　抗战期间,日方除伪造大量法币外,还伪造了大量根据地边币(抗币),从

_____

　　①　资料来源:整理以下馆藏档案:湖南省档案馆全宗号 28,目录号 6;全宗号 29,目录号 2;长沙市档案馆全宗号 17,目录号 2;全宗号 18,目录号 1、2;衡阳市档案馆全宗号 1,目录号 4;邵阳市档案馆全宗号 1,目录号 6、7。

现有零散的极不完整的资料来看,伪造根据地边币达 30 多种,伪造机关数十个,抗日战争时期有 11 个根据地,出现过 51 种以上假币,伪造边币数目竟达亿元之多,大量伪造货币被投至抗日根据地,造成根据地严重的通货膨胀、金融恐慌。

表 2.3　抗日根据地破获假币案情一览表①

根据地	发案时间	作案人	币种	涉案金额	备注
豫皖苏	1940 年	职员、日伪当局	3	100 余元	假根据地纸币
苏中	1940 年	日军参谋部	3	500 余万元	假法币
晋冀鲁豫	1940—1945 年	日伪当局	30 多种	6860 余万元	假根据地纸币、破获印刷机构十余处
晋察冀	1941—1945 年	日伪当局	多种	6860 余万元	假根据地纸币
陕甘宁	1942 年	国民党	多种	6860 余万元	假根据地纸币、钞版
淮海	1942 年、1944 年	日伪当局、私商	2	500 元以上	假根据地纸币、钞版
盐阜	1942 年、1944 年、1945 年	日伪当局、私商	9	500 元以上	假根据地纸币、钞版
豫鄂边	1942—1943 年	日伪当局	2	500 元以上	假根据地纸币、钞版、假法币
皖江	1943 年	私商	多种	500 元以上	假根据地纸币
淮南	1943 年	日伪当局、私商	2 种以上	500 元以上	假根据地纸币
淮北	1944—1945 年	日伪当局	多种	500 元以上	假根据地纸币

由表 2.3 可见,伪造货币主体主要是日伪当局专门伪造机关和日军等部及国民党当局,其伪造数量和规模大,此外,还有少量私商及职员也有伪造行

---

① 许树信:《中国革命根据地货币史纲》,北京:中国金融出版社 2008 年版,第 190 页。注:本表资料不完整,相当多案情未曾收录,仅以破获之案供参考。

为,但其数量和规模极为有限。其分布状况,主要分布在晋察冀、晋冀鲁豫及华中等敌后抗日根据地,且时间段较长,从时间上来看主要从1940年开始,大量伪造货币的呈现则从1942年开始。此等情况应与日本国内经济状况关联紧密。

日本自战争发生以来,日本政府制定资金调整法与进出口临时措置法,从资金及物资两方面统制工业,凡非战时工业不能获得扩充资金,也不能获得充分原料。几年以来,预算增加、通货膨胀、贸易入超、汇价下落,兼以农产物的歉收与消费的增加,物价不得不涨。虽然生产力扩充的结果可以增加物资的供给,但现在所扩充者为军需品的生产,不能加入再生产进程,徒然增加生产的消费。纵令此后生产力的扩充毫无阻碍,顺利进行,其结果不能抑制物价,且因非军需品供给的减少而更助长一般物价的昂贵。故如战事不了,物价惟有步涨而已。1940年日本物价承前数年的趋势继续高涨,且因物资缺乏与通货膨胀的加深,涨势更劲。[①] 此外,国民党则主要是集中在1942年伪造陕甘宁边币,这与皖南事变之后国共两党关系变化有关。当然,上述表格呈现的仅仅为已经破获且统计的数据,其实际伪造数量远远高于统计数字,足以说明伪造货币流通于抗日根据地之严重性。

据不完全统计,流入抗日根据地伪造边币之数量大约为2亿元之多,这个数字仅仅是从已破获案件统计,其实际伪造及流通数据要更多。以抗日战争时期发行边币数量较多及其货币斗争较为激烈的边区银行发行边币数据统计如下:晋察冀边区银行所发边币情况,据统计,自1938年至1945年发行货币数量807176万元,1938年为410万元,1939年为1626万元,1940年为3428万元,1941年为3464万元,1942年为5045万元,1943年为9530万元,1944年为163304万元,1945年为620369万元。陕甘宁边区银行自1938年6月到1941年2月11日,是以光华商店名义发行延安光华商店代价券累计发行额

---

① 上海市档案馆藏:档号:Q53-2-8,第24—29页。

为 434.9 万元。1942 年全年货币发行额为 9108 万元。1943 年全年累计货币发行量达到 174909 万元。1944 年到该年 6 月底，货币发行额累计达到 342321 万元，1944 年 7 月 1 日正式发行陕甘宁边区贸易公司商业流通券，1944 年 7 月到 1945 年 8 月，货币发行额为 56097 万元。[1] 冀钞自 1939 年 10 月到 1948 年 6 月底共发行本币 47 种，本票 9 种，计金额 2012728.1 万余元。[2] 北海币发行量 1939 年发行额为 32.4 万元，到 1945 年发行 208892.7 万元。[3]

据上述数据累计，大约为 216 亿元边币，当然，其中还应除去冀南票 1945 年至 1948 年发行数额，因为此处仅计算全面抗战时期边币发行额度，从伪造的 2 亿元边币与整个 200 多亿之多的边币总数来说，不足 1% 的比例，与伪造法币之数量相比要少得多，但对边区经济和金融之破坏影响仍不可忽视。日伪伪造边币的目的，是在对根据地实行经济封锁的同时，企图以抛出大量假票来降低边币的信用，扰乱根据地金融市场，掠夺根据地物资，破坏根据地经济建设，削弱根据地军事实力，困死根据地的抗日军民，其日伪的用心是非常险恶的。

从整个比例来说，不见其多，原因诸多，其主要与抗战时期中共领导的独立自主、分区分散发行的货币政策有密切关系。各个边区分散发行不同货币，即使是同一个抗日根据地不同区域流通的币种都不尽相同。其中，山东抗日根据地货币发行货币种类及版别就有上百种，仅仅以作为本位币的北海币来看，就在渤海、滨海、鲁中、鲁北、胶东、清河等不同地区有不同的币几十种版别，即便是在胶东地区，发行胶东北海币都有 30 种版别，而北海银行总行在鲁中、滨海和鲁南区发行区域本位币竟达 61 种版别之多。[4] 客观上对于日寇从

---

①　姜宏业：《中国金融通史》第 5 卷，北京：中国金融出版社 2008 年版，第 161—166 页。

②　中国人民银行河北省分行：《冀南银行》（全二册·1·2），石家庄：河北人民出版社 1989 年版，第 163 页。

③　姜宏业：《中国金融通史》第 5 卷，北京：中国金融出版社 2008 年版，第 173—174 页。

④　殷毅：《中国革命根据地印钞造币简史》，北京：中国金融出版社 1996 年版，《中国钱币大辞典编纂委员会》，《中国钱币大辞典》，北京：中华书局 2001 年版。

伪造边币达到投放边区市场来抢购物资的侵略目的来说,从成本的角度来考虑,倒还不如直接伪造法币混入边区来达到其目的合算,因为边币的种类繁多、版别复杂,导致日伪还没有开始完成伪造边币的项目,而边币又开始改版了,因此,从这个角度来说,边币票版种类复杂也阻碍了敌伪伪造步伐。但其相对数量不多,而其绝对数量还是不少,特别是在假票流通的情况下,由于边区人们智识不高,对于货币真假不易分清,往往导致人民不敢使用边币,从心理上害怕使用,严重损害边币信誉。

日军在我方多处根据地设立伪造机关制造根据地假币,其中,石家庄、徐州、开封、济南、武安等多处设立了日伪的制造假钞的机关。1940 年底,日军对根据地进行所谓"年关扫荡",同时进行经济封锁。同年,日军公然地在华北推行大量冀钞五元券的假票,太行区根据地开始出现伍元、贰元、壹元的冀南钞假票。1942 年下半年,随着根据地经济的发展,物资的增加,冀南票的信誉、价值大为提高,这更引起日伪的敌视,变本加厉地制造和抛放冀南票假票。仅冀南区大名县以南的抗日根据地,流通中的假票竟达市场货币流通量的 70%以上,流通中的伍角票大部分为假票[1]。1943 年,日军在山东制造了大量的冀钞五元券假钞。到 1943 年上半年,日军制造假票越来越猖獗,他们在根据地外围遍设印制推行假票机构,仅在太原、榆次、太谷等地由特务机关东兴公司印制假票就在 6000 万元,分壹元、贰元、伍元、拾元等 4 种[2]。

1943 年 6 月 3 日,山西敌派遣军在太原印制大批假票,计有十元、五元、二元、一元四种,共 6000 万元,利用奸商小贩,交"扫荡"根据地时所抓之民夫,大量向根据地倾销,企图以此下策,达其破坏并摧毁我方金融信用,占其市场,来挽救其经济恐慌的目的,我们为了有计划有组织来打破并打击假票,在

---

① 山西省地方志编纂委员会办公室:《山西金融志》(初稿),山西省地方志编纂委员会办公室,1984 年,第 91、93 页。

② 武博山、王立章等:《回忆冀南银行九年》,北京:中国金融出版社 1993 年版,第 215 页。

研究辨认真伪后,特决定 6 月 10 日,在边府所在地召开各机关会计人员会议。①

日伪除制作假票外,还采用了其他方法破坏冀南票。一是变造钞票。将冀南票用刀切断,抽出其中一小条或一小块,再把小条小块贴上去。二是撕揉钞票。将冀南票揉烂,使其票面图案、字迹模糊,或故意撕去一块,撕成多个缺口。三是造谣,把真币说成是假票,混淆视听,蒙蔽群众。例如,1942 年新发行的冀南银行铜元票和老版黄黑五元券,都曾被造过谣。1943 年夏曾破获一起假抗币案:东南办事处渝兴区乡一个保长王景椿,曾帮淮南抗日根据地其表兄李康出售大量烟土给本保村民丁阿大,丁付给一色新的十张"伍圆"淮南券,由王交给李,李觉得所付钞票可疑,后由渝兴乡政府送交淮南银行检验,确认是假钞,遂即将丁阿大抓获,丁犯供认是扬州方面敌伪阴谋破坏根据地金融印制的假淮南票,派人带进根据地使用。② 铜城镇一个叫薛得才的商人曾伪造过淮南币,在铜城市场使用没两天即被查获,受到严厉制裁③;盱眙县也曾有人私刻钞版印制假淮南币,后被发现破获,从其家中搜出印钞的木刻钞版,该犯也被枪决;汉涧镇也曾破获一个伪造钞票的窝点,查出钞版、印钞机器等物,对制假钞者都给予了严厉制裁。

1944 年 4 月 14 日,晋冀鲁豫边区政府的第 1245 号通令:最近市面上发现奸商将我在冀南平原或太岳区发行的冀南钞票上印有"平原"或"太岳"字样,企图扰乱我太行根据地金融,盗取物资,甚或将上项字样用刀子刮去使用,应引起我各方注意,各专县接令后应即布告群众,凡属上项钞票一律禁止使用,用刀刮去字样票面一律作废。④ 1945 年 4 月 11 日,据最近冀南银行第五分行报告,磁武、林北一带,近来发现假票甚多,票额有十元及五十元两种,传闻由

---

① 山西省档案馆藏:档号:A198-03-00012。
② 章书范:《淮南抗日根据地货币史》,北京:中国金融出版社 2004 年版,第 76 页。
③ 《铜城镇志》。
④ 山西省档案馆藏:档号:A198-03-00013,第 1 页。

林北进入的假票,共达百万元,并已到达中心区,仅存市场,尚未发现流通,此项情形,实应引起我们最大警惕,否则,必致引起莫大之危害!①

假冀钞之推行仅目前发现与查获者,计太谷5千余元,榆次1万余元,榆社云集5千余元,榆辽汽路附近5千余元,和西横岑查获十元之假冀钞1310元,现敌在榆次太谷正召开伪村长会议作推行假票的布置。据悉敌要在榆社推行20万元。此次假票之推行系敌人有计划、有组织地布置,据传已印制6000余万元,其数目之巨,极为惊人。②

在山东滨海等地发现的伪造的北海银行钞票分别从青岛、烟台等地混入根据地,据不完全统计,这些由三井、三菱等日寇财阀巨头策划下伪造的假票竟达2000万元之多③。1940年在鲁中便发现了两种伪造北海票,1942年内敌伪有计划、有组织地在各地区伪造北海票多种,利用奸人向根据地行使。在胶东曾破获大的伪造假票案五起,滨海、鲁中亦查获数起。④ 敌伪奸徒为了进一步扰乱我方金融,破坏北钞,现在各地发现许多假北海票。(1)现在发现拾元的假北海票多是我们"村"字的一种。(2)伪造伍元的北海票多为蓝色"繁"字的一种……(3)单元假票多是以前北海银行所印"掖县县政府"那种花纹和"南海"字的。⑤ 泰南区X地集市,目前已查获奸商三名,搜出假票13000余元。⑥

在烟台设立制造假北海票的机关,大量印刷,秘密运进抗日根据地,鱼目混珠地来吸收根据地的物资,坑害抗日军民,破坏北海票的威信。汉奸毕文运拿假北海票(拾元一张的)在蓬莱潮水集上购买粮食,据其供认,钱是从烟台

---

① 中国人民银行河北省分行编:《冀南银行(全二册·1)》,石家庄:河北人民出版社1989年版,第218页。

② 山西省档案馆藏:档号:A204-01-00004。

③ 郭晓平:《太行根据地的金融货币斗争》,《中共党史研究》1995年第4期。

④ 中国人民银行金融研究所、中国人民银行山东省分行金融研究所:《中国革命根据地·北海银行史料》,济南:山东人民出版社1986年版,第202页。

⑤ 《大众日报》1942年10月30日。

⑥ 《群众报》1943年2月8日。

开客栈的朋友那里拿来的,说是花出去二一添作五均分,他这一股运出一万多元。[1] 据博蒲报告:带有白十字票子的百元本票,发现假票,已由县政府通知各区严厉反假。近日敌人又伪造新发行的 A、B 字票面伍拾元本币,利用奸商利徒,来根据地行使。海荣工商局查获假票犯一名,由青岛带来假北钞二万元,在蓬莱一带行使。[2] 由于蓬福两县多半是些敌占区或游击区,所以敌人和奸商最易推行假票,据这 3 个月的统计,查获有 600 元之数,最多是蓬莱五区,10 月份五区公所交一两次就有 250 元假票。[3]

据悉由青岛运到日照大批伪北币,多系红版拾元票。现将敌伪以伪造本币兑换法币,十四日一集兑出伪造本币数万元,并强迫限价掠夺物资,棉花一斤假本币四十元,猪肉一斤十元。十六日巨峰集,敌寇派出大批女奸细,并利用奸商,倾售假本币,缉私人员曾查获三百余元。黑林欢、墩埠等地亦曾发现奸商及冒充北海银行兑换所者欺骗商民,兑以伪本币。胶东敌伪涂改北海银行钞票,将清河区字样改为胶东区,以图扰乱破坏。并伪造山东版北海银行钞票,利用奸商向根据地推行,已在海阳、招远、蓬莱等地先后发现。胶东专署为此特布告全区军民严缉假票,杜绝其流行,在招远查获贩卖伪造本币犯张桂荣,在掖北查获勾通敌人行使假北币犯徐寿堂,前者贩卖 1100 元以上,后者亦在 500 元以上,皆因案情重大,为群众所切齿痛恨,送经主署核准立即执行枪决。威海敌人最近制造一批带火车头的假北钞,利用奸细到根据地行使,上月二十在文登营及六区沟上集捕获两名,共搜出假票 7000 元。[4]

据诸多史料记载,在山东、山西及华中等敌后抗日根据地敌伪制造和行使伪造货币比较多,因为这些区域大多是沦陷区、敌占区与敌后抗日根据地以及游击区重叠区域流通货币币种比较复杂,有伪币、法币、边币还有地区杂钞等,

---

① 《大众日报》1942 年 9 月 25 日。
② 《大众日报》1945 年 1 月 29 日。
③ 山东省档案馆藏:档号:G039-01-0005-003。
④ 《大众日报》1944 年 1 月 12 日。

属于货币斗争最为激烈和复杂的尖刀处。陕甘宁边区市场也发现了伪造货币,1943年1月,陕甘宁边区榆林镇川堡人行使伪钞犯崔玉明行使伪造边币,他的伪造货币是从子长县长寨子沟村人张三娃手中,以票面额50元的边币向张三娃换得的。① 敌伪通常在这些地方采取公开强迫或秘密的各种关系,利用奸商收买欺骗民夫大量向根据地倾销,企图鱼目混珠,破坏冀钞信用,紊乱金融市场,套取物资,紧缩其通货,以达其经济掠夺摧毁经济建设之目的。如下案例比较典型体现这一复杂特点。1939年河北高等法院天津分院刑事一伪造货币案:②

1937年9月,孙英以开石印局为业,因生意不振,约同陈瑞祥共同伪造晋察冀边区银行五元券1080张,伪造山东第五区一元流通券2254张,意图贩卖营利。孙英于侦查中已历历供明:"我买的旧机器、假票子才印二十多天,底版是陈瑞祥的,造的是山东第五区流通券,晋察冀票子。"在原审亦称"山东第五区流通券一元票,我病了,陈瑞祥在柜上造的,造了一千多张"。陈瑞祥在侦查中亦称:"我同孙英印的假票子"在原审亦称"山东第五区一元票造一千张"。孙英等人在第一区警察署初供亦有"陈瑞祥画样子使用孙英机器就制造起来"。并有获案之大宗晋察冀边区银行券及伪造山东第五区一元流通券可证。虽据上诉人等在原审已不承认伪造晋察冀边区银行券,而在本案中更谓警察局署供述系出刑讯。经警探悉将孙英、陈瑞祥连同所制造伪钞机器两架、大小底板四块、伪造晋察冀边区银行券、伪造煽动第五区流通券等物一并转送天津地方法院检察官侦查起诉。

该案可以看出伪造案犯原系从事印刷业,利用工作工种方便,又由于生计惨淡,于是合伙共同伪造大宗晋察冀边区银行券和山东第五区一元流通券。可见,伪造人员属于有一定印刷技术的失业工人,在沦陷区天津伪造山东和晋

---

① 陕西省档案馆、陕西省社会科学院:《陕甘宁边区政府文件选编》第7辑,北京:档案出版社1988年版,第43页。

② 天津档案馆藏:档号:J0043—1—000435。

察冀边币,然后再偷运倒卖到山东和晋察冀抗日根据地使用。此案充分呈现该类案件的共性,一方面,反映了沦陷区人们生活困难,失业无业者多,生计难以维持;另一方面,反映了敌伪伪造中方货币造成中国金融混乱在民众心理上的危害。

日伪阴谋抛出假票的方法,也多种多样。一是利用奸商携带假冀南票到根据地骗兑或购买物资;二是通过公开强迫或秘密关系,将假票掺杂入真币内进入根据地市场流通;曾发现有整把的假票混在整捆的真币之中。三是利用奸商欺骗百姓使用假票;四是低价倾销假票。1941年在冀西临赞、内丘各县,就曾出现以100元假票兑换真冀南票三四十元的情况。① 通过"复活"根据地伪造货币之现实场景,透视弥漫着硝烟与鲜血的货币战争本质,揭露伪造货币影响的政治意蕴。

二、伪造货币的影响

日本伪造大量中方各类货币,是敌寇有组织有计划破坏中方整套阴谋表现之一种形式,其目的是在以假乱真,提高物价,造成严重通货膨胀,降低中方货币信用,严重扰乱货币金融信用体系,极容易招致严重的信用危机及社会危机。日本对华侵略中一个重要策略是"以战养战"的经济侵略方针,实现对中国农业、工业、商业及金融业等各个领域的无情掠夺。现代战争在本质上是经济战争,而货币金融战是经济战的内核,货币又是重要介质。日军一方面在中国大量设立伪银行发行伪币套取战略物资;另一方面通过货币战的形式抢购物资,日本通过走私日货吸收的法币,从1937年的1.5亿元增加到1940年的4.6亿元。

日寇加紧对华经济侵略,敌我经济斗争尖锐,敌伪通过倾销法币套取战略物资,致使法币急剧跌价,扰乱中方金融市场,企图将沦陷区的法币全部涌入

---

① 中国人民银行河北省分行编:《冀南银行》,石家庄:河北人民出版社1989年版,第213页。

敌后抗日根据地,以图毁灭根据地,使得各根据地经济与人民生活受到严重的影响,风雨飘摇。日军大批倾销日货,假冒国货招牌,行使军用手票,以流通其金融。这些日本货、伪国货,大批由芜湖输入,价格有时极其低廉。但大批都是消耗品、奢侈品,凡军事上可资利用之物品,则不准运销。相反,对我们输出于彼不利之货物,如丹皮等则封锁出口,以阻滞其经济流通。① 大量假票的流入,就会引起物价上涨和金融市面上的动荡,居民摊贩甚至于怕使用假票吃亏而不敢进行交易,导致金融紊乱。

在边区内,某几种货物规定要用法币交易,结果会促成金融更加波动,引起物价高涨,人心不安,党的政治影响受到损失;相反,决定这几种货物在边区内贸易和在对外贸易时一律改为边币交易,边币市场马上扩大,购买力提高,物价也随着稳定,甚至下跌,边币的信用立即提高了。法币贬值时,外面物价高涨,根据地不明情况,或者明知法币低落而不去适当地提高出口货物的价格,结果使根据地的物资被套购出去了,或者变成了不等价交换,使根据地蒙受很大的损失。

延安边币跌落之后,公私商人,首先是公营商店携带了大批边币到绥德换取法币,套取边法币的差价,然后再到山西碛口购取敌区资财。于是,绥德边币猛烈跌价,到1941年4月跌到1∶15,到5月跌到1∶20。绥德的边币推行不开了,大批边币像狂风暴雨般地转往陇东,接着又挤到关中,使得边币猛跌,关中边币完全垮台。接着,边币挤到三边,加之盐务处曾一度停收边币,更影响到定庆路一带,边币被完全拒用。于是,边币又挤回到延安。凡是大批边币所到之处,边币猛跌,法币飞涨,黑市盛行,物价飞腾,囤积投机等现象屡见迭出,边币公开的或变相的被人拒用。② 5月以后,金融波动加剧,物价上涨尤

① 中共中央文献研究室、中央档案馆:《建党以来重要文献选编》第16册,北京:中央文献出版社2011年版,第309—310页。

② 朱理治金融论稿编纂委员会、陕甘宁边区银行纪念馆编:《朱理治金融论稿》,北京:中国财政经济出版社1993年版,第110页。

速。5 月的物价比 4 月上涨 30%,6 月又比 5 月上涨 26%。边币大幅度下跌,且由边远地区向中心区退缩;到 7 月延安亦公开使用法币,边币跌到 2 元换法币 1 元,下跌 100%。①

　　手持钞票而不能求购的事绝非偶然,大量伪造货币流入市场,严重影响货币作为商品价值承载作用的有效发挥,招来严重的货币信用危机。大量假货币的涌现,使得货币严重失真,加上普通民众对于真假货币识辨力低,严重影响货币在人们心目中的信用,影响货币在市场的有效流通,使流通中的货币运行效率大打折扣,使得在支付手段和流通手段执行职能时严重受损,大大影响了市场的正常运转和人心的安定,造成严重的货币信用危机。

---

　　① 星光、张杨:《抗日战争时期陕甘宁边区财政经济史稿》,西安:西北大学出版社 1988 年版,第 239 页。

第三章　抗日根据地对伪造货币的
治理对策（一）

　　财经与金融正如鸟之两翼、车之两轮,紧密联系。没有金融工作的配合,财政工作一定做不好;反之,如果财政工作没有做好,金融工作也一定做不好,所以,财政与金融一荣俱荣、一损俱损。财政政策和金融政策作为国家和政府宏观调控的重要手段,二者相辅相成。1941 年 12 月 21 日,中共中央政策委员会讨论颁发的《敌后抗日根据地财政经济政策(草案)》为党的财政金融政策提供重要思想指导,党的财政总方针"发展经济、保障供给"揭示了经济与财政的必然的本质联系,是马克思主义再生产理论的科学思维再现,是解决抗日根据地财政问题的总开关。中共制定了正确的财经政策和科学的金融政策,是抗战时期反击敌伪经济侵略、发展根据地经济、打击伪造货币的内生力量。不仅是治理伪造货币的重要手段,而且是维护边币信用安全、边区金融稳定的重要措施,充分呈现出中国共产党在经济领域的治理能力。

第一节　抗日根据地治理伪造货币的财政措施

　　日本对华侵略是从政治、经济和军事等多个方面配合进行,在经济上,敌人采取"以华制华,以战养战"的方针,在金融战线上,伪造大量中方货币(包括法币和边币及抗币)投放在中国市场。太平洋战争发生之后,诸多形势发生变化,大量伪造货币被抛至敌后抗日根据地,其侵略意图极为明显:一方面,利用伪币和伪造货币套取法币去抢购根据地重要战略物资;另一方面,将大量伪造货币投放到根据地货币市场,迫使边币市场缩小,破坏边币信用,损坏根据地经济生态。"打铁必须自身硬",中共将"发展经济、保障供给"作为财政工作的总方针,为整个抗战时期的经济工作和财政工作指明了方向。发展生产,增加商品供应量,使根据地的产品供应量与货币供应量形成良性循环,改善边币流通的经济环境,提高边区货币信用和维护边币安全,这是治理伪造货币的客观要件。

在抗日战争特定的历史背景下,中共通过制定科学合理的财政政策,采取发展生产,增加财政收入,制定科学的税收制度,运用恰当发行国债的财政信用渠道等金融措施,有效调整分配关系,达到财政收支平衡。中共在抗战时期科学运用国家财政"三驾马车"、国民经济收入"三驾马车"等先进经济理念有效解决了抗日根据地财政问题、金融问题,不仅解决了边区财政困难的现实问题,而且还不断完善财政体系。

一、财政政策

(一)财政方针

1.三个阶段的财政方针

1937年中共中央政治局在陕北洛川召开扩大会议,会议制订的《抗日救国十大纲领》提出"打倒日本帝国主义,实行抗日的外交政策,实行战时财政经济政策……"各个根据地根据党中央的指示精神,根据自己的实际情况,制定了各边区的战时经济政策和具体措施,归其一点都体现"发展经济、保障供给"的财政方针,体现了一切为了抗战的出发点。发展生产,自力更生,整顿财政,调整收支,达到财政收支平衡。全民族抗日战争时期,根据地的财政经济方针根据军事、政治和经济形势变化而不断调整,因而有 3 次较大的转变,"力争外援、休养民力、医治创伤、积蓄力量"的方针、"发展经济、保障供给"的方针和"生产节约、长期打算、积蓄物资、准备反攻"的方针政策。

1943 年,边区的财政工作方针是"统一领导、分区统筹",即政策、标准、制度由边区统一制定、统一执行,在统一的政策、标准、制度下,以分区为单位进行统筹。[①] 1944 年和 1945 年,又分别提出"节约储蓄、克服浪费、增加生产自给、减少财政开支、以积蓄力量、备战备荒",以及"生产节约、长期打算、积蓄物资、准备反攻"的财政工作方针。抗战时期中共的财政政策因局势变化而适当转变,充分反映了战时根据地局势的复杂性,体现了中共中央财经政策的科学性和灵活性。

在抗日战争的特殊时域下,由于受反法西斯战场形势、日本对华侵略策略的调整及国民党对中共态度的转变等多重因素的影响,坚持和维护抗日民族统一战线是我们实施很多政策的重要前提,我们的财政政策根据战争变化和根据地客观环境适时调整,"发展生产、保障供给"是总的方针,但是不同时期也略有变化,充分体现了我们的政策遵循了马克思主义的活灵魂——具体问题具体分析。

2. 财政工作的总方针

1942 年 12 月,毛泽东在《抗日时期的经济问题和财政问题》中明确提出了"发展经济、保障供给"是我们的经济工作和财政工作的总方针。毛泽东指出:"陕甘宁边区的财政问题,就是几万军队和工作人员的生活费和事业费的供给问题,也就是抗日经费的供给问题。这些经费,都是由人民的赋税及几万军队和工作人员自己的生产来解决的。如果不发展人民经济和公营经济,我

---

① 李隆文:《抗战时期陕甘宁边区县级政府管理研究(1937—1945)》,中共中央党校博士学位论文,2010 年。

们就只有束手待毙。财政困难,只有从切切实实的有效的经济发展上才能解决。"①毛泽东指出,财政问题的本质是经济问题,经济问题解决的根本途径只有发展生产。如果不发展经济,则不能解决任何问题。他批判了不发展生产的错误路线及几种错误的发展观点,并且指出发展生产具体路径。这是对马克思主义再生产理论的具体应用和创新,是对马克思主义基本原理与中国经济实践相结合的科学典范,是对财政工作和经济工作具有普遍指导意义的正确理论。

时任陕甘宁边区银行行长朱理治对边区经济问题也有深刻认识,他认为边区金融问题的实质是财政与贸易问题,而财政与贸易问题,其实质则是生产的问题,一切经济问题是生产与消费之间的矛盾,由生产与消费的矛盾派生出经济与财政的矛盾。② 为此,要解决生产与消费的矛盾,只有发展生产,这正是中共财政总方针的本质。陕甘宁边区财政经济工作的第一个基本方针是"发展生产,增加财富,达到完全自给"。正是在"发展生产、保障供给"这一财政总方针的指导下,根据地的军民开展了大生产运动和其他各个方面的经济建设工作。

（二）统一财政

1.统一财政的提出

太平洋战争爆发后,香港沦陷,国际援送物资交通渠道被切断,外部援助难以进入国统区,国民政府财政也陷入困境。1941 年年底,国民政府通过了《国家总动员实施纲领》《确定当前战时经济基本方针案》确立了经济"自立、自足之方略"的战时经济统制体制。金融领域成立"四联总处",统一管理战时金融,保障战时资金的合理流通,建立战时金融统制体制。

---

① 《毛泽东选集》第三卷,北京:人民出版社 1991 年版,第 891—892 页。
② 朱理治:《朱理治金融论稿》,北京:中共党史出版社 2017 年版,第 18—20 页。

战时经济统制是战时经济建设的必由之路,经济统制增强了国民政府抗战后续力,巩固了国民政府的货币金融体系和法币在国际上的信用,保证了战时经济建设和战费开支的需要,解决了战时急需物资的生产和需求。离开了统制经济,战时经济的混乱是不可想象的。尽管统制政策违反了经济规律,但是在特定的战时环境下,我们必须得承认统制经济带来的有利作用,如果不采取统制经济,战时经济更会呈现一片混乱。在某种程度上,国民政府的战时统制经济制度也是抗日根据地实行统一财政的背景。边区对外贸易的主要物品是食盐,在边区尚未有统销组织时,边区对外投机者操纵边卡,任意提高盐价,从而使边区贩卖食盐吃了很大的亏。贸易上的主动权也受制于他方的统制。朱理治曾主张:"为了争取贸易上的主动,只有以统制对付统制,始能以货易货,过去公私运盐漫无组织之现象,必须予以纠正。"[1]

1937 年 12 月 21 日,陕甘宁边区政府发出《统一财政问题》的通令,指出:"在抗战期间,统一财政的确是当前重要工作之一。因为一切抗战动员,都需要调节款项,才能够充实战争力量……"[2]并且作出具体的要求:(一)各机关、部队、团体一切收入(主要的是没收违禁的烟土),无论数目多少,都要随时缴县政府第一科制取正式三联收据,然后由该科转交金库,严禁自打埋伏,尤须严禁将没收之烟土自由出卖,破坏政治影响。(二)各缴款机关每个月应将缴款收据,即第一科所给收据汇齐交各该上级机关转交边区财政厅存查,一面可以表现各机关收入的成绩,一面可与第一科之收入报告对照,以绝流弊……[3]

1939 年 6 月,中共中央《关于严格建立财政经济制度的决定》指出:(一)严格统一收支。(甲)各机关部队的收入,不得于未报解中财经部以前,自行

---

① 《解放日报》1942 年 4 月 2 日。

② 何敬中、左玉河:《中国共产党领导的抗日根据地资产管理制度》,《北京党史》2016 年第 3 期。

③ 陕西省档案馆、陕西省社会科学院:《陕甘宁边区政府文件选编》第 1 辑,北京:档案出版社 1986 年版,第 36 页。

开支。(乙)所有公营企业,应按党政军系统统一领导,集中营业,所有盈余,概须报告中财经部,确定支配办法,不得自由支配,并将资金及营业状况于六月内确切报告中央。(二)建立会计审计制。(三)为调剂财政困难必须厉行节省。① 1940 年 4 月 15 日颁发的《中共中央书记处关于财政经济政策的指示》规定:在华北、华中各主要抗日根据地内,已有将临时的应急的不定的财政经济办法转到建立经常的确定的财政经济政策。并且对建立财政制度作出了具体的指示:一、收入的统一,要着重于建立金库制度,才能严密。二、支出方面建立预决算制,要在总的方面统一,在各个个别预算中给以预备费,使之有相当独立的周转余地,在游击区环境中无法绝对统一。②

1940 年 4 月,中共中央北方局在黎城会议上将统一财政收支作为重要决议内容。当时主持太行行政工作的李一清提出:"财政工作的统一,决定一切工作的统一。"③同年 8 月,成立了开展统一财政工作的最高政权机关——"冀太联办",提出了将财政制度建设(包括统收统支制度、税收、田赋、预决算制度等)和贸易建设(提出对外统制、对内自由的贸易方针、健全贸易机构)的具体统一财政制度,明确宣布财政建设的基本方针。还对有关财政收支的重大问题明确规定:1.统筹统支、量入为出;2.军政费比例:军费开支占全部收入的三分之二,政费占三分之一,军队人数占人口总数的 2%,地方机关占人口总数的 1%,全区脱产人员不得超过全区人口的 3%;3.取消摊派,减轻人民负担。负担面不能太小,一般应占总户数的 8%。④ 为华北抗日根据地财政工作从分散走向统一,实行由混乱到制度化的转变起了重要作用。

---

① 中共中央文献研究室、中央档案馆:《中共中央文件选集》第 12 册,北京:中共中央党校出版社 1991 年版,第 78—79 页。

② 中共中央文献研究室、中央档案馆编:《建党以来重要文献选编》第 17 册,北京:中央文献出版社 1991 年版,第 281 页。

③ 晋冀鲁豫边区财政经济史编辑组:《抗日战争时期晋冀鲁豫边区财政经济史资料选编》第 1 辑,北京:中国财政经济出版社 1990 年版,第 209 页。

④ 赵秀山:《抗日战争时期晋冀鲁豫边区财政经济史》,北京:中国财政经济出版社 1995 年版,第 85 页。

抗战初期由于财政工作没有统一,造成一些浪费。陕甘宁边区抗战初期粮食尚无严格的统制政策,也没有实施粮票制度,因此,导致各机关单位及训练班学生、医院病人领取双份粮现象较多。据统计,1941 年 8 月份即有 6677 人(每人以一月计),占总人数(72200 人)的 9.2%。1941 年第一季度与第二季度每月吃粮人数差 1203 人,占原人数(73854)的 16.3%。第三季度每月吃粮人数又增至 90156 人,比第二季度增加 1653 人。当时党政军实有人数最多为 90231 人,与实领人数相差 17956 人,即 19.9%。[1] 山东抗日根据地,由于缺乏经验,缺乏统一的政策,各级合理负担委员会又不健全,没有统筹机关,存在着无计划、无原则的乱筹、乱征等现象,各阶层之间的负担仍不够公平。1938 年胶东区贫农负担占其收入的 16%,渤海区占 17.8%,滨海区占 10.5%,鲁中区占 13.5%,鲁南区占 13.9%,1939 年各地略有减轻,但除滨海区外,都仍然超过其收入的 10% 以上。1938 年胶东区中农的负担占其收入的 20.8%,渤海区占 20.2%,滨海区占 13.6%,鲁中区占 21.9%,鲁南区占 22.8%;1939 年除滨海地区外,各地都超过其收入的 16%,约在 20%。[2] 因此,统一财政工作势在必行。

山东抗日根据地也于 1938 年提出统一财政工作。1940 年 7 月 26 日,成立了山东省战时工作推行委员会作为全省统一的行政权力机关,在财政经济方面,实行给养统筹统支,到本年 11 月,山东省战工会专门作出《关于统一财政之决定》对统一山东抗日根据地的财政工作做了具体规定。1941 年鄂豫边区提出统一财政、实行统筹统支制度。

2.统筹统支财政体制的建立

统筹统支财政体制的主要内容有两个方面:一是统一收入;二是统一支出,这是统筹统支的主要内容。此外,还有预算决算制度、会计制度、金库制

---

[1] 陕甘宁边区财政经济史编写组、陕西省档案馆:《抗日战争时期陕甘宁边区财政经济史料摘编·第六编·财政》,西安:陕西人民出版社 1981 年版,第 93 页。

[2] 朱玉湘:《山东革命根据地财政史稿》,济南:山东人民出版社 1989 年版,第 58 页。

度、审计制度等,是统一收支的手段。

1938 年 9 月 25 日,《陕甘宁边区政府通令》第 15 号规定:我们根据每月财政的收入合理地统筹分配,以免在支付上顾此失彼。兹将统一财政具体办法列后:(一)各县一切收入——税收溢税(牲畜、皮毛、甘草等税)、没收款(烟土在内)、罚款、募捐、斗佣费等项收入均应缴纳于各县第四科再解交财政厅。但关于没收罚款均应经过裁判机关,其他任何机关、部队、团体不得有没收惩罚(款)之权。……(五)各机关、部队、团体在过去因必需的正当用途而超过之经费和借用一科或分库之经费,由各机关部队团体主管人负责审查,编制表册连同单据送交各该上级再审核清理,提出意见转交财厅以求解决,不得借口过去经费不足仍继续其自收自用,贪污浪费,破坏财政统一之严重现象。[1] 从 5 个方面对各县的收入、公有财产及其他机关部队的一切收入及其支付等做了具体的规定,对财政收入和分配实行统筹规划的政策指导。

对于重要的战略物资如粮食,早在抗战初期就提出统一预算和决算以便统一调配,1937 年颁布的《陕甘宁特区政府通令》对统一粮食进行了具体的规定:[2](一)预算:各党政机关、群众团体、保安部队与学校等,每月需做预算表三份,并须于前月二十号以前送特区粮食局汇集,由粮食局统一发出支粮证,向指定之仓库领粮。(二)日粮之规定如下:①党政机关和群众团体每人每天一斤四两;②学校(党校、陕北公学)每人每天一斤六两;③保安部队每人每天一斤半。(三)决算:每月终须按实在人数做决算三份,送特区粮食局总计报销,照预算有多余之粮食,作下月之粮食计算。(四)各地收入之救国公粮,应全部交仓库保管,不得送往任何机关或私人保存,支出之粮食一定要有特区粮食局的支粮证发粮,其他任何机关与私人之印章不得在仓库领粮。(五)县仓

---

① 陕甘宁边区财政经济史编写组、陕西省档案馆:《抗日战争时期陕甘宁边区财政经济史料摘编》,西安:陕西人民出版社 1981 年版,第 39 页。

② 陕西省档案馆、陕西省社会科学院:《陕甘宁边区政府文件选编》第 1 辑,北京:档案出版社 1986 年版,第 40 页。

库常驻一人,管理仓库及收支粮食工作,如有粮食多的大县可用二人,区的仓库常驻一人。

"兵马未动,粮草先行",粮食问题是财政问题的主要部分,要整理和健全粮食之度量、保管、运输、调剂,克服过去不良现象,要实行整个边区粮食统一供给,保证粮食平衡自足,这对抗战和根据地建设极为重要。各抗日根据地专门成立了粮食局,实行独立的负责粮食管理的行政系统,成立粮食预算决算,粮食会计,各县二科成立粮食股,领导县区仓库,并负责买粮运粮。1942 年对征收粮食建立了包括预算制度、支粮制度、仓库制度、会计制度、粮票制度等,很好地保证统筹统支办法的推行。

1940 年 4 月 1 日,北方局在《关于财政经济政策的指示》规定:应该是有地征粮的原则去整理田赋,纠正地少粮多、有粮无地及有地无粮等积弊。田赋附加通常一般太重,有害农民利益,应注意减少附加,一般规定目前征收田赋,其附加不应超过正赋二分之一。应统一收支,建立严格的预算决算制度,建立金库,一般规定行政费(各级政权用费)不得超过预算的百分之三十,党费不得由各地方政府支取,而由军政委员会按区党费所造预算统一拨给。群众团体基本上应以收缴会费来维持,不能完全依靠政府,只有在必要时,政府才能给以最低限度的补助费。① 到 1942 年基本上创建了关于征收粮食的各种制度,对于保证统筹统支办法的推行起到了重要作用,对于克服粮食的浪费效果显著。

二、财政措施

财政政策是国家或特定地区指导财政收入分配和再分配关系的一种功能,是一种宏观调控的工具,财政政策在很大程度上由当时社会生产力水平来决定,与金融政策及收入分配等密切相关。在抗日战争特殊背景下,生产力水

---

① 中共中央文献研究室、中央档案馆:《建党以来重要文献选编》第 17 册,北京:中央文献出版社 2011 年版,第 283 页。

平极为低下,国民经济受战争摧残严重,社会生产关系落后,只有通过发展生产保障供给,建立科学的税收制度,运用信用方式筹集财政资金等财政措施来实现抗日根据地的财政收支平衡,实现稳定物价和维护边币信用的效果,保障抗日的财政需求和民主政权建设的物质基础。

(一)发展生产

1."发展生产、保障供给"的方针

抗日根据地财政的一切困难背后都直指生产与消费之间的矛盾,即生产与分配的矛盾,因此,要解决一切问题,关键在于发展生产,提高产品供给数量,创造丰裕的物质资料。毛泽东同志强调,"发展经济、保障供给是我们经济工作与财政工作的总方针"。他不从单纯的财政收支去解决财政问题,而是从发展生产(包括公营与私人经济)来保障军民供给。他认为发展生产是解决一切问题的中心。①

财政和金融是筹措军费的两大重要渠道,我们党和边区政府把解决军费和财政困难,建立在经济发展的基础上,要极力避免两点:一是单纯依靠财政收支上打圈子的保守观点;二是只顾向人民要粮要款的观点。② 毛泽东认为,财政政策的好坏固然足以影响经济,但决定财政的却是经济。没有好的经济基础不可能真正解决财政困难,没有好的经济也不可能真正使财政充裕。财政和经济是辩证的对立统一的关系。毛泽东提出自力更生、发展生产的大生产运动,从源头解决财政问题。

发展经济,保障供给,是我们的经济工作和财政工作的总方针。只有发展生产才能解决财政问题,只有发展生产才能免于公私交困与军民争食,只有发

---

① 西北五省区编纂领导小组:《陕甘宁边区抗日民主根据地》(文献卷·下),北京:中共党史资料出版社 1990 年版,第 308 页。

② 邹志斌:《抗日战争时期毛泽东经济哲学思想若干问题研究》,《经济研究导刊》2012 年第 2 期。

展生产才能训练干部与训练军队,只有发展生产才能支持前方抗战,发展生产是不可战胜的基础。

生产决定消费,经济决定财政,发展生产是解决财政问题的前提。针对敌后抗日根据地的经济战线,包含了展开对敌经济斗争和加强根据地经济建设两个重要任务。没有对敌斗争,谈不上根据地建设;没有根据地建设,更谈不上对敌斗争。几乎所有的经济政策和财政方针都符合其内在的辩证关系,这是战时中共财政工作的基本出发点和归宿。

1940 年黎城会议讨论关于财经工作的基本原则时指出:一是对敌经济斗争。配合军事政治战开展经济战,一方面要破坏敌人的"经济开发"和"以战养战";另一方面要打破敌人的经济封锁,增强自己的经济实力。二是自力更生、自给自足。既要保障供给,又要使人民生活有所改善。三是提高生产,发展国民经济。①

李富春在《对抗日根据地财政经济政策的意见》中指出:"要保障支持长期战争的经济需要,一切物资人力的筹备与供给,首先要适合军事的要求,保障前线的胜利。因此战时的经济政策,一方面不能不要求抗日各阶层人民在不损害其基本利益之下,大家为着民族的生存,节衣缩食,忍受一时的、局部的牺牲,争取经济发展的保障。另一方面抗日的政府与军队必须从全局着眼,从长期打算,在不妨碍战争全局的原则下,尽可能调剂节省与培植人力、物力、财力,要极力纠正只顾眼前的便利,只看到局部的利益,只顾到一时的方便,而损害全局、损害将来的狭窄观点。……要善于从旧有的财政经济基础上,采取逐渐改良的步骤,培养与生长能够支持长期战争的自力更生的经济基础。因此,徒知破坏旧的财政的经济的力量与结构,不知道改良而利用之,这只是招致更多困难的办法,是不合乎战时的需要与统一战线的政策的。"②

---

① 赵秀山:《抗日战争时期晋冀鲁豫边区财政经济史》,北京:中国财政经济出版社 1995 年版,第 85 页。

② 《共产党人》第 18 期,1941 年 5 月。

邓小平在《太行区的经济建设》中指出:我们确定了发展生产是经济建设的基础,也是打破敌人封锁、建设自给自足经济的基础,而发展农业和手工业,则是生产的重心。经验告诉我们:谁有了粮食,谁就有了一切。战时粮食普遍缺乏。我们处在农村只能以农业生产为主。敌人在城市最缺乏的是粮食的供给,我们有了粮食,不但军民食用无缺,而且可以掌握住粮食和其他农业副产物去同敌人斗争,并能换得一切必需的东西。同时只有农业的生产,才能给手工业以原料,使手工业发展有了基础;而手工业的发展,正可以推动农业的生产,正可以抵制敌货的大量倾销,实现自给自足的经济。① 没有正确的政策,就谈不上经济建设;有科学的财政方针作为思想指导,是有效加强各个抗日根据地经济的重要保障。

2. 开展大生产运动

在陕甘宁边区,部队生产开始于 1938 年秋,1939 年正式提出生产自给任务。1941 年以后,毛泽东提出"自己动手,丰衣足食"的口号,部队生产进入一个新阶段。全军上下齐心协力,努力奋斗,取得很好的成绩。1939 年开荒25136 亩,1940 年开荒 20680 亩,1941 年开荒 14794 亩,这样,耕地面积日益增加,粮食等农产品产量逐渐提高,部队蔬菜全部自给,粮食、办费大部分自给。②

1943 年,中直、军直机关原计划生产任务是 6200 万元,实际生产收获照市价计算达到 66617 万元,折成粮食达 44410 石。中直、军直耕地 13144.7亩,收获 1823.09 石,蔬菜 8092755 斤。中直、军直杨家岭不仅达到自给,并且有余,西北局自给达到 70%。陕甘宁边区的生产运动成绩显著,1943 年,边区耕地面积扩大为 13774473.5 亩,1944 年为 15205553 亩。粮食 1943 年为1812215 石,1944 年为 1817221 石。植棉 150473 亩,产棉 2096995 斤,可供所

---

① 《邓小平文选》第一卷,北京:人民出版社 1994 年版,第 77—83 页。
② 王其坤:《中国军事经济史》,北京:解放军出版社 1991 年版,第 625 页。

需的一半。牲畜牛为 214683 头,驴 169404 头,羊 1923163 只。①

表 3.1　陕甘宁边区留守兵团历年农业生产成绩统计表②

年　份	耕地面积(亩)	粮食产量(石)	蔬菜收获(斤)
1941	25994.6	2388	
1942	45236	4715	4395000
1943	215000	30000	23000000
1944	830000	90000	

以陕甘宁边区一个自然村的调查为例,如表 3.2 略见边区经济发展的情形。

表 3.2　安塞高川村 1940—1943 年经济发展情况③

项　目	1940	1941	1942	1943	1943 年与 1940 年相比(%)
户　数	10	11	13	15	150
劳动力	10	11	19	15	150
半劳动力	5	6	3	9	180
耕牛(犊)	3	4	8	9	300
耕地(亩)	540.0	783.0	1143.0	1380.0	255.5
收细粮(石)	109.0	145.0	220.0	313.7	287.8
驴(头)	7	10	15	24	342.8
羊(只)	85	135	265	410	482.3
猪(头)	5	10	13	17	340.0
鸡(只)	75	95	116	150	200.0

上表数据显示,自 1940 年至 1943 年这 4 年间安塞高川村总财富增加近

---

① 李炜光等:《中国财政通史》第 9 卷(上册),长沙:湖南人民出版社 2015 年版,第 409 页。

② 《抗日战争时期解放区概况》,《群众》第 9 卷第 16—17 期,第 17 页。

③ 《解放日报》1944 年 3 月 27 日。

4倍。

蓝凤城：全家三口人（本人及妻一、子一，子现年16岁），革命前一无所有，靠揽工度日，并有大烟瘾，贫苦不堪。革命后分得窑两孔，山地十垧，川地四垧，共计十四垧，本人大烟瘾也戒掉了大半，但光景仍未见有大出息。抗战后除经营农业外，兼营副业，生活蒸蒸日上，1940年存款160元，以此款开了一间小店，到如今吃穿不愁，竟是丰衣足食之家了。

从下表3.3和表3.4中，可以看出他光景的发展：

表3.3　蓝凤城1941—1943年收支对照表①　　单位：折粮食石

项目	1941	1942	1943
年总收入	5.413	19.939	21.807
年总支出	3.762	12.648	17.448
年存余	1.651	7.291	4.359

备注：1941年度本人无牲口、农具，劳力还不很好，故农业收入不多；1943年度店中生意不好，更因儿子娶媳妇破费，故存余不多。

表3.4　蓝凤城支出中购买边区内外物品的费用对照②　　单位：折粮食石

项目	1942		1943	
	数目	百分比（%）	数目	百分比（%）
总支出	12.648	100	17.448	100
边区外	1.576	12.46	1.268	7.27
边区内	7.314	57.83	10.911	62.53
自　给	2.467	19.50	4.125	23.64
负　担	1.291	10.21	1.144	6.56

---

① 中共中央文献研究室、中央档案馆：《陕甘宁边区财政经济工作的基本方针》，《建党以来重要文献选编》第21册，北京：中央文献出版社2011年版，第172页。
② 中共中央文献研究室、中央档案馆：《建党以来重要文献选编》第21册，北京：中央文献出版社2011年版，第172页。

从上面的统计数字可以看出农村经济发展的形势,农民的收入和支出都是逐年增加的,而负担则减少了,表示人民财富逐年增加,购买力逐年提高。在开支项内可以看出自给的数量增加,说明自给经济力量在扩大,大部分物品从边区内部购买,一部分还需要靠外面供给。

上面的统计数字还告诉我们,正因为人民财富增加,消费量增大,如何有计划地去管理对外贸易,就非常重要了。只有执行正确的对外贸易和税收政策,才能保障边区自给经济有充分发展的条件,只有有计划地把边区自给有余的生产品,如盐、皮毛、药材及将来的粮食等,输出到边区以外去,交换在边区内不能生产或还不能完全生产的一些必需物品,才能保障出入口平衡,争取出超,这是非常重要的工作,否则对边区经济的发展是极端不利的。

1939年年底开始,国民党掀起了第一次反共高潮,其间,停止了对我们一切经济援助,加上边区灾情严重,使得抗日根据地陷入财政困难。毛泽东对此作出指示:"中国抗战主要地依靠自力更生。如果过去也讲自力更生,那末,在新的国际环境下,自力更生就更加重要。"①

陕甘宁边区的工业在1938年已开始创办,但带倡导性;1941年有大发展,到1942年底止,我们已有公营的纺织、被服、造纸、印刷、化学、工具和石炭等企业62个,资金5967.962万元,职工991人。农业方面,从1939年起,耕地面积逐渐扩大,植棉亩数逐年增加,牲畜也是逐年发展的。……1941年造印刷纸5500令,迷信纸、麻纸12000刀,本年计划纸的生产全部自给(据绥德同志谈,警备区纸厂月产可达7000刀,如全部设备能力发挥起来,全年以6个月生产计算,就可够边区人民30000刀用纸的需要而有余)。1941年各种公营自给性工业也有发展,经工厂会议与整风后,生产率提高,管理改善,成本减低,质量也有改进。肥皂已有些出口,火柴今年计划达到全部自给。②

---

① 《毛泽东选集》第二卷,北京:人民出版社1991年版,第588页。
② 中共中央文献研究室、中央档案馆:《建党以来重要文献选编》第21册,北京:中央文献出版社2011年版,第151—152页。

其他敌后各边区部队的大生产运动也取得很大成绩。晋鲁豫边区的部队，1940 年开始进行农业生产，1943 年每人种地 3 亩，自给一季粮食。晋绥边区，1944 年全军开荒 166000 亩，种粮 20000 石，蔬菜基本上自给。晋察冀边区的部队，种地 70000 多亩，收获 15000 石粮食，蔬菜基本上自给。[①] 此外，华中边区的淮南军区，1943 年部队生产粮食 31000 余石，还种植了瓜、菜、棉、麻、烟等经济作物。

开展大生产运动以来，各个抗日根据地的工业也取得迅速发展。陕甘宁边区在抗战前只有几个为红军服务的修械、印刷、被服等小工厂，共有工人 270 余人。1938 年到 1939 年间，创办了卫生、器材、纺织、制革、农具、石油、肥皂、造纸等公营工厂。到 1945 年 6 月，山东解放区工业也迅速发展，全区已有 88 个公营工厂，资金 3000 万元，工人 3000 余人。晋绥边区，1940 年以来，建立了修械、制铁、纺织、化学、火柴等公营工厂。1943 年，晋绥边区仅纺车便有 5 万架、纺织工人 6 万人，土机 9000 多架，快机 1300 多架，工人 2 万多人。[②] 边区部队的自给性生产，大大减轻了广大人民的负担。

提高生产，改变供给关系，才是实现财政收支平衡，解决财政问题的有效渠道。以陕甘宁边区 1942 年财政收支为例，见表 3.5。

表 3.5　陕甘宁边区 1942 年财政收支图表[③]

岁 入			岁 出		
科　目	收　方	%	科　目	付　方	%
上年结余	84768.25	0.39	行政费	184205.71	1.34
协　款	10538585.00	73.54	军　费	7525808.58	54.89
税　收	1964132.79	13.70	医药卫生费	65090.92	0.48

---

① 《解放日报》1945 年 3 月 5 日。

② 王其坤：《中国军事经济史》，北京：解放军出版社 1991 年版，第 620 页。

③ 陕甘宁边区财政经济史编写组、陕西省档案馆：《抗日战争时期陕甘宁边区财政经济史料摘编·第六编·财政》，西安：陕西人民出版社 1981 年版，第 59 页。

岁　入			岁　出		
科　目	收　方	%	科　目	付　方	%
企业盈余	427389.95	2.98	抚恤费	71895.50	0.52
公产收入	5017.19	0.05	财务费	324499.52	2.36
寒衣代金	427705.29	3.00	买　粮	2676337.94	19.52
其他捐款	303524.47	2.11	建设费	1960800.00	14.30
杂项收入	292876.32	2.04	教育费	805358.00	5.87
罚　款	285694.84	1.99	群众团体补助费	98360.00	0.72
总计	14329696.10	100	总计	13712356.17	100

事物都是处在普遍联系中,金融问题也不是孤立的。如果把金融问题绝对地孤立起来,不理解金融问题是发展经济、保证供给的流通工具,不能理解发展生产是解决金融问题的重要渠道,那就不可能真正理解抗日民主根据地政府制定的财政政策,也就不能理解毛泽东同志提出的"发展经济,保障供给"的财政方针的真正内涵。

根据客观经济发展的需要,积极发展生产,保障供给,是解决财政、金融问题的重要措施。例如,北海币的发行和推行在广开财源、保障供给等方面所起的作用非常之大。一是实行生产性贷款,如举办低息或免息农、副、渔业贷款,打击高利贷,推动了生产运动的开展。1940年春,北海专区曾放出春耕免息贷款18万元,泰山区发放低利贷款达18544元。湖西建立纺织厂,鲁南搞的集体养鸡养鸭,胶东妇女曾组织了生产委员会,经费都是经过政府向银行借贷。这对保障军需民用的供给起了重要作用,又大大提高了抗日民主政权的威信。二是提供费用,帮助群众救灾度荒。

(二)税收

1.税收制度的建立

列宁特别强调国家掌握银行的积极作用,他认为只有实行银行国有化,才能使国家了解国内资金流动的来去方向、流动方式和时间,只有对银行进行监管,才能保证税收,并做到"调节经济生活"。① 列宁所阐述的银行与税收之间的科学关系,为中共建立战时科学的税收制度提供了重要的思想基础。中共率先在陕甘宁边区颁布相应税收法令条例。如 1939 年 3 月陕甘宁边区颁发的《陕甘宁边区政府财政厅税收条例》、1939 年 12 月 28 日颁发的《陕甘宁边区政府税收条例》、1940 年 1 月 26 日颁布的《陕甘宁边区营业税收条例》、1940 年 5 月 30 日颁发的《陕甘宁边区货物税暂行条例》、1940 年 5 月 30 日颁布的《陕甘宁边区货物税税率》等,分别对税收的目的、税收项目内容、税率、征收手续及奖励措施进行较为全面的规定。一方面,为税收征收工作的实施提供了法律保障;另一方面,又为税收工作走向体系化提供了可资运行的制度蓝本。

1939 年 12 月 28 日颁发《陕甘宁边区政府税收条例》规定:②第一条　本条例为动员一切财力充实抗战经费而制定之。第二条　凡在边区内所产之盐或由边区以外运销入境之食盐,均须征收食盐税。第三条　凡边区内地所产之牲畜、皮毛、药材,蜂蜜、油类等,而经贩运出边区以外者,均须征收出境税。第四条　凡由边区外运入之烟酒及迷信品,均须征收入境税。第五条　凡在边区内以买卖牲畜为营业者,均得征收营业税。但人民之间耕作需要,而经当地乡村政府证明者,不得征收之。凡贩运食盐,而中途转卖出售者,须征收营业税。第六条　食盐税率以驮为单位,骆驼每驮征收法币六元。牛、马、骡每驮征收法币四元五角,驴子每驮征收法币三元,车辆则以载驴驮计算征收之。第七条　出境税率以从价百分之十为原则,兹依照一般趸发市价规定如下:甲、牲畜出境税,从价每元征收一角,但不再征收营业税。乙、皮毛出境税,

---

① 中共中央马克思恩格斯列宁斯大林著作编译局编译:《列宁专题文集(论资本主义)》,北京:人民出版社 2009 年版,第 217—222 页。
② 陕甘宁革命根据地工商税收史编写组、陕西省档案馆:《陕甘宁革命根据地工商税收史料选编》第 1 册(1935—1940 年),西安:陕西人民出版社 1985 年版,第 244—246 页。

(一)羊绒每百斤征收八元;(二)白羊毛每百斤征收五元;(三)黑羊毛每百斤征收四元;(四)骆驼毛每百斤征收十五元;(五)白老羊皮每百斤征收十二元;(六)黑老羊皮每百斤征收十元;(七)白二毛皮每张征收五角;(八)黑二毛皮每张征收二角;(九)牛皮每张征收一元;(十)骡、马、驴、骆驼皮每张征收六角;(十一)狐皮每张征收二元;(十二)狼皮每张征收一元;(十三)豹皮、扫雪皮每张征收四元;(十四)杂皮每张从价征收百分之十。丙、药材出境税,(一)甘草以其品质之优劣分为:甲等,每百斤征收五元,乙等,每百斤征收四元,丙等,每百斤征收三元;(二)其他药材均以从价百分之十征收之。丁等,动植物油出境税,每百斤统以十元征收之。戊等,蜂蜜出境税,从价征收百分之十。

第八条　入境税率均从价征收之。甲,烟草入境税,从价征收百分之十。乙,酒类入境税,从价征收百分之二十。丙,迷信用品(香、表,纸、烧纸、锡箔、冥币等)从价征收百分之三十。第九条　营业税率:甲,食盐营业税,骆驼每驮一元,牛、马、骡每驮七角,驴子每驮五角。乙,牲畜营业税,从价征收百分之五。第十条　凡交纳各项税收者,均须由经征机关发给税证为凭。第十一条　盐税须于产盐地或入边区之第一税收机关交纳之。入境税须于货物入境地征收之,出境税则于货物之购买及起运地征收之;营业税则于交易地征收之。第十二条　凡有偷漏税收而经查出者,将按税率加一倍至五倍处罚之。第十三条　凡地方人民及政府工作人员或武装部队缉获偷税,送交税收机关者,得于罚金内抽百分之五至六的提奖,报告偷税因而查获者,得于罚金内抽百分之三至四提奖。第十四条　如有包揽或隐匿偷税者,得斟酌情形予以相当处罚。第十五条　本条例自公布之日起施行。

1940年1月11日颁行的《陕甘宁边区政府财政厅通知》规定:为便利税收起见,故决定分局以上组织系统另制表颁布,至于分局下所设之卡口,地址、各级税局应有之人员,须由各专署、县府协同税局负责人妥商提出意见,呈报财厅任命决定之。税局之职权只能负责按照条例征税,如有携带违禁物品,税局可没收其违禁品,至于违法人之处罚,须送当地政府处理之。至于奸商偷税一节,税局可照条例规定处罚之,如被罚者不服,可任其到当地政府及上级机关依法报告之。税局与党政之关系应绝对受当地党政之领导,当地党政有检查督促税局工作之权,但不能支配税局经费,同时下级税局必须直接服从上级税局之领导,经常向上级局作报告。这里充分体现了税局与政府分别对税收征收内容及管理范围,既有垂直管理,也有行政分工合作。

1944 年 12 月 11 日,晋冀鲁豫边区工商管理总局制定的《切实掌握征税估价并指示修正估价办法》规定:①1. 无论出境入境货物或内地酒产估价时,均不得脱离市场价格。2. 出境及生产的各类货物按内地中心市场平均批发旧价征税,入境尽可能依敌区批发价,按汇价折合本位币计算,不可能的仍依旧规定,按内地中心市场平均价八折计算,酒产按内地中心市场批发价计算征税。3. 估价时间一般仍不得超过三个月,主要货物价格变动很大,影响征发或税收时,最好每一月一改变。4. 变更估价应一面命令执行,一面送邻近局所参照,同时又须报总局查核。征税实行统一估价,并且由各工商管理分局统一掌握,适度税收增加之政策意义很大,有利于实践统一财政方针。

2. 农业统一累进税

在依据当时的具体情况,或先或后地确定了征收正税。正确途径是:(一)废除苛捐杂税,征收正税,其中主要包括:赋、所得税、消费税等。（二)税收应该是按统一累进率,确定免税点、最小级距、缓和税率。（三)必要时施行累进的超额税。(四)确定征税机关与征税办法。（五)按照统一办法统一征税,在特殊情形下,亦可以给一定区域的驻军,按照统一办法单独征税。（六)不合理的内地关卡税收应该取缔。②

征收粮食是抗日根据地重要的战略任务,事关抗战胜利与否和根据地建

---

①　山西省档案馆藏:《晋冀鲁豫边区政府及财政厅、工商总局、豫晋联办关于税务征收工作的通知、通令》(1943—1944),档号:A198-03-00036。

②　陈昌浩:《论华北抗战区域的财政经济问题》,《八路军军政杂志》1939 年第 1 卷第 5—8 期,第 420 页。

设成败,因此,实行什么样的农业税收方式对于顺利完成征粮任务极为重要。抗战初期,基于抗日根据地政权建设尚在建设之中,诸多财政制度、税收体制不够完善,征收救国公粮也存在临时的摊派与应急,特别是在1940年至1942年三年困难时期,确实存在着征收粮食总量过多,征收时间过急,征收方式过于简单,存在过一定程度上与民争食和伤害抗日民众积极性的现象。

为解决征收粮食存在的问题和更好完成征收公粮任务,1942年1月至3月三个月以来,边区政府着重讨论和研究农业累进税,并在延安、绥德、庆阳三县分别进行试验,于同年8月,制定农业统一累进税作为农业政策和税收政策。

1942年6月制定的《农业统一累进税条例》规定了基本税则:(一)以各阶层负担公平合理为基本原则。农业收益与土地财产均为农累税之税本。凡有土地者,均须负担土地财产税,凡经营农业者,均须负担农业收益税。两种税本用分计合征统一累进办法直接征收之。自耕农的税本中应减除生产消耗费,佃农的税本中则须减除生产消耗与地租,以保证农户再生产的资本。凡属贫苦抗工属,农村中之长短雇工,移难民不满三年者,以及经政府所特别奖励发展之事业,其收入概予免税。(二)农累税以每段土地之常年产量为计税标准。因此,丈量土地,清查土地面积与评定其常年产量,解决土地纠纷,确定土地所有权,办理土地登记等工作,为实行农累税最主要的前提与不可缺少的依据。……①

农业累进税试行非常顺利的原因有二:一方面,由于政府发展农业政策的实施,全边区展开了热烈的生产运动,边区人民普遍的多开荒,多施肥,多深耕,粮食的收获普遍增加了,而其负担比重的增加变小,相比之下,务农户的负担占其收益的比重是相对地降低了;另一方面,由于土地登记的结果,务农户所有土地的数目彻底清楚了,土地的数目比过去大大增加,其增加数目,占过

---

① 陕甘宁边区财政经济史编写组、陕西省档案馆:《抗日战争时期陕甘宁边区财政经济史料摘编·第六编·财政》,西安:陕西人民出版社1981年版,第156—157页。

去统计量最低为 10%，最高达一倍以上。土地数量的确定，给调查农户的收益提供了可靠的依据，使务农户隐瞒虚报的现象不复存在，过去漏税的部分现在纳了税，因而负担更为公平合理了。由于恰当地评定常年产量的结果，彻底根除了过去"凭估计"与"调查不实"的毛病，对各农户的收益数额的调查统计做到确实可靠了。如庆阳三十里铺区五乡李长源（中农）自己有地 68.3 亩，租地 10 亩，出租子 4 斗，按其不同的地块分定土地的常年产量，其总收益为 10.85 石，税额为 2.41 石，占总收益 22%。过去估计其平均产量推算公粮，川地三四亩，每亩以二斗计，可收 4.84 石；山地 44.3 亩，每亩以 7 升计，可收 3.1 石，共收 7.92 石，除去租子 4 斗，总税本为 7.52 石，负担数占税本 33%。由此可见，过去估计推算平均产量是不确实的，较常年产量少了 3.33 石，负担比重上则多了 11%。① 说明试行农累税初见成效。

农业统一累进税是我们党根据农业的实际情况和税收制度的基本理论相结合创建立的一个新税收方法，在实际操作过程中收效显著，既为支持抗战和加强根据地建设提供了重要物质基础，又为日后不断完善税收制度提供了参考价值。

3.税收工作成绩

陕甘宁边区关于税收制度的建立对促进边区税收工作所起的作用非常明显，减少了税收项目，获得广大民众的拥护，反而积极交税，税收收入增加，以 1940 年税收统计表为例说明之。

表 3.6　1940 年陕甘宁边区税收统计表②

科　目	金额（元）	备　考
盐　税	1261951.49	
皮毛税	126737.06	

① 陕甘宁边区财政经济史编写组、陕西省档案馆：《抗日战争时期陕甘宁边区财政经济史料摘编·第六编·财政》，西安：陕西人民出版社 1981 年版，第 162—163 页。
② 陕甘宁革命根据地工商税收史编写组、陕西省档案馆：《陕甘宁革命根据地工商税收史料选编》第 1 册（1935—1940 年），西安：陕西人民出版社 1985 年版，第 382 页。

续表

科　目	金额(元)	备　考
牲畜税	101457.28	
药材税	64745.56	
烟酒税	162912.06	
迷信品税	56402.97	
农产品税	3367.38	
斗　佣	31903.57	
羊毛税	55502.29	白毛以 1.40 元作价,黑毛以 0.70 元作价。各县收到的毛大部分没送来
货物税	8095.61	
罚　款	9389.70	
合　计	18824464.97	

据 1941 年陕甘宁边区统计,从 1 月到 6 月,税收工作取得可观的成绩。本年税收预算目标达到 500 万,然而仅仅半年时间,货物税已达到 150 万元,商业税及羊毛税达到 200 万元,也就是说,全年 500 万的额度有望大大超过,因此,可以做到使税收成为边区财政收入主要来源之一。[①] 据报道,自从新的税收条例公布以后,关中税务分局也就成立了,仅仅 1 个月以来,关中的税收,较从前每月平均的收入超过三分之二,本来,总局给分局的任务是 5 万元。现在据该局估计,今年可能收入 12 万元左右。[②]

其他各抗日根据地也实行农业累进统一税,成绩显著。1938 年 8 月 21 日,中共山东分局根据前一阶段各县征税情况,提出了在根据地内开征工商税收的原则:(一)是适合于抗战的原则,因此就必须保证战费的供给,做到财政上的收支平衡。税少则不敷支出,税多则加重群众的负担。(二)是适合统一

[①] 陕甘宁革命根据地工商税收史编写组、陕西省档案馆:《陕甘宁革命根据地工商税收史料选编》第 2 册(1941 年),西安:陕西人民出版社 1985 年版,第 140—141 页。
[②] 《解放日报》1941 年 11 月 6 日。

战线的原则,因此就必须按照各阶级的财产力量而规定税率,适合于钱多多出,钱少少出的原则。（三）是适合于发展新民主主义经济,因此必须采取防止、削弱地主阶级发展与大资本家打断国民生计,与保护小生产经济、国有企业的措施。①

胶东区行政公署主任在1938年至1942年财政经济建设工作总结中指出,在胶东蓬莱、黄县、掖县,1938年采用的税项有:田赋、契税,契纸价、矿租、盐捐、油类营业税、当税、统税、关税、营业税、烟酒牌照税、所得税、烟酒税费、救国捐、货物救国捐、荒地租、民佃灶课等17种。1939年,在蓬、黄、掖县城的各种税收一律暂停。1940年,只征收"田赋、契税、救国捐、货物救国捐、盐捐、烟酒营业牌照税、矿租等7种"。② 从1938年的17个税种到1940年直接减少至7个品种,减少了三分之二的税种,说明税收减轻,既提高了税收的来源,又减少了民众的财税负担。

（三）发行救国公债

公债是国家政府为解决财政赤字或财政透支采取信用的方式向社会或个人所发行的债券,发行公债是政府实行的一种调节国民经济收入的宏观调控方式和调节经济的一种重要手段。日寇和反共分子利用军事进攻和经济封锁图谋消灭边区。在国民党停发八路军军饷,对边区实行经济封锁之后,外部捐助的钱物运不进来。各抗日根据地既要坚持抗日又要加强建设。只有发展生产才能保障经济。生产需要投资,依靠边区政府的信用采取财政手段发行公债,是政府加强宏观调控和调节经济的重要渠道。

---

① 山东省分局:《实行累进税的报告》,1938年8月21日。转引自财政部税务总局组织编写:《中国革命根据地工商税收史长编——山东革命根据地部分》,北京:中国财政经济出版社1989年版,第21页。
② 山东省分局:《实行累进税的报告》,1938年8月21日。转引自财政部税务总局组织编写:《中国革命根据地工商税收史长编——山东革命根据地部分》,北京:中国财政经济出版社1989年版,第19页。

为了加强边区经济建设,发展经济,粉碎敌人图谋,1941 年陕甘宁边区政府发行建设救国公债500万元。从客观上来说,中共领导的陕甘宁边区政府发挥着中央政府的作用。陕甘宁边区发行的建设救国公债,陕甘宁边区政府运用信用方式将部分已经分配了的国民收入用债券的方式再度集中起来,也就是一种对财政支出方式进行的再分配,用边区的盐税和商业税作为建设救国公债的准备金,规定由陕甘宁边区财政厅按照公债每年还本付息数目表,拨交边区银行专款储存备付,反映其为一种"延期的税收"。公债的偿还地点是边区银行、光华商店及陕甘宁边区政府指定的各县合作社。公债的效用为法定的有价证券,可以自由买卖抵押,并于每年到还本付息时的部分,准以之交纳税款和兑换法币及光华票。建设救国公债发行的原则是坚持自愿原则,可以实行实物换公债。陕甘宁边区发行的建设救国公债已经充分显示出现代公债内涵。建设救国公债正是对边区国民收入的有效再分配,是在边区财政处于内外交困时期运用经济手段来解决财政困难的有效措施,充分彰显了陕甘宁边区政府在边区人民心目中的信用和地位。

1941 年 2 月陕甘宁边区政府制定的《边区建设救国公债条例》规定:①第一条　陕甘宁边区政府为充实抗战财力,发展生产事业,争取抗战最后胜利,发行公债,定名为《民国三十年陕甘宁边区政府建设救国公债》。第二条　本公债总额为国币500万元,于民国三十年四月按照票面额十足发行。第三条　本公债票分五十元、十元、五元三种,均为无记名式。第四条　本公债利率为周年七厘五毫。第五条　本公债偿还期限定为十年,自民国三十一年起,每年七月还本息一次,还本数目依还本付息表之规定,于1951年七月全数还清。本公债票每张分十条(每张分为卅一年、卅二年、卅三年、卅四年、卅五年、卅六年、卅七年、卅八年、卅九年、四十年十条,共计十年),每年还本息一次,则收回一条。……第十一条　本公债之发行细则及宣传大纲另定之。第十二条

① 陕甘宁边区财政经济史编写组、陕西省档案馆:《抗日战争时期陕甘宁边区财政经济史料摘编·第六编·财政》,西安:陕西人民出版社 1981 年版,第 411 页。

本条例自公布之日起施行。另外,还颁布了《边区建设救国公债发行细则》对募收原则与经收机关、经收财物标准与办法、募购公债奖励办法等进行具体规定,方便建设救国公债的推行。

表3.7　1941年陕甘宁边区建设救国公债还本付息表①

年份	月	现负数	期	还本数	付息数	本息共数
1942	7	5000000	1	500000	37500	537500
1943	7	4500000	2	500000	75000	575000
1944	7	4000000	3	500000	112500	612500
1945	7	3500000	4	500000	150000	650000
1946	7	3000000	5	500000	187500	687500
1947	7	2500000	6	500000	225000	725000
1948	7	2000000	7	500000	262500	762500②
1949	7	1500000	8	500000	300000	800000
1950	7	1000000	9	500000	337500	837500③
1951	7	500000	10	500000	375000	875000
合计				5000000	2062500	7062500

要解决抗日根据地的严重财政困境,根本途径是发展生产,而发展生产需要投入。发行相当部分建设救国公债的最终目标就是加强根据地经济建设,发展生产、保障供给。建设救国公债用于农业、工业、商业等各个方面:(1)农业方面:修水利,设模范农场,购棉种,开林场,低利贷款给移民和贫农,还有改良农具种子,改良畜种,训练兽医人员等,使我们的农牧业更加发达。(2)工业方面:办制造日用品的各种工厂,贷款给私人开矿的,办工业的,以及生产合

---

① 陕甘宁边区财政经济史编写组、陕西省档案馆:《抗日战争时期陕甘宁边区财政经济史料摘编·第六编·财政》,西安:陕西人民出版社1981年版,第412页。

② 注:原表数据可能有误,因为本息共数系还本数和付息数之和,原数为762000,现修正为762500。

③ 注:原表数据可能有误,因为本息共数系还本数和付息数之和,原数为827500,现修正为837500。

作,等等,使得各种用品逐渐不要向边区外去买。(3)商业方面:发展消费合作社,帮助公私经营的商店,来反对日寇和反共分子的封锁。总之,这笔公债是用在建设方面,是用在发展生产以保卫边区方面。因此,军事保卫边区是大家出人力——当兵,经济保卫边区是大家出资本——买公债。

由于陕甘宁边区政府遵循公债发行规律,加上边区政府公债推行时采取有效的宣传和销售方式,因此,到1944年提前偿还了公债本息。1941发行的"陕甘宁边区政府建设救国公债",原计划发行额500万,由于边区人民对政府热烈拥护,踊跃认购,实际完成数为618万元,此项倒赔款当年发放经济建设投资500万元,其余118万元作经费开支。1941年发行的建设救国公债,已在1942年、1943年还本付息两次,计两年中还本付息总数130余万元,当时还短期债款计本494万余元,连同本年利息约500万元,根据当时政府财力已经比较充裕,而且每年所还本息为数不多,人民持券还甚感不便,为此特提议在第3届公债还本付息期间(今年7月)将所欠债款连同本年度应付利息(往后年度息票不计)500万元,于一次全部偿清,该项偿还之债款,直接还给人民,或在自愿原则下,由群众生产合作社收作资金,组织某种生产,由人民自己决定。①

边区发行建设救国公债,已3个多月,各县已得到初步成绩,加强了人民对建设救国的认识,特别是延安县首先完成了301495元,超过分配任务,并进行到集中现金入库阶段。② 延安市商民在市商会领导下,踊跃购买建设救国公债,原定10万元,现总结共买了104625元,超过4000余元。③

救国公债发行之初主要是在中央军政机关进行销售,后来经过宣传与组织,得到广大民众对公债的理解和支持,从而取得认购的良好效果。据1941

① 陕甘宁边区财政经济史编写组、陕西省档案馆:《抗日战争时期陕甘宁边区财政经济史料摘编·第六编·财政》,西安:陕西人民出版社1981年版,第422页。转引自温美平:《中国共产党金融思想研究》,华东师范大学博士学位论文,2010年。

② 《解放日报》1942年7月12日。

③ 《解放日报》1941年8月19日。

年 7 月《解放日报》登载:市南区政府聘请了社会公正人士组织委员会,进行宣传动员,积极发动群众自愿认购。委员会诸氏首先打冲锋,刘玉钜是一个老农民,他先认购 600 元,他是一个历来对政府的各项号召无不积极热烈响应者。此外也有认购 500 元的。一个自卫军的副营长,他认购了 300 元,大家都说按他的家景说,买 200 元就已经不算少。此外,市青联地工委的同志,他们曾跑十几里路挑石炭 150 斤到市场出售,换成钱买公债。这种干部的模范作用,使群众对购买公债的热情更为提高。北市区的妇女首先动员起来购买公债,妇联主任召开了妇女大会,他们在明白了购买公债的意义后,当场就有两个裁缝的老婆各买了 5 元。有的妇女说妇女家手里没有现钱不能多买,另一个妇女就答复她,咱们有的是鸡,卖掉鸡来买公债。同时当场也有两个人合买 5 元的,完全按照她们自己的经济能力来认购。南区新市有一青年妇女,她很乐意地一次就买了 100 元的公债。①

　　通过发行救国公债来筹集资金,是调节国民经济的一种重要手段,国民政府在抗战时期也发行了大量公债,据统计数据如表 3.8:

表 3.8　抗战开始以来中国发行的公债②

年　份	公债名称及数额
1937	救国公债 5 亿元
1938	国防公债 5 亿元
1939	金公债 5.5 亿元
1940	赈济公债 0.3 亿元
1941	军需公债 6 亿元
1942	建设公债 6 亿元
1943	建设金公债英金 0.1 亿镑,美金 0.5 亿元
1944	军需公债 12 亿元

---

① 《解放日报》1941 年 7 月 29 日。
② 《翁文灏日记》(下册),北京:中华书局 2014 年版,第 503 页。

以上各项公债,共合国币 47 亿元。其中,中、中、交、农纸币共约 38 亿元,这些公债的发行与认购对于在一定程度上缓解国统区的经济危机也起到了重要作用,说明通过发行国债来解决部分财政资金问题是一个普遍现象,只是国民政府通过这种财政发行解决财政问题过量,造成通货膨胀的严重后果,这从另一个方面给予我们教育和启示。

边区建设救国公债的发行和良好的认购效果,是弥补财政赤字的有效方式和筹集建设资金的有效办法,在一定程度上帮助陕甘宁边区度过三年财政困难,为开展各抗日根据地大生产运动注入了资金,有效地调解了生产与消费的矛盾,缓解了经济与财政的矛盾。公债是财政收入的一种补充形式,建设救国公债的成功发行、认购及还本付息,充分显示了该公债成功地充当了陕甘宁边区政府调控经济的重要政策工具,既体现建设救国公债具有现代公债意义,又体现了边区政府在人民心目中的威望。

抗战时期,中共领导的边区政府成功利用税收、国债和货币等国家财政的"三驾马车"之先进财政理念来应对战时边区财政问题和金融问题,充分体现了中国共产党处理财政问题的内在张力。

第二节　抗日根据地治理伪造货币的金融措施

金融是社会经济的杠杆,是现代经济金融的中心。邓小平同志曾说:"金融很重要,是现代经济的核心,金融搞好了,一着活棋,全盘皆活。"[1]货币政策是国家宏观调控的重要经济手段,经济和金融的宏观调控目标基本上都是通过货币政策来体现的。

金融事关财政、经济、政治的各个领域,是调控市场、调节物价、把控商业贸易等诸多方面的重要杠杆,货币政策是一个国家经济政策的重要组成部分。

---

[1]　《邓小平文选》第三卷,北京:人民出版社 1993 年版,第 366 页。

抗战时期,中国共产党在遵循抗日民族统一战线的原则下,根据战时特殊的经济环境,本着"打击伪币、保护法币"的宗旨,实行"分散发行、分区流通"的办法,发行自己的本位币,实行独立自主的货币政策。① 为打击日伪破坏中国金融的图谋、改善根据地人民的生活、加强根据地经济建设和促进抗战胜利提供了重要的物质保障。中国共产党实行独立自主的货币政策,各个抗日根据地在统一的货币政策指导下灵活自主地发行地方货币,推行边币有序地流通。因此,良好的货币政策和科学的金融措施是治理伪造货币的关键。

一、金融政策

(一)货币政策

日本帝国主义以其野蛮的经济侵略,配合其军事的政治的残酷进攻,以便达到其灭亡全中国,使中国变为日本殖民地的目的。日本帝国主义的财政经济政策正如"水银泻地,无孔不入"。日寇利用其占有中国的大城市与交通要道的便利条件,无论在工业、农业、商业上,金融货币上,以至税收上,无不是以野蛮的原始的掠夺与独占政策,摧毁民族经济,奴役中国人民,达到其"以战养战"的目的。日本通过政治诱降、经济封锁与军事进攻相配合,对中国经济进行侵略的政策,本质上是殖民地化中国的政策。

国民党政府因日本侵华策略改变而调整其对中共政策,对边区采取物资封锁措施:(1)通过垄断贸易机关对进入边区的货物运输及贩卖实行统制;……(5)制造谣言,诬蔑边区并阻止商人进入,操纵边境地区金融黑市,制造并助长金融波动,破坏边区金融;……(7)对边区外销的食盐设置重重障碍,使之销不出去。②

---

① 崔泽慧:《货币政策、信息披露质量与非效率投资》,东北财经大学硕士学位论文,2017年。

② 中国人民银行陕西省分行、陕甘宁边区金融史编辑委员会编:《陕甘宁边区金融史》,北京:中国金融出版社1992年版,第68页。

银行是商品货币关系高度发展的产物,是随着信用和货币流通结合发展的产物。马克思说:"银行制度,就其形式的组织和集中来说,是资本主义生产方式的最精巧和最发达的产物。"①列宁说:"谁掌握着银行,谁就直接掌握着美国1/3的农场,并且间接统治着所有农场"②中国共产党为应对敌伪的金融侵略与经济封锁,制定了独立自主的货币政策,实施独立自主、独占发行的货币体系。为了发展抗日根据地和对敌进行经济斗争的需要,各个抗日根据地在长期打算、自力更生、自给自足方针指引下,贯彻"发展经济,保障供给"的要求,配合大生产运动,联系当时的战争形势,都设有自己的银行,发行了自己的货币。

邓小平说:"没有正确的政策,就谈不上经济建设;而这些政策的制定,必须以人民福利和抗战需要为出发点。"③在《中共中央书记处关于财政经济政策的指示》中对各中央局及各分局作出指示:在尚无中央银行与统一发行的条件下,各地建立互相汇兑制度很好,陕甘宁边区亦愿参加此项工作,但须禁止各地货币互相流通,避免扰乱各地货币政策。④

1938 年 8 月 17 日,毛泽东在《关于晋察冀边区货币政策给聂荣臻等的电报》对边区货币政策作出重要指示:(一)边区应有比较稳定的货币,以备同日寇作持久的斗争。(二)边区的纸币数目,不应超过边区市场上的需要数量。这里应该估计到边区之扩大和缩小的可能。(三)边区的纸币应该有准备金:第一,货物,特别是工业品;第二,伪币;第三,法币。……(五)边区军费浩大,财政货币政策应着眼于将来军费之来源。⑤ 这不仅为冀南银行的建立和发行

---

① 《资本论》第 3 卷,北京:人民出版社 1975 年版,第 685—686 页。

② 中共中央马克思恩格斯列宁斯大林著作编译局编译:《列宁全集》第 27 卷,北京:人民出版社 1990 年版,第 236 页。

③ 《邓小平文选》第一卷,北京:人民出版社 1994 年版,第 86 页。

④ 中共中央文献研究室、中央档案馆编:《建党以来重要文献选编》第 19 册,北京:中央文献出版社 2011 年版,第 281 页。

⑤ 中共中央文献研究室、中央档案馆编:《建党以来重要文献选编》第 15 册,北京:中央文献出版社 2011 年版,第 540 页。

冀南币提供了重要的思想指导,也为其他边区银行发行边币确立了指导原则。随着太平洋战争形势变化和国民政府对中共态度的变化,加上客观上法币的贬值,物价的飞涨,鉴于法币本身的汇兑体制造成日军利用法币套取外汇及套用战略物资的后果,中共进一步调整货币政策。

1942 年 2 月 5 日,在《中共中央财政部关于法币贬值各根据地应采取的对策的指示》中针对法币购买力下降对各根据地的金融和物价的严重影响,作出如下决定:一是停止法币在边区的流通的决定;二是在各个抗日根地建立独立的与统一的金融制度,以维护根据地的资源,财政上应努力发展私人经济特别是农业,以其税收收入来解决财政问题,不要依靠发行钞票作为主要来源。①

在执行统一战线政策下,中共敌后根据地按照"贯彻发展经济,保障供给的财经总方针",实行"打击伪币,保护法币"的货币政策,建立根据地银行,发行自己的货币,严厉打击伪造货币行为,逐步建构了独立自主的货币体系。基于敌伪封锁分割的原因,为了防止敌币的侵入,导致敌伪利用伪币套取法币掠夺根据地的重要战略物资如粮食和食盐等,各抗日根据地采取分区发行的办法。各个抗日根据地相继建立自己的银行,主要有陕甘宁边区的陕甘宁边区银行、晋察冀边区的晋察冀边区银行、晋冀鲁豫解放区的冀南银行、晋绥边区的西北农民银行、山东根据地的北海银行等。

各个根据地银行结合战时特殊情势,分别分散发行地方货币,分区管理,互不流通,建立独立自主的本币市场,并要求根据地货币必须在两个方面多发挥作用:一是巩固和扩大根据地,二是在物质上支援抗日革命战争。尤其是要打破日伪的封锁,排挤日伪币,对日伪争夺物资,保护根据地财富,增强抗日战争的物质力量。这种货币信用体系虽然是分散建立的,但是它们在政策上还是统一的,各根据地都是执行党的统一货币信用政策,充分体现我们的货币金融政策呈现出具体问题具体分析的灵活性。

---

① 中共中央文献研究室、中央档案馆编:《建党以来重要文献选编》第 19 册,北京:中央文献出版社 2011 年版,第 55 页。

（二）注重农贷

货币政策是一种重要的宏观调控手段,在稳定物价、促进经济增长和平衡收支等方面发挥重要的作用。银行又是作为信用与货币流通的专门机构,成为现代经济生活的有机组成部分。马克思说:"当无产阶级取得政权以后,就应该通过拥有国家资本和独享垄断权的国家银行,把信贷集中在国家手里。"①1942年12月,毛泽东在西北高级干部会议上作了《经济问题与财政问题的报告》,对农贷工作提出了七项原则,指出农贷的重要作用和对农贷发放的具体内容做了详细规定。1943年1月19日,《解放日报》发表了《迅速发放农贷》的社论进一步强调了农贷的意义,并且要求"各级党政机关应把此事当作自己的重要工作之一",使农贷发挥更大作用,促进边区经济的进一步发展。1943年7月邓小平在《太行区的经济建设》一文中写道:"我们的货币政策,也是发展生产和对敌斗争的重要武器。……为了保障本币的信用,我们限制了发行额,大批地贷给人民和投入生产事业,取得了人民的热烈拥护,本币的信用是很巩固的。"②

各根据地将在金融上总的方针调整为:建立独立的统一的金融制度,以维护根据地的资源,财政上应努力发展私人经济特别是农业,以其税收收入来解决财政问题,不依靠发行钞票为主要来源。1940年北方局关于财政经济政策的指示确立货币政策:"依照客观需要及经中央批准,在各主要根据地内已建立我们自己的银行及发行新钞,如冀察晋之边钞,冀南银行及冀南钞,胶东之北海钞等,冀中之晋西北农民银行票,建立银行,发行新钞新票外,其余各地不得滥印发新钞,紊乱金融,应从事于生产。"③

1941年8月,朱理治在写给陕甘宁边区政府的报告中指出:"边区的金融

① 马克思、恩格斯:《共产党宣言》,北京:中央编译出版社2005年版,第45页。
② 《邓小平文选》第一卷,北京:人民出版社1994年版,第85页。
③ 中共中央文献研究室、中央档案馆编:《建党以来重要文献选编》第17册,北京:中央文献出版社2011年版,第283—284页。

问题,实际上是财政与贸易问题。而财政与贸易问题,实际上是生产问题",
"边区经济问题的根子在于生产与消费的矛盾",这个矛盾起源于生产的落
后,即"生产上尚不能完全自给。"为了从根本上求得边区经济的发展,"主要
的还在于加紧生产"。① 生产发展是取得财政和外贸之间平衡的重要前提,只
有发展生产才能真正消除金融混乱。

在战时物价不稳定的情况下,农贷实质上是一种贴本放款,是一种变相的
救济,是一种国民收入的再分配。这种补贴在当时是必要的,因为它支持了贫
苦农民的生产和生活,有利于根据地经济的发展和巩固。

1944 年 8 月 20 日,晋冀鲁豫边区政府对各专员县长作出《各县成立农业
低利借贷仓库》的决定:②1. 农业生产是太行区生产建设中的主要工作,自
1942 年以来,为扶植农民生产并解决群众饥荒问题,曾经贷了大量粮款,现在
为了长期着想,给太行区农业生产事业打下长远基础,使我全区农民走向发展
生产的大道,决定每县成立一全县范围内的农业生产低利借贷仓库,办理今后
全县农业生产借贷及一般灾情贷粮,今后银行不再实行增放各县农业贷款,原
有贷款应抽出全部之半数转入手工业贷款数内。遇有一般灾荒边府亦不再实
行贷粮或救济,(特殊情况除外)。2. 除由边区公粮内拨公粮一部分配给各县
作仓库基金外,各县应再由该县地方粮节余内抽出一部分根据边区公粮分配
数目的百分之十到二十(多的抽 20%,少的抽 10%,没有剩余的不抽)作为低
利借贷的基金粮,此项低贷仓库之粮食以后力求逐年增加。3. 边区所拨之公
粮各专署应根据具体情形完全分配到各县,不得借故保留,低价借款粮仓库由
各县财粮科员负责保管开支及收回,由县建设科负责。4. 此项粮食仅用于发
展农业生产(其他生产不包括在内),每一股灾荒贷粮不准做其他任何他用,

---

① 朱理治金融论稿编纂委员会、陕甘宁边区银行纪念馆编:《朱理治金融论稿》,北京:中
国财政经济出版社 1993 年版,第 18 页。转引自李成龙:《抗战时期朱理治金融思想与实践研
究》,重庆工商大学硕士学位论文,2018 年。
② 山西省档案馆藏:《晋冀鲁豫边区政府工商总局、第二厅、南汉宸等关于金融、信贷工
作、破币销毁工作的命令、通知、办法、指示》(1944—1948),档号:A198-03-00013。

用于农业生产时其利率均定年利百分之二十五或月利百分之二(每年只有十个月计算)。每年在冬季每次年春季贷款于夏,秋收后再行收回,每年的利息收入除补偿脱秤、腐烂以外,均增加为基金。5. 仓库应另设账簿由建设科司记,每年各县于5月底、2月底呈报粮食贷出与收回情形一次。各抗日根据地在实施农业借贷过程中,根据当地恢复与发展生产的方针计划确定主要用途后,又必须规定的具体原则具体确定生产中的困难人贷款。否则,在具体做法的运用上,还会走比穷、比困难,平均分散的救济路线的。我们的生产贷款政策,就是公私两利,帮助一切积极生产的劳动人民。

各抗日根据地银行在控制货币发行总量的同时,恰当调整了放款结构,注重农贷所占的比例。陕甘宁边区银行在贷款中,把支援农业放在首位。1942年到1945年,陕甘宁边区农业贷款由500万元边币,增长为34589万元,增长68倍。1942年陕甘宁边区延安、子长等七县8025户贷款158万元,结合自有资金103万元,买耕牛2672头,农具4980件,开荒地10万余亩,估计增产粗粮26000余石。1943年陕北宁边区延安柳林区5个乡138户,贷款50万元,买耕131头,增开荒地936垧,多打细粮330石。[1]

表3.9 1944年冀南银行各种生产贷款利率表[2]

种类	农业放款	利率	合作手工业放款	利率	商业放款	利率
贷款期限	三个月以内	一分五	二个月以内	二分	一个月以内	二分五
	六个月以内	一分六	四个月以内	二分一	二个月以内	二分六
	九个月以内	一分八	六个月以内	二分五	三个月以内	二分八
	十二个月以内	二分	八个月以内	二分五	四个月以内	三分
备注	最多不超过一年		最多不超过八个月(水利放款在内)		最多不超过四个月	

① 李成龙:《抗战时期朱理治金融思想与实践研究》,重庆工商大学硕士学位论文,2018年。
② 河北省涉县档案馆藏:《冀南银行邢台市行:上半年营业方针与做法邢台市金银情况的报告等》,档号:9。

由表 3.9 可见,在农业、手工业和商业三种放款利率中,农业贷款利率最低,其侧重农贷之意明显。

据不完全统计,1939 年至 1945 年,冀南银行放款总额中,农业贷款占据首位,为 20054 万元冀南币,其中农贷占 38.9%。同时,山东北海银行放款总额为 29049 万元北海币,其中,农业贷款占 62.5%,晋察冀边区银行 1942—1945 年放款总额为 140 亿元边币,其中,晋察冀边区银行放款总额中农贷占 34.9%。[①] 1944 年晋察冀边区发放牲畜贷款 2000 万元,实物贷款 18000 石粮食,并发动群众资金互助,补充牲畜 22000 余头,[②]晋绥办区农贷 1300 万元,其中,兴县等 5 个县因水利贷款增加水地 11000 坰,增产粮食 5000 多石。[③] 农业贷款发放后,大大地促进了农业生产的发展。

二、金融措施

货币是作为价值尺度并因而以自身或通过代表作为流通手段来执行职能的商品。[④] 货币的本质是一种商品,数量不多的货币只是财产的符号,巨额的货币便形成一种巨大力量,称为货币力量,即生出货币的货币(money which begets money)[⑤],这种货币转化为资本。银行是货币转为资本的重要媒介,银行是商品货币关系高度发展的结果,银行是随着信用和货币流通结合发展的产物,商品生产和流通需要信用、货币流通作支撑。列宁认为银行是现代经济生活的中心,是全部资本主义国民经济体系的神经中枢[⑥]。因此,抗战时期中共领导下的各抗日根据地先后建立边区银行,发行边币,开展各种银行业务,

---

① 桑润生:《简明近代金融史》,上海:立信会计出版社 1995 年版,第 228—229 页。
② 《毛泽东选集》,东北书店 1948 年哈尔滨版,第 773 页。
③ 桑润生:《简明近代金融史》,上海:立信会计出版社 1995 年版,第 229 页。
④ 《资本论》第 1 卷,北京:人民出版社 1975 年版,第 149 页。
⑤ 《资本论》第 1 卷,北京:人民出版社 1975 年版,第 177 页。
⑥ 中共中央马克思恩格斯列宁斯大林著作编译局编译:《列宁选集》第 3 卷,北京:人民出版社 1972 年版,第 136 页。

创建边区金融网络,为根据地的经济建设和抗战胜利奠定重要基础。

（一）建立抗日根据地金融网络

日寇对华采取建立伪银行、发行伪币、破坏金融、掠夺物资等经济侵略手段以图榨取中国资源,达到"以华制华、以战养战"的战略目标,因此,日本对华经济侵略的本质,是抗日根据地制定一切财政经济政策的重要依据。一方面,要使政策的实行能够适应当前中国抗战建国的目的;另一方面,要使政策的实施适应粉碎敌人经济侵略的政策,树立长期抗战的经济基础。在这样的环境下,制定科学的货币金融政策,既要尊重客观的经济规律,又要考虑敌后抗日根据地的具体经济环境。

1941年5月10日,作为陕甘宁边区政府财政经济部部长的李富春在《对抗日根据地财政经济政策的意见》中指出:"要实行经济的反封锁,实行对外贸易的统一与对内贸易自由的原则,以便抵制敌人的倾销与封锁;实行新的货币金融政策,保护法币,抵制伪钞,以便同敌人作货币斗争。[1] 1943年7月,邓小平在《太行区的经济建设》一文中写道:"我们的货币政策,也是发展生产和对敌斗争的重要武器。货币政策的原则,是打击伪钞保护法币。我们鉴于敌人大发伪钞,掌握法币,大量掠夺人民物资的危险,所以发行了冀南钞票,作为本战略区的地方本币。"[2]

马克思说:"信用制度和银行制度把社会上一切可用的,甚至可能的,尚未积极发挥作用的资本交给产业资本家和商业资本家支配,以致这个资本的贷放者和使用者,都不是这个资本的所有者或生产者。因此,信用制度和银行制度扬弃了资本的私人性质,使它具有一种公共的、社会的属性。"[3]银行是经济阵线中的主力军。银行是抗日经济阵线中最有力的机构,它是经济阵线的

---

[1] 《共产党人》第18期,1941年5月。
[2] 《邓小平文选》第一卷,北京:人民出版社1994年版,第85页。
[3] 《资本论》第3卷,北京:人民出版社1975年版,第686页。

中心一环。只有它的巩固与它领导下的各个经济斗争取得胜利，军事上的抗战方能得到胜利，抗日根据地才能巩固。

1937 年 10 月 1 日，陕甘宁边区银行建立。1939 年 3 月，国民政府财政部召开地方金融会议，为了抵制敌伪套取外汇，决议由战区各省银行发行地方钞票。1940 年初开始，国民党调整对中共政策，停发八路军的军饷，加紧对边区经济封锁。陕甘宁边区政府于 1941 年 1 月 30 日决定"停止法币行使、推行边币政策"。1941 年以前，陕甘宁边区一直以法币为本位货币，同年 12 月 1 日，陕甘宁边区政府规定边币为边区内唯一行使货币。陕甘宁边区银行是作为边区政府的金融机关，是边区政府组织机构的组成部分，承担着国家银行的功能。马克思说："信用制度的枢纽，是货币流通和信贷资金运动的调节者。"[①] 1937 年陕甘宁边区银行成立后，谢觉哉说："我们的银行是新民主主义的国家银行，它的任务是流通金融，发展经济……所以银行的主要任务是发展国民经济。"[②]

除陕甘宁边区建立边区银行之外，在坚持抗日民族统一战线独立自主的方针指导下，其他各个抗日根据地为了发展经济，支持战争，分别在西北、华北、华中等根据地建立银行或其他金融机构，发展各自的金融事业。分别创建了晋察冀边区银行、冀南银行、鲁西银行、西北农民银行、北海银行及华中等抗日根据地银行，分别发行了区域本位币及地方币等货币，对发展经济、建设金融和保障抗战胜利起到了重要作用。

各个根据地货币在形制上主要是纸币，也有少数布币和金属货币，据现有资料统计，约有 145 种名称、25 种面额，而版别则多达 636 种。

---

① 中共中央马克思恩格斯列宁斯大林著作编译局编译：《马克思恩格斯全集》第 44 卷，北京：人民出版社 2001 年版，第 865 页。

② 谢觉哉在三十八次边区政府委员会上的发言，《陕甘宁边区政府委员会议记录》，中国财政科学研究院：《抗日战争时期陕甘宁边区财政经济史料摘编·第五编·金融》，武汉：长江文艺出版社 2016 年版，第 3 页。

表 3.10　边区和抗日根据地主要货币概况表（1937—1945 年）①

发行时间	地区	发行的银行名称	货币名称	附注
1938 年 3 月起	晋察冀解放区	晋察冀边区银行	边区银行券	简称边币
1939 年 8 月起	山东解放区	北海银行	北海银行券商	简称北海币
1939 年 10 月 15 日	晋冀鲁豫解放区	冀南银行	冀南银行券	简 称 冀 南币、冀钞
1940 年	晋绥解放区	西北农民银行	西北农民银行券	简称西农币
1940 年 3 月—1945 年 11 月	鲁西抗日根据地	鲁西银行	临时流通券、本票	简称鲁钞
1938 年 1941 年 1 月 28 日	陕甘宁边区 同上	延安光华商店 陕甘宁边区银行	代价券 陕甘宁边区 银行券	简称边币
1944 年 7 月	陕甘宁边区	边区贸易公司	商业流通券	本区本位币
1941 年冬	琼崖解放区	琼崖东北区抗日 根据地民主政府	光银代月券	
1940 年 11 月—1948 年 1 月	淮北根据地	淮北地方银行（号）	淮北地方银号币	简称淮北币
1941 年春—1945 年 8 月	淮南根据地	淮南银行	淮南银行币	简称淮南币
1941 年春—1945 年 8 月	皖中根据地	大江银行	大江银行币	简称大江币
1941 年春—1945 年 8 月	苏中（江淮）根据地	江淮银行	江淮银行币	简称江淮币
1941 年 6 月—1943 年 8 月	淮海根据地	淮海地方银行	淮海地方银行币	简称淮海币
1942—1945 年 8 月	苏北根据地	盐阜银行	盐阜银行币	简称盐阜币

---

① 千家驹、郭彦岗：《中国货币史纲要》，上海：上海人民出版社 1986 年版，第 235 页。

续表

发行时间	地区	发行的银行名称	货币名称	附注
1945 年 6 月—1945 年 8 月	苏南根据地	江南银行	江南银行币	简称江南币
1945 年 4 月—1945 年 10 月	浙东根据地	浙东行政公署	抗币、金库券	
同上	同上	浙东银行	纸币	
同上	同上	浙东敌后临时行政委员会	金库兑换券	10 元、1 元
同上	同上	长兴县、慈溪观城区等	流通券多种	
1941—1944 年	大别山根据地	豫鄂边区建设银行	建设银行币	

　　边区和各个抗日根据地发行的地方货币(包括本票等)初步计算,至少在500种以上,说明抗日根据地货币在货币发行的数量和质量方面都比较成熟,在各个抗日根据地的货币市场流通得比较顺利,在支持抗日战争和保障根据地经济建设方面起了重要的积极作用。

　　各个抗日根据地先后建立的银行构成了根据地的金融网络,这个金融网络是中共领导的抗日根据地推进边区存放款业务、税务工作和建立金融市场的重要载体,是积极有效地开展治理敌伪伪造货币的重要组织要件。

　　各边区银行自建立以来,为支持抗战和发展生产及其商业流通等分别发行的一定数量的货币,据统计,陕甘宁边区银行自 1938 年 6 月到 1941 年 2 月11 日,是以光华商店名义发行延安光华商店代价券累计发行额为 434.9 万元,1942 年全年货币发行额为 9108 万元,1943 年全年累计货币发行量达到174909 万元,1944 年到 6 月底,货币发行额累计达到 342321 万元。1944 年 7月 1 日正式发行陕甘宁边区贸易公司商业流通券,1944 年 7 月到 1945 年 8月,货币发行额为 56097 万元。晋察冀边区币的发行量,由于战争环境和人口、土地面积增加,以及根据经济发展等情况,是逐年增加的。据统计,1938

年为 410 万元,1939 年为 1626 万元,1940 年为 3428 万元,1941 年为 3464 万元,1942 年为 5045 万元,1943 年为 9530 万元,1944 年为 163304 万元,1945 年为 620369 万元。1938 年至 1945 年累计发行 807176 万元,1945 年比 1938 年增加了 1513 倍,而物价增长了 546 倍,人口增加了 6 倍多。①

冀钞自 1939 年 10 月到 1948 年 6 月底共发行本币 47 种,本票 9 种,计金额 20127281403058 元。鲁钞从 1940 年 3 月到 1945 年底共发行本币 31 种,定期流通券 5 种,计金额 244072446326 元。冀鲁钞发行共计本币 78 种,流通法本票 14 种,总额 20371353849384 元。历年来经过整理 5 次,计鲁钞 36 种,绝大部分已收回。冀钞 20 元以下票版 22 种亦大体上收回,收回总额为 63041685890 元。截至 1948 年 6 月流通市场的主要为冀钞 25 元以上的 25 种,总额为 19740936990480 元。②

北海币在胶东开始发行时,票券面额较小,只有壹角、贰角、伍角、壹圆 4 种,发行量也很少,1939 年全年发行额不过 32.4 万元。1940 年至 1942 年,先后在清河、冀鲁边、鲁中、鲁南、滨海发行流通,发行量迅速增长,如以 1941 年北海币发行量为基数,1942 年比 1941 年增加了 216%,1943 年比 1942 年增加了 67%,1944 年比 1943 年增加了 385%,1945 年比 1944 年增加了 300%。1939 年发行额为 32.4 万元,到 1945 年发行额为 208892.7 万元。③

各根据地在组织货币发行和流通中都坚持了统一战线中独立自主方针,实施适合当地情况的金融措施。基于理论与现实考量,各边区银行,利用银行功能来调节经济生产与生活,发挥发展公私经济、支持财政预算、发行并调节货币等货币金融的职能,客观上起到支持抗战和建国目标的重要作用。

---

① 姜宏业:《中国金融通史》第 5 卷,北京:中国金融出版社 2008 年版,第 161—166 页。
② 中国人民银行河北省分行:《冀南银行》(全二册·1·2),石家庄:河北人民出版社 1989 年版,第 163 页。
③ 姜宏业:《中国金融通史》第 5 卷,北京:中国金融出版社 2008 年版,第 173—178 页。

（二）边币的发行①

1.区域本位币

随着抗日根据地的不断扩大和巩固，抗日根据地货币不断集中统一，当地政权机构以法令、法规形式规定某一主要货币为本地区的本位货币，作为当地的统一价值标准，一切交易、完粮纳税、债权债务等的计价、记账、凭证、契约均以此币为单位，并以此币收兑当地其他小币种，统一当地市场货币流通。1941 年 2 月陕甘宁边区政府颁发《关于发行边币的训令》规定边钞成为唯一的边区通货本位。1940 年 11 月冀太联办颁布《保护与兑换法币办法》规定"凡本区一切交易，一律以冀南票（冀钞）为本位币"。② 这种只适用于本地区范围之内，不允许其他币种在当地流通，当地的本位币也不得流出本根据地之外，有别于全国通行的本位币，所以我们将它称为区域本位币。这些区域本位币有陕甘宁边币、陕甘宁商业流通券、晋绥西北农民银行币、晋察冀边币、冀南币、鲁西币、北海币以及华中地区的江淮币、淮海币、盐阜币、淮南币、淮北币、豫鄂边建设银行币、浙东币等。在整个抗日战争时期，各大抗日根据地共发行了区域本位币 53 种，其中地名券 27 种，这些地区一度流通的地方性货币有 199 种，两类货币合计 252 种。③ 区域本位币为各战略区唯一法定通货，有利于当地的经济发展和支援战争。

各根据地货币兼具有信用货币和区域本位币的属性。信用货币是指与金属货币切断联系，不可兑现的由政府法定的流通的纸币或布币。土地革命时期农村根据地的纸币或布币都属于兑换券性质。到了抗日战争时期，抗日根

---

① 注：边币：边币是抗日战争时期陕甘宁边区银行发行的货币的简称。晋察冀边区银行、鄂豫边区建设银行等发行的货币，亦称边币。抗币："抗币"也叫"边票"、"边币"，是指在抗日战争时期，中国共产党领导的各抗日根据地所发行的货币。可见，边币与抗币均指抗战时期各个抗日根据地发行的货币，是故，本书约定俗成地统称为边币。当然，也有诸如晋冀鲁豫边区银行发行的冀南币（票）、山东抗日根据地的北海银行发行的北海币、晋绥抗日根据地的西北农民银行发行的西农币等习惯性名称。

② 张转芳：《晋冀鲁豫边区货币史》（上册），北京：中国金融出版社 1996 年版，第 94 页。

③ 许树信：《中国革命根据地货币史纲》，北京：中国金融出版社 2008 年版，第 50 页。

据地的纸币已不再是可兑现的兑换券的货币了,从性质上来说属于信用货币,主要是纸币,而成为与金属货币脱离联系,以大量商品物资、外汇和金银储备基金为基础,由各根据地政府立法推行的信用货币,只不过有的纸币面额还保留了某些金属币的痕迹。由抗日民主政权提供保证,并由其领导下的银行或金融机构负责印制、发行和组织流通。因为国民政府实行的币制改革,在全国推行不兑现的法币政策,白银收归国有,银圆退出流通。沦陷区日伪政权强制推行的中储券、联银券属于既无准备金又不兑现的纸币。因此,基于前述抗日战争特殊时代背景下,抗日根据地也只能发行不兑现的信用货币制度。

各抗日根据地发行的边币从货币性质上来说属于纸币本位制,是以国家或政府(地区当局)发行的纸币作为本位货币的一种货币制度。其主要特点是纸币不与金银挂钩,也不与金银兑换,纸币作为主币流通,具有无限法偿能力。纸币的发行是通过信贷投入出去的,所以属于信用货币性质。纸币的发行量由国家或政府(地区当局)根据社会经济发展需要来决定,政府(地区当局)对货币必须实行严格的管理和控制,所以纸币本位制又具有管理的通货制度。[①] 与此同时,法币采取与英镑和美元汇兑作为基础的货币改革,也是一种管理本位,即有管理的不兑现纸币本位。[②] 边币实行不兑现纸币本位制也是适应客观形势的一种适时表达。

2.边币的发行

准备金是指按照一定存款比例存放在国家银行的存款或资金,它通常由黄金或重要物资充当,是一种货币政策工具,法定准备金制度是国家调节经济的重要手段。发行货币储备准备金是保障货币币值稳定和货币信用安全的重要前提。1938 年 8 月 17 日,毛泽东对关于货币发行政策的基本原则特别强调:"边区的纸币应有准备金,第一货物,特别是工业品,第二伪币,第三法币"[③]。他

---

① 戴相龙、黄达:《中华金融词库》,北京:中国金融出版社 1998 年版,第 55 页。
② 杨培新:《旧中国的通货膨胀》,北京:人民出版社 1985 年版,第 20 页。
③ 河北省金融研究所:《晋察冀边区银行》,北京:中国金融出版社 1988 年版,第 44 页。

又在《边区的货币政策》中进一步阐述："边区的纸币数目,不应超过边区市场上的需要数量;边区的纸币应该有准备金;边区应该有适当的对外贸易政策,以作货币政策之后盾;边区纸币应维持不低于伪币之比价。"①邓小平也强调:"为了保障本币的信用,我们限制了发行额,大批地贷给人民和投入生产事业,取得了人民的热烈拥护,本币的信用是很巩固的。"②陕甘宁边区第一任行长曹菊如认为充足的现金和物资储备是货币发行的基本原则,也是保证货币币值稳定的重要前提。王亚南认为,"货币的统一发行,是政府抗战期间赖以动员全国人力、财力,争取最后胜利的主要手段"。③ 这说明毛泽东等中共领导人充分意识到货币的发行要有准备金,发行准备金是保证边币币值的重要措施。

中共中央书记处对山东分局财政工作作指示时强调:"山东抗日根据地各区银行所发行货币的准备金,要以黄银资本以本地向外出售为好,并可以一部分为银行准备金,如本地实难售,可将一部分送中央"。④ 各个抗日根据地银行都持有自己的发行准备金,如晋察冀边区银行的发行准备金中,70%为外汇(法币和日伪币),30%为物资商品,不是无限制发行的军用票,也不是无准备金的纯纸币。⑤ 冀南银行发行准备金中强调"实物准备——保证充足的准备金,储藏现金现银以及其他实物"⑥。晋察冀抗日根据地货币的发行则是以粮食、棉花和法币作保证基金。⑦

通常情况下,一定时期内流通的货币量取决于市场上商品供应量。同一

---

① 《毛泽东文集》第二卷,北京:人民出版社 1991 年版,第 137 页。

② 《邓小平文选》第一卷,北京:人民出版社 1994 年版,第 85 页。

③ 《新建设》第 4 卷第 7 期。

④ 中央档案馆:《中共中央文件选集》第 12 册,北京:中共中央党校出版社 1991 年版,第384 页。

⑤ 河北省金融研究所编:《晋察冀边区银行》,北京:中国金融出版社 1998 年版,第 39 页。

⑥ 中国人民银行河北省分行:《冀南银行》(全二册·1·2),石家庄:河北人民出版社 1989年版,第 90 页。

⑦ 魏宏运:《晋察冀抗日根据地财政经济史稿》,北京:档案出版社 1990 年版,第 71 页。

种货币在一定时间内的流通次数可以用来计算货币流通的速度:商品价格总额/同名货币的流通次数=执行流通手段职能的货币量,也就是说,商品价格总额与同名货币的流通次数之比决定执行流通手段职能的货币量。[①] 因此,边币发行的质量与数量是发行边币需要极为重视的问题。

边区物价上涨率与边币增发量之间存在着明显的线性关系。一个经济体中的货币需求量(M)等于总产值除以货币流通速度(V)的,而总产值是物价水平(P)乘以总产量(Y),这个等式可以表示为:$M \times V = P \times Y$。因为货币的流通速度(V)通常情况下变动并不大,在总产出(Y)不变的情况下,货币需求量(M)与物价水平(P)为正比例关系……[②]。李富春认为,边区的物价与边币的发行有密切关系,是因为一度边币的发行量超过了流通需求。[③] 朱理治从三个方面强调边币发行的原则:一是边币价值取决于商品量与货币量的多少,二是决定于出入口的多少,三是决定于流通范围的大小。[④] 曹菊如指出,边币发行量要与市场容纳量相结合。[⑤] 中共把科学的金融思想和边区具体的经济情况相结合制定正确的货币政策、采取合理的金融措施,既为抗日根据地成功治理伪造货币和打赢这场货币保卫战获得有利条件,又为抗日根据地经济建设和抗战胜利奠定重要基础。

(三)稳定金融

银行的纸币是打击敌伪经济侵略有力的武器。为了粉碎敌寇的经济侵

[①] 《资本论》第 1 卷,北京:人民出版社 1975 年版,第 139 页。

[②] 《解放日报》1942 年 5 月 28 日。转引自李成龙:《抗战时期朱理治金融思想与实践研究》,重庆工商大学硕士学位论文,2018 年。

[③] 中央书记处调查材料:《关于边区财政经济问题的意见》,中国财政科学研究院:《抗日战争时期陕甘宁边区财政经济史料摘编·第五编·金融》,武汉:长江文艺出版社 2016 年版,第 135 页。

[④] 朱理治小丛书编辑组编:《朱理治回忆录:往事回忆》,北京:中共党史出版社 2017 年版,第 69—70 页。

[⑤] 曹菊如:《曹菊如文稿》,北京:中国金融出版社 1983 年版,第 55 页。

略,只有具备了边币这个斗争的武器,才能粉碎它的侵略企图。从客观上说,边币对内能起到促进生产、发展贸易、繁荣农村、稳定市场等作用;对外是打击敌伪钞、保护法币、安定金融、粉碎敌伪经济封锁的有力武器。要使边币成为经济战线上真正锋利的武器,遵照货币规律去组织发行和流通是关键,稳定金融是目标。

质量与数量则天然是一个二元对立的命题。为了解决军费及财政赤字,增加边币数量则是一个重要渠道,这是在特殊战争年代和解决敌伪经济封锁和灾荒财政困境的无二选择;但是边币数量增长过快,引发物价上涨,货币贬值,则为必然后果,货币的数量和货币的币值与市场供应的商品量有其特定比例关系:商品数量增加、边币发行量减少,边币币值上升,物价降低;边币发行量增加,商品数量减少,边币币值贬值,物价上涨。朱理治指出:"边币跌价的基本原因在于边币数量和商品数量的矛盾,就是说,边区内商品数量少了,而货币数量相对多了些。"①

在抗日战争的特定历史背景下,抗日根据地发行货币的使命也不由自主地会印上时代的烙印,战时各边区银行发行的货币除承担基本货币职能之外,更需要完成战时状态的特别任务:"(1)边区应有比较稳定的货币,以备同日寇作持久的斗争。……(5)边区军事浩大,财政货币政策应着眼于将来军费之来源。"②冀南银行货币发行的四个根据是:(1)应该根据农村城市信用事业的发展情况。(2)根据发展边区生产建设的需要。(3)根据占领市场便利与法币作斗争的需要。(4)为补助财政不足,减轻人民过量的负担,这一种需要有一定限度,不能在整个财政支出中占的比例过大。为此,边币的发行质量与数量呈现二元对立的状态,要支持抗战中的大量军费必然会使边币一定程度上被动赋予财政性质。

当时的财政来源极为贫乏且没有保障,所以货币发行一开始发行就不可

---

① 朱理治:《边币的根本问题》,《解放日报》1942 年 5 月 28—29 日。

② 河北省金融研究所:《晋察冀边区银行》,北京:中国金融出版社 1988 年版,第 44 页。

避免地呈现出财政透支的特点。陕甘宁边区银行到1942年底,一共发行边币11100万元。比之1940年底的311万元,足足增加了35倍多。[①] 据冀南银行统计,从1940年到1948年4月,8年共发行货币1705亿元,用于财政透支的是883亿元,占发行总数的51.78%,用手中贸易贷款的822亿元,占发行总数的48.22%。可见1940年财政透支占发行总额的81.1%,生产贸易贷款占发行总额的18.9%,1943年财政透支占发行总数的25.16%,生产贸易贷款占发行总数的74.84%。[②] 在特殊的战争环境下,财政赤字的出现是常有的现象,为了支持抗战的胜利,财政上完全不向银行透支,生产上完全不依靠财政贷款,几乎不可能。可以说,货币发行量增加,物价上涨,货币币值下降,也在情理之中。货币发行量与物价指数关联紧密,货币发行数量在很大程度决定于生产,当然货币的推行与战争及政治经济形势关系密切。

晋冀鲁豫边区在整个抗战期间物价涨幅和冀南币币值是较为稳定的,除1943年因为灾荒和政治原因,发生过严重的物价飞涨,其余年份物价指数较为平稳,物价上涨指数一般慢于货币发行增长指数。如1942年冀南币发行增长指数是1940年的4.3倍多,而同期物价增长指数则只上涨2.8倍,在一定程度上说明冀南币货币信用度较高,货币安全系数较好。在整个抗战期间,冀南币被用来作为支付手段最为根据地民众所接受。

由于敌寇更加残酷的"扫荡"、封锁与掠夺,以及物价不断的高涨,敌后的经济困难必然会随着增加。在敌后发行纸币主要应作为对敌伪货币斗争手段,而不可作为解决自己财政经济困难的方法,否则不但不可靠,而且隐藏着大的危险性。[③] 在战争环境下,财政性发行是根据地货币发行的主要方面,并且往往高于经济性发行。一方面,为了支持战争和维持根据地工作运转,财政

① 朱理治金融论稿编纂委员会、陕甘宁边区银行纪念馆编:《朱理治金融论稿》,北京:中国财政经济出版社1993年版,第104页。
② 戎子和:《晋冀鲁豫边区财政简史》,北京:中国财政经济出版社1987年版,第47页。
③ 中共中央文献研究室、中央档案馆:《建党以来重要文献选编》第20册,北京:中央文献出版社2011年版,第213页。

性发行是必需的,而且具有一定的刚性;另一方面,财政性发行又不能过高,否则就会引起恶性通货膨胀,使物价上涨。

边区因生产停滞,商业萧条,边区市场就容纳不了更多的货币。所以边币发行数量,以不超过边区市场上的需求量为基本原则。客观上,银行是活跃工商业、增加生产、繁荣农村、改善民生的重要机构,发行货币也是解决财政问题和改善民众生活的重要手段。但是边币的发行质量与数量却关系着真正作用的发挥。中共在领导银行机构发行边币时,充分考虑诸多因素、遵守货币的本质规律,维护和提高边币信用。发行边币时将边区人口和改善边区民生作为重要参照系数,这是调控边区物价和调节边区经济的有效措施。1940 年 5 月 5 日,中共中央书记处在对山东分局财政工作做指示:"各区银行所发行纸币额,需按各地每年度可能流通额为准,发行的纸币数事实上不能全部作为收入,并须以一部分为改善人民生活用。"①

抗日根据地为了便于控制货币发行量,制定了按照人口比例发行货币的制度。抗日战争时期,1938 年晋东南上党银号开始发行货币时,按全区人口每人 3 元的数量控制货币发行量。1940 年 9 月中共中央北方局代理书记彭德怀在北方局高级干部会议上作报告时提出,"一般的在根据地内流通货币数目不得超过全人口每人 3 元。"②1941 年中共晋察冀分局书记彭真在《关于晋察冀边区党的工作和具体政策报告》中也以人均货币量来考察边区的货币流通状况,他说:"目前边区的流通仍是很不平衡的,有的地区,边币发行额与人口之比为每人平均四五元,有的地区则每人平均在二十元左右。"③根据现有资料,晋察冀边区银行 1938 年到 1947 年人均货币量如表 3.11 所示。

---

① 中央档案馆:《中共中央文件选集》第 12 册,北京:中共中央党校出版社 1991 年版,第 384 页。

② 中国人民银行金融研究所、财政部财政科学研究所:《中国革命根据地货币》(下册),北京:文物出版社 1982 年版,第 48 页。

③ 中国人民银行金融研究所、财政部财政科学研究所:《中国革命根据地货币》(下册),北京:文物出版社 1982 年版,第 40 页。

抗日根据地对伪造货币的治理及其历史经验研究

表 3.11　晋察冀边区银行人均货币量统计表(1938—1947 年)①

年份	本年发行额（万元）	累计发行额（万元）	发行指数	边区人口（万人）	人均货币金额（元）	人均使用货币指数
1938	410	410	100	250	1.64	1.00
1939	1626	2036	496	530	3.84	2.40
1940	3428	5464	1332	700	7.80	4.75
1941	3464	8928	2177	700	12.75	7.77
1942	5045	13973	3408	560	24.95	15.21
1943	9530	23503	5732	400	58.76	35.82
1944	163304	186807	45563	600	311.35	189.84
1945	620396	807203	196878	1500	538.14	328.13
1946	9917699	10724902	2615830	1500	7149.93	4319.75
1947	29785032	40509934	9880472	1500	36973.80	22544.51

1940 年,陕甘宁边区在边币发行之前半年内开始对边区各个县的人口进行统计,这为边币的发行提供了重要指标体系。

表 3.12　1940 年陕甘宁边区各县人口统计表②

县名	男	女	合计	说明	备考
延川县	29632	27902	57534	此表系按照1938、1939 年的统计数目,与现在边区实际人数恐有出入。故只能供参考之用。	
神府县	19639	17079	36718		
靖边县	22661	21226	43887		
志丹县	28520	14998	43518		
安塞县	19724	17776	37500		
定边县	18523	16852	35375		

① 河北省金融研究所:《晋察冀边区银行》,北京:中国金融出版社 1998 年版,第 41 页。
② 中国人民银行河北省分行:《冀南银行》(全二册·1·2),石家庄:河北人民出版社 1989 年版,第 161 页。注:此表 1940 年 7 月 1 日制定。

142

续表

县名	男	女	合计	说明	备考
曲子县	16752	15253	32005		
延长县	12912	12485	25307		
环县	12952	15544	28496		
华池县	14273	13489	27762		
安定县			53607		
新正县	19877	14963	34840		
延安县	18272	15135	33407		
赤水县	12412	10257	22669		
固临县	10522	8532	19054		
淳耀县	9828	7196	17024		
新宁县	7808	6355	14163		
甘泉县	6175	4588	10763		
盐池县	6045	5242	11287		
富　县			4796		
延安市	3010	2216	5226		
合水县			38000		
庆阳县			50000		
镇原县			30000		
绥德县			150000		
清涧县			130000		
吴堡县			30000		

冀南银行发行冀南币是以发行总额与人口总数相比较的计算办法:把某一年度货币发行总额用当时总人口数来除,求得每人平均有货币多少元。求出每人有货币若干元之后,就以当时的人口,物价生活水平,交易周转过程与周转速度,货币信用等作为一个标准,假如这些标准中有的发生了变化,发行也就应该变化;假如其他标准未变,物价涨了就应多发行,物价跌了就应紧缩回一部分货币,其余类推。[1] 林伯渠提出:"边区金融的重大变动,今后为着平抑物价、稳定金融……保障部队物资供给和改善人民生活的中心一环,是发展

---

[1]　中国人民银行河北省分行:《冀南银行》(全二册·1·2),石家庄;河北人民出版社1989年版,第161页。

生产、繁荣贸易、大量运盐与稳定金融。"①

边币是强制使用的地方法币,是边区独占流通界的法定货币。法币和硬币(及信用纸币)的流通,本是受着不同法则所支配的。但是,在战时的晋察冀边区,边币发行的法则,却有着部分特殊的新因素:第一,它的发行额,基本上仍然是受着流通领域商品价格总额的制约;第二,因为边区没有外汇基金,与敌占区的贸易,在政治上又是断绝的或者非法的,所以实质上形成"以物易物"。因此,对外贸易的差额,就严重地影响到边币的币值;第三,从理论上处理法币时,不得不把它当做纯流通手段来对待,就是在资本主义社会中,实际上也是如此,或差不多是如此。

在当时的边区却必须考虑边区的农村,有相当数量的富人有着封建社会地主和富人的储藏货币的习惯,加上连年战争,富人储藏货币成风。鉴于此,在边币信用得到巩固时,一些富者把法币抛售出来,而且愿意把边币储藏起来,这个因素也是增加边币发行量的原因。

根据这种特殊情况和因素,边币发行额是以当时边区的经济状况,人民生活水平确定的。按人口平均每人一元五角为最高额,以 1938 年底全边区 1200 万人计,边币发行的最高额则是 1800 万元。随着边区的不断扩大,边币发行额逐渐增加。见 1938—1942 年边币发行指数表:

表 3.13　1938—1942 年边币发行指数表②

1938 年	1939 年	1940 年	1941 年	1942 年
100	396.34	835.75	844.53	1229.95

---

① 林伯渠第二次参议会上的报告,《陕甘宁边区三年来的工作概况》,林伯渠文集编写组:《林伯渠文集》,北京:华艺出版社 1996 年版,第 269 页。
② 宋劭文:《边区行政委员会工作报告》,1943 年,魏宏运:《晋察冀边区财政经济史资料选编》(总论编),天津:南开大学出版社 1984 年版,第 526 页。

表 3.14　全面抗战开始后陕甘宁边区获得的外援及其占总收入的百分比①

(单位:元)

时间	1938 年	1939 年	1940 年	1941 年	1942 年
百分比(%)	100	396.34	835.75	844.53	1229.95

从五年的边币发行指数来看,边币的发行量每年不断呈增加趋势。初期发行额很小,作为信用纸币,在货币与商品发生关系时,让人们了解它接受它,产生信用,是非常重要的。这个发行趋势说明边币不断取得信任,边币取得良好信用,在发展边区生产和支持抗战方面起了重要作用。

金融问题不是一个孤立的问题,如果不注重金融与发展生产、保障供给等联系起来,势必不能真正解决金融货币问题。毛泽东认为边区问题基本上不是金融问题,而是经济与财政的矛盾。只有发展生产,才能解决这对矛盾。自己动手,增加生产,依靠发行,发展生产,这是战争环境下边区新民主主义经济的特点,也是边区发行边币的根本目的。因此,要反对两种倾向,一是害怕发行边币,限制和束缚生产发展的倾向;二是反对无限制地发行导致恶性通货膨胀的做法,使得边币过多地赋予财政性格。因此,边区金融的根本问题是财政与贸易的问题,而财政与贸易的问题的实质是生产问题,只有发展生产才能从根本解决金融问题,通过发展生产增加商品数量才是关键。②

解决经济生产力与财政消费力的矛盾,是解开边币沉重的财政枷锁的前提,所以,只有增加商品、产品供应量,通过发展生产,增加产品数量,保障供给,才能从根本上解决边币发行数量问题,在边币发行数量上,"少到不妨碍生产,多到不通货膨胀"。③ 这符合陕甘宁边区银行的基本方针:一方面边区银行支持生产,多发放农业生产贷款和工业生产性贷款,促进生产的发展,提

---

① 陕甘宁边区财政经济史编写组、陕西省档案馆:《抗日战争时期陕甘宁边区财政经济史料摘编·第六编·财政》,西安:陕西人民出版社 1981 年版,第 13、427 页。

② 李成龙:《抗战时期朱理治金融思想与实践研究》,重庆工商大学硕士学位论文,2018 年。

③ 朱理治:《朱理治回忆录:往事回忆》,北京:中共党史出版社 2017 年版,第 67 页。

高各根据地经济的真正发展；另一方面，要尽量维护边币、抗币的信用，减少货币的发行，少到使之不要发生通货膨胀，我们的货币政策要在这两个方面实行对立统一。把握边币的发行速度和发行数量，努力处理好稳定金融和货币市场与发展生产和商品贸易的关系。减少财政性发行，避免大量货币集中在短时期内发行，使边币发行与市场商品流通对货币流通的要求相适应。

各个抗日根据地都建立了法定的区域本位币制度，规范了货币流通管理。在货币发行上，普遍建立了货币发行基金，严格了对货币发行量的控制，加强了对市场物价的监测研究和对外汇汇价的掌握。建立了票券发行管理制度和代理财政金库制度，掌握货币投放与回笼规律，适时采取相应措施。开展了本币与其他根据地货币的兑换和汇兑，协调相互之间的货币贸易关系。

中国共产党领导的各个抗日根据地有效运用发行边币增加农业、工商业等投资，发展大生产运动，整合利用各种劳动资源，有效提升劳动量，大大提高生产率，增加产品商品供应量，有效解决经济增长，成功践行投资量、劳动量和生产率这个决定经济增长"三驾马车"的经济理论，充分体现中国共产党的财政理论和金融理念的先进性和科学性。

第四章　抗日根据地对伪造货币的 治理对策（二）

　　郁嶷先生在《法律评论》杂志中撰文指出："法律与政治、相为表里者也，表正影直，实大声宏，其相需之殷，相关之切，如鸟为之两翼，车之双轮，互资为用，不可偏废。承学神也，无骨骼、精神固罔所附丽，而精云梏亡，形骸徒存，则槁木死灰，生意索然矣。然政之行也，必以法律为依据，否则，泛驾之马，驰骋荒墟，安有归宿。盖政为船而法为舵，偶因波涛，违厥指示，终必承命，方免危难。训政开始，提倡法治，实为急务。"①法律与政治之互为表里、相辅相成，犹如鸟为之两翼，车之双轮，充分呈现法律与行政的亲密血缘。因此，一方面，从法律规程上构建利于货币发行与流通的司法环境；另一方面，采取将货币斗争与贸易管理相结合等多渠道、多功能的行政手段，是维护边币信用和金融稳定的得力撒手锏。

　　如果把抗日根据地的货币比作一辆行驶的汽车，有利于货币发行和流通的财经金融制度是高速公路，保障货币有效流通和信用安全的金融司法建设是制动系统，治理伪造货币和维护金融秩序的行政措施则为油门，彼此相互联系与相互作用的辩证关系，只有相互配合，发挥多功能组合优势，是有效治理

---

　　① 郁嶷：《朝阳法律评论》1938 年第 6 卷第 2 号。

伪造货币的刹车片和制动系统,才能达到抗战胜利和建国的目标。

第一节　抗日根据地治理伪造货币的司法措施

"法律是一种秩序,通过一种特定的技术,为共同体每个成员分配义务从而决定它在共同体的地位"。① 从法律法规层面反向地告诫人们违法行为所应接受的法律惩罚是什么,这种禁止性法律规范是阻止违法犯罪最终和最后的承重点。在抗战时期,为了打击根据地的伪造货币、保障边币信用和维护边区金融稳定,制定了大量财政金融方面的法律条例,加强金融法制建设,为治理伪造货币、制止相关金融犯罪提供了有章可循的依据,既为从严治理伪造货币提供制度保障,又为我们加强司法建设和构建法制体系起到奠基功能。

一、维护货币安全的法令规程

抗战时期,日本的金融侵略策略是其对华侵略的重要手段,通过建立伪银行、发行伪币,伪造对方货币,造成对方货币市场混乱,使得金融不稳定,破坏对方货币体系,以图实现日军"以战养战"的阴谋。货币币值稳定,是物价稳定的重要前提;货币币值不稳定,会造成货币的对内、对外币值不稳,这种不稳表现为涨跌不定,导致金融紊乱和经济乱象,严重阻碍抗战。

特别是在太平洋战争爆发前两三个月,国民党已经更彻底地放弃了对上海法币外汇市场的维持,这次日军占领上海租界以后,英美银行与中、中、交、农银行完全陷入敌方,法币自然就要变为纯粹对内的流通工具和支付工具了。所以,日军今后对于沿长江各市镇特别是上海的游资(法币)的利用,主要只有一个方式,即动员这些游资到大后方特别是敌军后来购买(实际等于半掠夺)物资,即将它统治下的法币变为它统治下的物资(以前还可购买外汇,现

---

① [奥]汉斯·凯尔森著,沈宗灵译:《法与国家的一般理论》,北京:中国大百科全书出版社1996年版,第124页。

在只可购买内地的物资了)。在物资购买过程中,一方面是法币之更被驱逐于大后方和华中敌后各抗日民主根据地,使之成为法币泛滥之海,物价更形狂涨,人民生活更形困难;另一方面伪币即可乘虚侵占法币的原来地位,扩大其地盘。

国民党对于全国法币的不断贬价,将仍是无力制止的,对于日军占领上海租界以后,在华中所要实行的这一货币侵略政策,当更无力顾及和斗争。部分顽固派分子甚至还会高兴法币向华中根据地泛滥,因为它可更猛烈地影响根据地的生存。他们不会从大局上来设想,法币在根据地的不断泛滥与不断贬价,对于整个法币和他们自己也是极大不利的。[①] 针对日伪发动的金融侵略和开展的货币战争,皖南事变后,国民政府实行的反共政策,中国共产党为了保护边币的安全,维护边币的信用,促进边区经济的生产与发展经济,中共边区政府制定了相关金融法规制度。

为了积极贯彻货币方针和金融政策,中国共产党制定相关金融法律规程从制度上强化理论的践行,其金融法令条例主要表现在:一是促进边币的发行和维护边币币值稳定的相关规定;二是与打击伪造货币密切相关法令制度。这些法规条令,一方面,在特定战争年代,提高了边币的信用,维护了边币币值稳定,进一步推进了边币的流通领域扩大,为这一时期边区银行更好地开展银行业务工作和取得货币战争的胜利提供重要的制度基础,为抗战胜利和边区经济建设起了制度上的刚性保障;另一方面,抗战时期,中国共产党从金融制度到金融法律的构建,创建了相对完备的对伪造货币的治理体制,从法理上巩固边币、限制法币、规范汇兑提供硬性保护,这为各边区银行对边币发行权、货币控制权的有效掌控获得制度保证。与此同时,为中共加强经济建设和金融建设提供了制度保障,是中共实现从理论到制度构建的一次重要飞跃。金融是经济的血脉,从历史的延续来说,这为新中国成立后的金融建设提供了有益

---

① 中国社会科学院经济研究所中国现代经济史组:《革命根据地经济史料选编》(中册),南昌:江西人民出版社1986年版,第659—660页。

的启示。

随着抗战国际形势的变化,诸如太平洋战争局势及日本对华侵略策略变化,法币的贬值,中共立即调整金融策略,为巩固地方金融,保障法币不外流资敌,作出各边区停止流通法币的决定。

日伪发行的"伪钞"的使用,支撑其经济危机,对法币采取经济的手段贬低法币价值,借以欺瞒民众,达到骗取法币的目的,排挤旧法币推入根据地,吸收物资,捣乱金融,破坏法币和边币,这说明了敌寇套取外汇是一贯的经济侵略政策。1942 年 7 月,汪伪政府公布停止法币,以伪法币一比二之比,限期兑换,继则以选择法币花样和成色为名,逐一将根据地法币吸收一空,而我们党的对策,初则禁令禁用无效,继附敌骥尾,停用法币(二十九年票),时值秋稻,大量输出伪币大量倾入,法币逐渐绝迹。① 因此,边区银行出台了很多规范性金融法律文件,期望打击敌伪金融侵略图谋和保护边币信用,一系列金融法规出台的背后是边区政府和银行对金融管理工作的日益重视和对稳定金融的思考和尝试。

1. 禁止伪币

七七事变前后,日本通过在华相继建立伪银行、发行伪币,作为侵略中国的重要经济政策。边区对敌伪币斗争的主要任务,是根据战争形势的发展,努力扩大抗币的流通范围,压缩敌伪币流通范围,严禁敌伪币在根据地内流通使用。我们坚持实行科学合理的货币斗争策略,遵守货币斗争基本方针,即:坚决停用法币,建立独立自主的本币制度,借以平抑物价,克服由于法币膨胀所造成的经济危机。

1939 年 8 月,冀南行政主任公署公布禁止伪钞办法规定:(一)凡伪中国联合准备银行票、伪中央银行票、朝鲜银行票、伪满洲银行票,各市场绝对禁止流通,如发现以上等之伪钞一律没收。(二)凡法币及中央政府许可之法定各

---

① 山东省档案馆藏:档号:G001-01-0082-008。

银行钞票,如中央银行、中国银行、交通银行、中国农民银行、中国实业银行、大中银行、浙江兴业银行、中国垦业银行、中南银行、北洋保商银行、晋察冀边区银行等各市场须一律通用。(三)(略)。(四)河北省银行 A 字头十元票 7 个号码之五元票皆伪钞,由政权及税收机关拒绝收受以逐渐杜绝流入。至于存在河北省行的伪钞者,等冀南银行成立后就将该钞存入冀南银行,由该行发给存折,存户得持存折向冀南银行无利贷款。①

1940 年 12 月 10—18 日的《冀南、太行、太岳行政联合办事处有关打击伪钞的各项规定》:(一)政府严禁伪钞流入抗日区,内地绝对禁止伪钞行使。(二)军队与各方面配合扩大我占区,缩小敌占区,增加冀钞流通量,缩小伪钞流通量。(三)对外贸易做到以货代货,内地山货上产品输出,只收冀钞法币,不收伪钞。(四)各群众团体各级政府向群众解释不收伪钞,不使伪钞,如查获有行使伪钞者,以犯法论罪。……(七)俘虏所带之伪钞不加干涉,伪军反过来所带伪钞,则一元换冀钞一元。(八)贸易局税务局军警及各哨必须注意严格检查伪钞混入……②

1941 年 5 月 8 日的《冀太联办颁发本区禁止敌伪钞暂行办法的通令》为各级政府适当处理查获伪钞案件起见,特制定禁止敌伪钞暂行办法。于同月10 日颁发《晋冀豫区禁止敌伪钞暂行办法》:总共十条,对在根据地、游击区及接近敌占区禁止与使用伪钞有具体的办法,其中第十三条凡查获行使与保存之伪钞,伪汇票依法科处罚金由执行之县级以上政权依据收到之罚金额数提奖赏金二成;其无罚金,仅没收伪钞之案件,并得依据没收之数目以二成提奖之,此项奖金之分配办法如下:(一)报告人系民众奖 6/10,查获人得 4/10。(二)报告人系工作人员奖 5/10,其余归查获人。(三)无报告人奖金全部归

---

① 中国人民银行河北省分行编:《冀南银行》(全二册·1),石家庄:河北人民出版社 1989 年版,第 300—301 页。

② 中国人民银行河北省分行编:《冀南银行》(全二册·1),石家庄:河北人民出版社 1989 年版,第 302 页。

查获人。此项奖金,查获人及工作人员之报告人每次所得之最高额,不得超过100元,超过之数归公。① 这对于充分调动广大民众积极性,对于巩固根据地金融,保护冀钞,打击敌伪钞,对敌开展经济斗争,有重要作用。

1942 年 9 月 10 日,晋冀鲁豫边区政府公布之《禁止敌伪钞票暂行办法》:②第一条 为巩固根据地金融保护抗日本币,打击与禁绝敌伪钞票,对敌进行货币斗争,特制定本办法。第二条 一切敌伪发行之钞票,在本区内绝对禁止携带保存与行使,但工人工资收入及从敌占区逃来灾难民、犯人及被俘伪军伪组织人员,所携带之敌伪钞票得向冀南银行分行及委托之代办机关兑换冀钞行使之。第三条 军政民机关因特殊工作(对外贸易之使用另订之),确有携带敌伪钞票;出入境之必要者,须经政府核准,发给证明文件,始得通行。核准权限:军政民工作人员携带伪钞出入境,在 200 元以下者由县政府核准,200 元以上 1000 元以下由专署核准,1000 元以上须经边区政府或行署核准。……第七条 公务人员如有包庇、串通卖方侵吞情事,按贪渎职从严论处,民众按诈财治罪。第八条 敌占区民众行使伪钞不加干涉,接敌区及游击区应按具体情况适当划定界限,界限以外只没收,不再处罚;或以冀钞兑换,而不没收。界限以内仍按第四条规定执行。第九条 前条所指之界限应以行政村为单位,由县府划定经边府批准,再经一定时期之宣传解释后,才得执行,并报告边府备案。其界限应按敌占区工作之开展情形适时变更之。第十条 敌伪商业票据等之处理办法另定之。第十一条 本办法公布后以前禁止敌伪钞暂行办法既作无效。第十二条 本办法经边区临参会驻会委员会同意后由边区政府公布施行之。

1943 年 9 月 21 日,在敌占区征收粮款吸收的伪钞没有按规定交与银行

---

① 中国人民银行河北省分行编:《冀南银行》(全二册·1),石家庄:河北人民出版社 1989 年版,第 304—305 页。

② 中国人民银行河北省分行编:《冀南银行》(全二册·1),石家庄:河北人民出版社 1989 年版,第 315—316 页。

或直接交给工商局这种情事应予纠正,为了集中力量加强对敌货币斗争起见,晋冀鲁豫边区政府作出吸收之伪钞统交银行处理的相关规定:凡向敌占区征收粮款吸收之伪币,应按时价规定一律交冀南银行,不得直接交给工商局或自行处理。如政府向银行取用伪钞时,亦按时价规定,双方均系自愿为原则,谁也不得强制谁。在冀钞与伪钞混合流通之区域,如二专区平、寿等地,征收粮款时,应尽量强调征收冀钞,以扩大冀钞市场打击伪钞。①

2. 禁止法币流通

由于国际形势的激烈变化,太平洋问题的紧张,天津、上海及香港等地的中国和英美的银行都被日军掠夺占有,7 亿元法币落入敌手,但是由于美、英、澳对敌人实行禁运,使得日寇夺取外汇的路径断绝,于是,日军改变了原有的货币侵略政策,即利用法币换取外汇套用国际战略物资。而实行停止使用法币,大肆发行伪币来榨取沦陷区老百姓,并且将这几个亿的法币流入抗战大后方和敌后抗日根据地来套取各种重要战略物资,特别是粮食和原料,并且破坏抗日根据地的本位币。

1942 年 2 月 15 日,《陕甘宁边区政府通知》阐明了禁用法币的原因:一是为着边区实行经济自给,限制外货入境,刺激边区生产。二是使人民免受法币狂跌的损失。现在大后方一百市斤米须法币五六百元,吃一顿饭,饭钱需三四元,边区不使用法币,即可免此损失。三是免得法币外流使日寇得以套取外汇。四是顽固分子对边区实行经济封锁,边区以停使法币为政治上之抵制。种种理由表明停使法币是正当极为需要的措施之一。法币禁用,边币畅流,是边区施行战时财政经济政策之一。② 抗日根据地民主政府作出停止法币流通的决定,是应对目前经济严重情况的紧急措施。只有这样做,我们整个的财政经济才能有办法,人民的生活才能稳定,根据地的资源才能不受摧残与掠夺。

维护法币,巩固边币,禁止在边区内流通法币,这是边区政府安定战时的

---

① 山西省档案馆藏:档号:A198-03-00012。
② 《陕甘宁边区政府通知》,《解放日报》1942 年 7 月 30 日。

金融政策。1941年1月30日,陕甘宁边区政府《关于停止法币行使布告》规定:一、从本布告三日起,边区境内停止法币行使。二、凡藏有法币的,须向边区银行总分行或光华商店总分店兑换边区票币行使。三、禁止私带法币出境。但因正当营业或旅行,须带法币出边区境外的数额在100元以上500元以下者,须申请专员行署核发准许证。直属各县则直接申请财政厅核发准许证,其数在500元以上的,须申请财政厅核发准许证。……七、查获私运法币出境,经政府核准没收或处罚的,其没收款或罚款以五成充公,五成赏给查获的人。① 以上七条法条停止法币行使,但又对于必须需要携带法币出边区境外的情况进行具体规定,要求向边区财政厅提出申请办理准许证,对其携带数额也进行仔细规定,以及违反相关规定所应承担的惩罚都做了具体规定。

晋察冀边区因为敌伪以掠得之法币一再贬值,大量向边区行使,一是破坏法币威信;二是掠取边区物资,企图解除其穷困,为维护法币,为保证根据地物资不被敌寇吸取利用。1941年12月21日,晋察冀边区于颁发的《晋察冀边区行政委员会布告》规定:一、严禁法币在市面流通。着重宣布:"只有边币是边区市场上的唯一本位币"。二、所有持有法币人,在使用时,必须向边区银行兑成边币,由银行按市价兑给。三、各级政府征收款项,一律停收法币。② 1942年9月,山东胶东区行政公署颁发的《关于停止法币流通的布告》五条具体规定了在根据地内禁止行使法币和携带法币入边区境及相应惩罚措施。③

1941年2月1日,陕甘宁边区政府财政厅颁布的《核准法币出境手续》规定:④一、财政厅及专员公署,须每月召集党、政、军及银行会商一次,根据可能规定本月核准数量,并内定分配比例,除机关、部队必需品采办外,须尽量多给

---

① 陕西省档案馆藏:档号:32-1-78,第18页。
② 中国人民银行总行金融研究所:《中外金融法规汇编》第3分册,北京:中国人民银行总行金融研究所,1988年,第38页。
③ 中国人民银行总行金融研究所:《中外金融法规汇编》第3分册,北京:中国人民银行总行金融研究所,1988年,第44页。
④ 陕西省档案馆藏:档号:32-1-78,第16页。

商人,公营商店不得垄断。二、接受申请书后,既照预定标准,将准许出境数目填入核准数栏,并由负责人盖章。三、主管人员将申请书按接收先后次序编号,记入准许证存根之〈申请书号数〉栏,以便查考,并照申请书所列各项填发准许证,其须向银行兑换法币的,并须填发兑换证明书。四、准许证须经财政厅长或专员盖章方为有效。五、核准机关带专册,照准许证所列各项逐一登记,每月终汇报边区政府一次。六、须严防主营人员受贿舞弊。

1942 年 7 月 3 日,陕甘宁边区政府《关于应举出破坏金融现象具体事实的批答》作出指示:一、应将黑市和暗中使用法币是哪些机关,下级干部在执行政府条例中发生了哪些争议,以及下边判决哪些案件上面翻了案,你们认为是不合理的,"破坏金融法令奖惩条例"哪一条需要解释,等等,均需具体指出事实凭据,以便分别办理。二、召集党政军高级干部会讨论的具体议题,与需要订出统一办法的详细内容,应做事前准备,并应将准备好的意见,用书面写出,先经党政军负责人看过同意后再行召集,方能收效。①

敌伪对敌后抗日根据地金融侵略手段极为狠毒,不仅将在沦陷区掠夺的几十万万元法币排挤到抗日根据地中来购买大量物资,造成根据地恶性通货膨胀,导致边币币值因为法币贬值而狂跌,物价不断上涨,使得边区军民生活极为困难;而且还伪造大量法币向根据地倾销,用来掠夺战略物资,严重影响边币信用安全。1941 年 4 月 17 日,冀南银行为了防止法币走私资敌,曾经决定大量吸收,采取保护政策。但就目前形势,吸收法币与兑换法币的办法,在颁布的《冀大联办指示目前对于法币的办法》中有了新的规定②:(1)首先必须严厉禁止行使法币,并对各级作系统的深透传达。(2)及时有效地对敌展开货币宣传战。(3)对法币仍应依法吸收与兑换,参看银行指示信。(4)对破

---

① 陕西省档案馆、陕西省社会科学院合编:《陕甘宁边区政府文件选编》第 6 辑,北京:档案出版社 1988 年版,第 244 页。

② 中国人民银行河北省分行编:《冀南银行》(全二册·1),石家庄:河北人民出版社 1989 年版,第 363 页。

旧法币,应严加折价兑收。(5)明确地纠正以法币为冀钞基金的观点,要着重指出冀钞系以全区的生产品与全区总收入及硬币与生金银为基金。(6)在管理上和金银铜元一样的应加强对法币的缉私工作。

3. 保护边币

1941 年 2 月 22 日颁发的《陕甘宁边区政府关于宣传发行边币的训令》:①第一,发行边钞是为了建立正规的边区金融制度,逐渐换回光华代价券,使边钞成为唯一的边区通货本位。第二,边钞发行是有限制的,它以盐税、货物税作保证,一旦边区经济恢复,边钞就将从法币影响之下解放出来,回到能兑换现金的地位。第三,发行边钞是使人民免受法币狂跌的损失。第四,因为法币停止流通之后,法币在边区的市场就腾出来了,而光华券没有一元以上的,故须发行边钞,以资周转。第五,因为要发行公债,使人民能够认购公债,所以要发行边钞。

不过事情在开始的时候总不免有人胡思乱想,甚至敌人也乘机破坏。所以各专员、县长更有责任向民众进行宣传解释,以提高边钞在民众中的信任。怎样来宣传解释呢? 第一,说明国民政府法币发行数量约近一亿元,而且还要增发的,所以法币的价格也不得不更加跌下去,政府必须预见这种情形的严重,用边钞来保护人民利益。第二,说明边钞的发行是有限制的、有保证的,是根据市场供需的情况与边区土产产量来决定发行数量的,和依靠外国援助的法币完全不同,所以不至于受外面金融的牵累。第三,在目前人民要向外面购货(必需品),政府仍然核准兑换法币,以便利人民的流通。第四,不仅要广泛地向人民宣传解释,以提高人民对边币的信任,而且应从法律上严防与惩治以黑市压抑边钞或提高物价之徒。事关边区金融之巩固与民生之安定,特此令仰各该专员县长遵照办理。

1941 年 6 月 18 日,陕甘宁边区政府发行的《关于发行边币的布告》:政府

① 陕西省档案馆、陕西省社会科学院合编:《陕甘宁边区政府文件选编》第 3 辑,北京:档案出版社 1987 年版,第 77—78 页。

为巩固边区金融,便利资金流通,保障法币不外流资敌,兹决定发行边区银行一元、五元、十元钞票三种,自本布告之日起流通行使。① 1941 年 12 月 1 日,《陕甘宁边区政府布告》规定:一、所有买卖,均须以边币作价交换,如有以其他货币作价交换者,钱、货一概没收。二、边币为边区内唯一流通货币,如有拒用边币者,任何人均得将其扭送当地军、政、公安、司法机关从严惩办。三、为便利出入口商人买卖计,本府授权各地贸易局联合当地商民组织货币交换所,凡为对外贸易欲买进或卖出其他货币者,均应到该所依公平价格按章自由交换,任何人不得强迫兑换,或借故没收。四、除货币交换所外,任何人不得以买卖货币为营业,如有专事买卖货币从中渔利,操纵外汇破坏边币者,一经发觉,立予严惩,自布告日起仰军政人民一律遵照。②

除陕甘宁边区银行发行边币时为保障货币发行和流通制定相关法令措施,其他各抗日根据地先后相继制定相关金融法令保证边币的信用安全和币值稳定。1942 年 8 月 4 日,《山东滨海专署颁发布告确定北海票为本位币》规定:③专署为巩固金融,加强对敌货币斗争,特颁发布告,其重要内容如下:(一)确定滨海区自本年八月一日起,以北海银行票为本位币,凡一切财政收支、市面交易,一律以北海币为标准,同时公私业机关及会计,亦以北海票为计算单位。(二)自本年八月十五日起,法币一律按五折使用,并逐渐达到停止法币在市面上流通,凡托故敷衍,阳奉阴违,或以任何方式从中营私舞弊者,均依法惩处。(三)自布告之日起,凡敌占区商人带法币在百元以下者,须按五折向当地政府机关或北海银行兑换北海票使用;其在五百元以上者,须交当地政府或贸易局代为封存保管,并限期由原主带去。(四)八月十五日起,凡由

---

① 陕西省档案馆、陕西省社会科学院合编:《陕甘宁边区政府文件选编》第 3 辑,北京:档案出版社 1987 年版,第 70 页。
② 中国社会科学院经济研究所中国现代经济史组编:《革命根据地经济史料选编》(中册),南昌:江西人民出版社 1986 年版,第 648 页。
③ 中国社会科学院经济研究所中国现代经济史组编:《革命根据地经济史料选编》(中册),南昌:江西人民出版社 1986 年版,第 680 页。

敌占区带法币入境在五百元以上者,禁止入境,一经查获,即予没收。(五)今后奖励以货易货办法,但一切出入货物,必须向贸易局机关或县政府领取运销证,始得起运,违者依法议处。运出之土产,必须换回相当价格之必需品,否则,政府有权停止此等出口贸易。(六)奖励缉私,对偷运法币及货物者,人人皆有报告查缉之权,各地游击小组自卫团更应积极进行,一般缉私提成规定为百分之三十,特别出力者,得另行奖励之。

冀南银行总行经呈请晋冀鲁豫边区政府批准,决定发行本票,于1943年9月29日通令所属执行。通令阐释"发行本票之目的":(1)为适应战时环境需要,便利公私工商企业、政府、机关、团体、部队、人民等使用、携带、收受点数之方便。(2)在某种情况下可以代替汇兑。(3)为紧缩通货、节省及代替一部分纸币而发行。(4)为强化通货管理,使各战区间有相对固定之筹码。(5)有计划地发行与收回,便利金融市场之了解、掌握与调剂。(6)等于吸收一部分无利存款。(7)为刺激生产,配合救灾。(8)可部分地防止假本币流通。(9)培养与提高农村信用观念,发展票据信用事业,充实本行资金,活泼资金之运转,发展业务。①

1942年11月9日,晋绥抗日根据地为提高和巩固农币,在《晋西北临时参议会决议案》中规定:②大会一致认为巩固金融、调剂物资是国民经济发展的关键。但调剂物资,活泼流通,尤有赖于统一币制,因此,大会一致拥护把农币降为本根据地之唯一合法的单一本位货币。过去农币之所以未能确实稳定,固然由于生产落后,物资不充,在对外贸易上形成了入超现象,在稳定农币中尚缺乏足够的基金。而一部分民商尚未彻底了解农币之重要作用,尤为主要原因之一。今年土产大增,对外贸易转趋平衡,基金充足,农币已有充分保证,大会一致具有高度信心,认为今后提高和巩固农币,使成为三百万人民之

---

① 中国人民银行河北省分行:《冀南银行》(全二册·1·2),石家庄:河北人民出版社1989年版,第178—179页。
② 中国社会科学院经济研究所中国现代经济史组:《革命根据地经济史料选编》(中册),南昌:江西人民出版社1986年版,第684页。

命脉,实为万分必要。除遵大会决议,由各议员返乡后,确实向人民宣传解释它、爱护它、拥护它、信任它以外,并责成各地银行经常检查工作,研究市况,发展银行业务,以保证农币之提高与巩固。

4.管理外汇

日寇侵华数年,其本国国力消耗太久,能源消耗过大,主要有赖于掠夺,发行大量伪钞,增设中央银行伪造中国法币,贬低币值,收回联银伪币,鱼目混珠,扰乱货币市场,骗取我国的物资,吸收法币、白银,购买外洋军火,所谓"以战养战"之阴谋,比军事侵略更狠毒,因此,必须实施正确的措施,打击一切伪钞,禁止法币外流。

1940 年 5 月《晋察冀边区行政委员会为禁止法币、白银外流的八项办法》①:一、白银绝对禁止流通,公然行使,私相授受者,一经查获,全部没收,其欲自行保存或向银行政府机关兑换者没收之。二、白银绝对禁止出境,携往敌区或敌区据点者,一经查获,全部没收并以汉奸治罪。三、法币不得携往敌区,违者一经查获,全部没收,其有必要用途者,须向县以上各级政府领取执照证明。四、法币行使必须向银行、政府机关兑换边币,违者一经查获,一律没收一半。五、敌区汇票,各行伪钞杂钞,伪中央或中国银行新钞,一律不准流入,违者一经查获,全部没收,并以汉奸治罪,民商之持有伪钞、汇票者,限布告到达十五日内,一律设法用出,过期查获以汉奸治罪。六、查获以上各项违禁物者,得于没收金额内提奖百分之二十。七、查获以上各项违禁物,须交县区政府处理,私行处分者,酌量情节治罪。八、借故敲诈者,应受刑事处分。

1943 年 4 月 15 日颁发的《晋冀鲁豫边区保护铜元制钱兑换冀钞暂行办法》规定:②第一条　本办法遵照国民政府民国二十四年十一月三日颁布之禁

---

① 中国社会科学院经济研究所中国现代经济史组编:《革命根据地经济史料选编》(中册),南昌:江西人民出版社 1986 年版,第 619—620 页。

② 山西省档案馆藏:《晋冀鲁豫边区政府工商总局、第二厅、南汉宸等关于金融、信贷工作、破币销毁工作的命令、通知、办法、指示(1944—1948)》,档号:A198-03-00012。

使银币施行办法原则制定之。第二条　凡本边区内之一切交易行使,一般以冀南银行钞票为本位币,其他银币,现银、现金均在禁止行使之列。第三条　凡民间收藏之银币乃现银现金,应依国民政府之规定,自动持向各级政府或冀南银行兑换冀钞保存使用,其不愿者,听其自便,政府不得干涉或没收。第四条　凡持银币现银现金兑换冀钞时,均照下列规定兑换之:(一)银币一元兑换冀钞四元。(二)现银一两兑换冀钞五元六角。(三)现金按照市价兑换冀钞,但清理旧债时每两得按冀钞一千元折合计算。第五条　凡清理旧债回赎土地等,均依照第四条分款规定,计算折合(在过去已实行者,均不变动)。第六条　凡人民自动持银币、现银、现金向各级政府兑换冀钞,除照第四条各款规定兑换冀钞外,并分别予以下列奖金,但第五条之规定,不得包括下列奖金计算折合:(一)兑换银币一元,给予奖金冀钞二元。(二)兑换现银一两,给予奖金冀钞二元八角。(三)兑换现金之奖金,临时规定之。第七条　凡持银币,现银现金向冀南银行兑换冀钞者,按冀南银行兑换规定兑换之,并由冀南银行酬予一定之奖金。第八条　凡查获私自买卖及行使银币现银现金之情事者,得送当地县政府依法处理,查获之银币、现银、现金即依法定手续,由县政府没收之。第九条　凡查获私运银币现银现金前往敌占区且有资敌情事者,除送当地县政府将查获之银币现银现金予以没收外,并得依照修正惩治汉奸条例第二条第六款及第十款分别惩治之。第十条　妇女幼童随身佩戴银属、金属之饰物,而非私售或资敌情事者,不受以上各条之限制。第十一条　县级以上之各级政府机关,收兑或没收所得之银币现银现金,须即时悉数交金库保管之。第十二条　凡查获没收充公后之银币现银现金时得以其兑换额,提给二成冀钞赏金,此项赏金之分配办法如下:(一)报告人系人民赏十分之六;查获者赏十分之四。(二)报告人系公务员(机关团体或部队之工作人员)赏十分之五,其余赏给查获人。(三)无报告人时,赏金全部给查获人。(四)查获人及报告人者系公务人员,其每人每次所得奖金,最高额不得超过一百元,超过之数归公。第十三条　本办法公布后,前颁发之保护白银禁使银币暂行办法,即作无效。第十四条　本办法经晋冀鲁豫边区临时参议会驻会委员同意后,由边区临时政府颁布施行之。

1942年11月7日,陕甘宁边区政府制定的《禁止私人收售质押及私运现金出境惩罚条例修正案》规定:①第一条　本条例在抗战期间内,为粉碎敌伪搜刮我现金之奸计,及巩固边区经济之实力而制定之。第二条　所有禁止收售、典押以及私运现金出境奖惩之事宜,概依本条例规定办理。第三条　本条例所称现金包括金块、金条、元宝、银条以及一切金银器具、首饰和硬币。第四条　现金之收购及受押者由边区银行与货币交换所办理。其他未受委托之任何团体、机关与个人均不得收购或受押。第五条　各地货币交换所应切实遵照边区银行逐日挂牌价格收兑,不得抬高或压低。收进之现金应按期交给边区银行,由边区银行按照现金兑换办法第四条给以奖励金。第六条　各地货币交换所收购现金应专设账簿,随时转交当地银行,或其他委托机关查核。第七条　各地银楼业原存制造首饰之金料及制成品或半成品,应于本条例颁布之日,由所在地之边区银行或货币交换所查点登记,嗣后再不收购硬货原料制售饰品,违者将金银全部没收,必要时得勒令停止其营业。第八条　如已抵押或典当之现金,期满无力赎取应变价者,不得自由变卖,应由受押人送交边区银行或货币交换所,按照挂牌行市兑给边币,除应得兑价外,并享有边区银行规定之奖励金。第九条　现金所有人,如不愿出售而又急需抵押者,可以到边区银行请求抵押贷款。第十条　旅客随身携带金饰出境,金饰在五钱以下并系具备饰物形状,而为现时服饰者,得查验放行。五钱以上除经政府给照特准者外,一律禁止携带出境,违者没收充公。第十一条　如有违背本条例第四条之规定私自收售、受押现金者,不论个人或团体,均有扭送政府之权。政府当以没收品百分之三十折合边币奖励扭送人。如因告密而被查获者,亦以没收品百分之二十折合边币奖励告密人。第十二条　如有违背本条例第一条规

---

①　中国人民银行总行金融研究所编:《中外金融法规汇编》第3分册,北京:中国人民银行总行金融研究所,1988年,第22—23页。

定,而私运现金出境者,沿途军警哨卡均可立即将其现金全部没收,并将私运人扭送当地政府。没收品交政府派人送交边区银行或货币交换所。按时价折合边币,以百分之三十奖励缉获者。前项办法,以百分之三十奖给缉获者,以百分之二十奖给报密者。第十三条　没收品必须由当地政府照数出具收据,否则被收者可向当地政府索取。第十四条　没收之现金,概照边区银行挂牌价格由边区银行收兑,所得金额除给缉获者或告发人奖金外,余款全部缴交边区金库。

1943年6月3日,陕甘宁边区银行制定非常详尽且可行的关于外汇管理办法内容如下:①(一)边区内不准行使法币,但储藏不使用者,不加干涉,亦不得强迫兑换。(二)凡携带法币在边区境内通行,数目在二千元以下者,任其自由通行;满二千元及二千元以上者,必须向政府指定的检查机关登记,并领取通行证,违者以破坏金融论罪。(三)货币交换所买卖外汇,均以挂牌价格为准。……(九)凡边区内地商民贩运统销物品或特许物品,到边区境外发卖者,应于卖完后将法币或外币向交换所兑换边币。(十)凡过境商民,携带法币或外币者,须于入境时,向交换所兑成边币,除去在途用费以外,余款出境时,凭过境货币类别交换单,再向当地交换所换回法币或外汇。(十一)凡交纳过境税者,必须以法币或外币向交换所换取边币,凭货币交换单向税局缴纳税款。(十二)凡携带法币或外币出境者,必须将货币交换单随身携带,遇检查时呈单受验。(十三)外出以资及外商养家请求兑法币或外币者,必须持有所在地机关、部队、团体或商号之介绍信,由本所按照具体情况决定其兑换金额,并给予货币交换单。

1938年6月26日的《晋察冀边区冀中行署关于货币金融的法令四则》分别对禁运白银、铜圆及法币和杂钞做了具体规定:(一)凡赴敌区之民众,无论其作任何工作一概不准携带现银。(二)商民如欲到敌区购置货物而持有现

---

① 　中国人民银行总行金融研究所编:《中外金融法规汇编》第3分册,北京:中国人民银行总行金融研究所,1988年,第27页。

银时,务须向边区银行兑换法币(并非本行钞票应到敌区不能行使),不得携带现银出境。(三)各级政府各级自卫队部,应督饬所属严密督查,以防偷运,与敌区接壤之各级政府及自卫队,尤应严加注意。①

1943 年 10 月 5 日,晋冀鲁豫边区政府制定了管理外汇的具体办法:"一、各部根据需要,每半年向财经委员会造使用外汇预算一次,由一月到六月底为一期,七月至十二月底为一期,预算需同样造四份,送请边区财经委员会核准后,发还使用机关一份,送银行管理局各一份,财经委员会留存一份。二、各部分依据预算,向工商管理总局批用外汇时,在批准数内,工商局须依要求入口货品物种,通知入口地之县局,填发入口凭单,作向银行购用外汇之依据,办理入口,如超时预算或入口货物与预算不符时,工商管理局得拒绝发给凭单。"②

二、惩治伪造货币的法令规程

中共制定了一系列打击伪造边币、法币法令规程,为加强金融法制建设和有力惩治伪造货币犯罪活动提供了制度保障,加强了货币监管和提高治理伪造货币的力度。各边区政府相继颁布了治理伪造货币与保护边币的相关法令法规,如《破坏金融法令惩罚条例》、《省战工会规定查禁伪造北币办法》、《省战工会处理伪造及行使伪造北海本币案件暂行办法》、《清河区伪造法币、本位币及行使伪造法币、本位币处罚暂行办法》,这些法令条例对防范和处罚伪造法币和边币做了详细的规定。

1941 年 12 月 18 日,陕甘宁边区政府制订了关于《破坏金融法令惩罚条例》内容如下:③第一条　本条例依据本府三十年十二月一日坚守第 72 号颁

---

① 中国人民银行总行金融研究所编:《中外金融法规汇编》第 3 分册,北京:中国人民银行总行金融研究所,1988 年,第 32—33 页。

② 山西省档案馆藏:《晋冀鲁豫边区政府工商总局、第二厅、南汉宸等关于金融、信贷工作、破币销毁工作的命令、通知、办法、指示(1944—1948)》。档号:A198-03-00012。

③ 中国人民银行总行金融研究所编:《中外金融法规汇编》(第 3 分册),中国人民银行总行金融研究所,1988 年,第 16—17 页。

布巩固金融法令制定之,凡违背该法令所规定之条款者,依本条例惩罚之。第二条 凡在边区境内买卖不以边币交换作价者,以破坏金融论罪,其钱货没收之。第三条 在边区境内故意拒用边币者,按其情节轻重,处以一月以上六月以下之劳役,或科以一千元以上一万元以下之罚金。第四条 凡在货币交换所以外私行交换货币之营业者,其货币全部没收之。第五条 企图破坏边区金融,进行货币投机事业以牟利者,其钱货全部没收,处以一年以上二年以下之有期徒刑,并科以五千元以上十万元以下之罚金。第六条 如恃强胁迫兑换法币,或以不正当之手续借故没收法币及故意提高法币者,一经告发,除依法赔偿被害人损失外,得视其情节,处以三月以上一年以下之有期徒刑。第七条 犯本条例之罪者,得由当地公安机关负责查获移交司法机关处理之。……

1942年2月15日,《晋绥边区修正扰乱金融惩治暂行条例补充办法》:①一、凡法币以外之其他非本币(无论任何地方银行纸币),在本根据地内,一律禁止行使。凡商民、机关、部队、团体,如有旧存者,限公布后十五日内,向银行按照挂牌价,兑换本币,逾期如仍有行使者,其在一千元以下者予以没收;一千元以上者,依照"修正扰乱金融惩治暂行条例"第八条规定之处罚处办之。二、凡未经银行按照管理对外汇兑办法允准,亦未取得证明文件,而私行将非本币输出或输入本根据地者,经查获后,依照下列规定处理:甲、法币处在十元以内者不究外,五十元以上一千元以下者,一律没收。乙、法币在一千元以上五千元以下者,除没收外,得并科以三倍以下之罚金。丙、法币在五千元以上一万元以下者,除没收外,得并科以七倍以下之罚金,并得处以二年以下之有期徒刑。丁、法币在一万元以上二万元以下者,除没收外,得并科以二倍以上十倍以下之罚金,并处以二年以上五年以下之有期徒刑。戊、法币在二万元以上者,除没收外,并处以死刑。己、所有生金银及银洋以外之其他非本币,均依

---

① 中国社会科学院经济研究所中国现代经济史组编:《革命根据地经济史料选编》(中册),南昌:江西人民出版社1986年版,第654—655页。

照法币论处。庚、所有汇票、汇信,均视同现款处理之。(法币等,均应依黑市变化,重新酌定其数目,约计一千元者,现在应为五万元。)三、凡商民、机关、团体、部队人员,一切交易,必须完全以本币为计算标准,如有法币之交易与债权、债务等关系而发生纠葛者,得一律按银行挂牌价格折付本币,违者以扰乱金融论罪。四、在征收田赋、村款期间,如有奸商乘机以本币在乡村收买银洋者,以贩卖银洋论罪,严予处罚。如有行政干部与征收员私自接收银洋,代为兑换本币者,不论其理由如何,一律以贪污论。

1942年冬,省战工会为巩固北海币信用,查禁伪造北币,特规定《省战工会规定查禁伪造北币办法》,其内容如下:①(1)各地政府应负主要责任,组织查禁伪造北币的工作。北海银行、贸易、税务各局须主动与政府配合。并要求各地党政与群众团体动员其组织内的成员,予以确切保证。(2)对确与敌寇勾结,大批使用伪造北币,企图破坏根据地金融之人,应处极刑,以资镇压,但对持有伪造北币之安善良民,因昧于识别方法,导致被愚弄者,应耐心解释说服,除将其持有之伪币作废外,不能苛责。(3)各地北海银行应会同当地政府设立识别所,帮助商民识别真假。(4)由北海银行自即日公告停止使用红色的及胶东版蓝色带"繁"字的两种伍元券。定期全部收回。

1943年制订《省战工会处理伪造及行使伪造北海本币案件暂行办法》规定:②第一条　伪造北海本币,意图行使者处死刑。第二条　查获行使伪造北海本币之人犯,经证明确系勾结日寇,扰乱金融,或意图营利者,按下列各款治罪:(1)行使数量达五百元以上者处死刑。(2)行使数量不满五百元者处十年以上有期徒刑,并科以行使数量一至五倍之罚金。第三条　查获行使伪造北海本币之人犯,经证明确系良民,因不能识别,致受欺骗而行使者,按下列各

---

①　《大众日报》1942年12月29日。
②　胶东行政公署:《省战工会处理伪造及行使伪造北海本币案件暂行办法》,《法令汇编》,1944年,第231页。

款处理:(1)行使数量在五十元以下者,将其行使假钞每张剪留四分之一,并将持票人姓名、住址登记后,即予开释(胶东主署注:本款所定,区公所可以办理,其他人可以查捕送区,不得随便乱剪,且区公所开释人犯后,须将剪留之假票及登记事项一并报缴县府)。(2)行使数量超过五十元者,须送缴县级以上政权机关处理,如持票人经证明确系良民,除剪所持假票每张四分之一,并登记持票人姓名、住址外,须取确实保结,始能释放,但不得无故久押。持票人如系商人除按上项规定外,须经贸易局或商会证明其确系忠实商人始得释放。(胶东主署注:第三条一、二两项所列行使伪造本币之再犯及累犯者,均应送交县府,详予考查后,分别情节按章处理)第四条 查获行使伪造北海本币之奖励办法如下:(1)各机关之工作人员,查获假票卓有成绩者,一般由其主管机关在会议上或报纸上予以褒扬。如能根究假票来源,因而破获重要人犯者,由政权机关函请北海银行,予以物质上之慰劳。(2)群众团体、地方武装、民兵自卫团,主动配合政府银行,查获行使假钞数量在百元以上者,得由政府函请银行,酌情奖励之,但严禁乱查乱罚,以维持市场秩序。第五条 关于行使假票案件,其情节较重,应课罚金或徒刑者,须由县以上政权机关处理,违者应受处分。第六条 行使假票案件,情节重大应处死刑者,须经主署及战略区专署批准始得执行。第七条 各县政府每月应将查获假票人犯姓名、住址、罚金总额、判刑种类及办理情形,连同剪留与没收之假票呈报专署或主署,转送银行存查,以资考绩。第八条 本办法有未尽事宜,得随时修正之。第九条 本办法自山东省战时工作推行委员会公布之日施行。

1943年7月2日,清河区第三届临参会四次驻会议员会议通过了《清河区伪造法币、本位币及行使伪造法币、本位币处罚暂行办法》,其内容如下:①第一条 伪造法币或本位币者,处死刑。第二条 阴谋推销伪造之法币、本位币或意图供行使之用而收集或交付于人者,按数目多少,影响大小,依下列办

---

① 《群众报》1943年7月14日。

法处断:(1)伪法币在五千元以上,伪本位币在二千五百元以上者,处死刑、无期徒刑或五年以上有期徒刑,并科一万元以下罚金。(2)伪法币在一百元以上不满五千元,伪本位币在五十元以上不满二千五百元者,处五年以下有期徒刑,并科五千元以下罚金。(3)伪法币不满一百元,伪本位币不满五十元者,处五百元以下罚金,或易以训诫。……第八条　本办法所未规定者,适用刑法之规定。第九条　本办法由清河区行政委员会制定,清河区临时参议会通过公布施行。

北海银行胶东分行关于查获伪造、变造本币(包括本票)发给奖金的规定①:(1)三十元以上到五十元,给奖五元。(2)五十元以上到一百元,给奖十元。(3)一百元以上到五百元,给奖三十元。(4)五百元以上到一千元,给奖五十元。(5)一千元以上到五千元,给奖一百元。(6)五千元以上到一万元,给奖一百五十元。(7)万元以上,给奖五百元。(8)连同制造机关人犯工具一并查获者(不论假票有多少),给奖一千元。(9)无论军队、机关、群众团体、工商、各界人民,凡将假票和犯人交到各级政府者,均按以上规定办理之;仅有假票而没犯人,或犯人逃跑而无证明者,皆不给奖。

1942年冬,省战工会规定《省战工会规定查禁伪造北币办法》,1943年制订《省战工会处理伪造及行使伪造北海本币案件暂行办法》,1943年7月,清河区第三届临参会四次驻会议员会议通过了《清河区伪造法币、本位币及行使伪造法币、本位币处罚暂行办法》等法令条例,对防范和处罚伪造法币和边币做了非常仔细的规定,主要归为以下几个方面:一是保护边币信用,保障边币在边区有效流通,规定凡在边区境内买卖,不以边币交换作价者,以破坏金融论罪,其钱货没收之,严禁金银等硬货私自流通,严格控制金银出境,为扩大边币流通范围,提高边币信用,阻止伪币及伪造法币和伪造边币充斥根据地货币市场,维护边币币值,稳定根据地战时金融秩序,保护法币,以图便利打击伪

---

① 《大众日报》1944年4月19日。

造之货币的处理。二是严厉惩治、奖罚分明。如"伪造法币或本位币者,处死刑"。"阴谋推销伪造之法币、本位币或意图供行使之用而收集或交付于人者,按数目多少,影响大小,分别处死刑、无期徒刑或五年以上有期徒刑,并科以一万元、五千元、五百元不等罚金数额。"如"伪造北海本币,意图行使者处死刑;查获行使伪造北海本币之人犯,经证明确系勾结日寇,扰乱金融,或意图营利者,行使数量达五百元以上者处死刑,行使数量不满五百元者处十年以上有期徒刑,并科以行使数量一至五倍之罚金"。胶东北海银行为了彻底粉碎敌人破坏我金融的阴谋,除按政府颁布之处理伪造及行使伪造北海本币暂行办法法令执行外,还实行奖惩结合,规定一些奖励办法,其中规定按照检举伪造货币的金额数量给予五元、十元、三十元及一千元不等的奖金,鼓励老百姓积极参与打击伪造货币活动。对于查获行使伪造北海币的行为也有非常明确的奖励措施,也正是这种奖罚分明、赏罚极为严厉的治理手段在很大程度上维护了北海本币的货币信用。

这些法律规程为惩治伪造货币的不法行为提供了有章可循的制度保障,在一定程度上有效地维护了边币信用体系,有利于促进边区的金融与经济秩序,为抗战的胜利提供了有效的金融保障与物质力量。这些金融法规虽是半个世纪前针对边区经济问题及边币发行时提出的,但今天读来仍有一定程度的现实感,对于我们借鉴历史经验,搞好金融改革,仍有一定现实意义。

第二节 抗日根据地治理伪造货币的行政措施

在抗日战争特殊背景下,中日之间、国共之间在国统区、沦陷区和边区之间的军事对抗与政治博弈背后隐藏着一场硕大的物资抢夺战。其间,货币是一个不可或缺的重要的媒介或载体,揭示了中日货币战的实质是物资抢夺战。货币斗争不只是一个通货与通货的斗争,其本质更是一场对敌伪的贸易斗争,因此,货币斗争包含货币阵地斗争、货币比价斗争和反假票斗争,阵地战、比价战与反假票战三者关系紧密,是提高货币信用、维护货币币值稳定的连环组合拳,阵地战和比价战正如鸟之两翼,是打击伪造货币的两个重磅,只有通过货币阵地战和货币比价战占领货币市场,为打击伪造货币提供净化的金融市场环境,才能使得货币信用安全得到保障。

抗战时期,中共正确分析日本对华金融侵略意图,科学认识法币的内生机制,适时制定科学的货币政策和保护货币安全的制度。进行货币斗争,采取利用金融法律行政手段和经济手段两手抓的方式,一方面,正如前节所述,制定较为完善的金融法规保护边币,占领边区货币市场和取得打击伪造货币的有利地位;另一方面,制定合理的贸易政策,运用经济手段进行经济斗争,特别是利用粮食和食盐等重要战略物资,发挥根据地群众的积极作用,有效地调配物资,利用调控物价达到回笼货币,很好地控制了边区货币市场的货币流通量,成功治理伪造货币、打赢这场货币保卫战,加强抗日根据地的经济建设,有力支持抗日战争。

一、贸易管理与货币斗争

正如富兰克林所说"战争就是掠夺",抗日战争中货币战争的本质正是抢夺战略物资。战争局势瞬息万变,敌我货币斗争形势极为复杂,基本上分为两个时期,太平洋战争之前,日本主要通过发行日币和伪币吸收法币,利用法币套取外汇抢购战略物资;日本偷袭珍珠港后,太平洋战争爆发,国际形势发生巨大变化,由于英美对日本军事对抗与经济封锁,日本通过法币套取外汇的渠道堵死,日本改变对华金融侵略手段,一改吸收法币的措施,改为排斥法币,将在香港、上海及天津掠夺的将近7亿元法币挤入敌后抗日根据地,以图抢购广大根据地粮食、棉花、食盐等重要战略物资。

日本这一具体策略概括如下:(1)从法币贬值到停用法币,廓清市场,以便发行几十万万元的伪币,来解决敌伪财政上的一部分困难,现在伪政权和伪军的开支,主要是靠发行伪币来维持的。(2)用这几十万万元法币,到大后方和敌后抗日民主根据地来换取各种物资,特别是粮食和原料,这样用中国的货币,来换取继续侵略中国、掠夺中国人民的资本。(3)把这几十万万元法币排挤到我们根据地来,不但可以掠夺物资,而且可以造成根据地的恶性通货膨胀,使币值狂跌,物价飞涨,市场混乱,军民生活严重困难。(4)大量伪造法币,向我根据地倾销,用以掠夺物资,破坏法币信用。在我查禁以后,就把这些伪造法币首先在敌占区乡村中强迫使用,通过敌占区人民,分散地流通到我根据地来。①

列宁说过:"农民拒绝把粮食换成货币,而要求得到农具、鞋子和衣服。这个主意在很大程度上包含着极其深刻的真理。……以致农民连货币都不要了。"②这里既说明货币与硬通货粮食的关系,也说明货币及其流通领域的重要性,货币所迷恋的是空间和秩序,空间即流通领域,秩序即信用体系,也就是说货币的生命力在于它的流通空间的有效拓展。

1943年9月1日,中共中央山东分局《关于对敌货币斗争的指示》:"近来敌人伪造大量法币。继续向我根据地倾销,用以掠夺我物资(特别是粮食)扰乱我市场,货币斗争已到了更严重的阶段。"③中国共产党在抗战时期,重视经济调查工作,迅速掌握国际战事及敌伪经济金融侵略政策变化,正确分析伪币与法币的内生机制,科学运用马克思主义的金融理论与根据地经济情势的有效结合,制定科学的贸易政策,一是通过设立贸易局和货币交换所来加强贸易管理,平衡贸易出入量,利用粮食棉花和食盐等重要战略物资做货币回笼政策的重要杠杆,调节边币发行量,利用物价涨幅回笼边币,平衡贸易量与货币量;二是狠抓生产,加大商品供应量,精兵简政,减少财政支付,使得货币斗争、贸易管理与生产建设犹如齐驱并驾的三辆马车,同轨同速,形成巨大合力,获得

---

① 《薛暮桥文集》第2卷,北京:中国金融出版社2011年版,第248页。

② 中共中央马克思恩格斯列宁斯大林著作编译局编译:《列宁全集》第30卷,北京:人民出版社1985年版,第97页。

③ 中国社会科学院经济研究所中国现代经济史组编:《革命根据地经济史料选编》(中册),南昌:江西人民出版社1986年版,第688页。

边区经济建设和抗战胜利的物质力量。

纸币的最基本的保证是物资,谁能够控制物资,谁就能够控制货币。货币的生命力在于货币本身,谁的力量大,谁的流通区域就扩大;谁的力量小,谁的流通区域就缩小。针对敌伪利用大量法币及伪造的法币流入根据地,为了挫败敌伪掠夺物资的图谋,正如前文所述,停止法币在根据地的流通,利用金融法规及相关行政手段都是必要的,还要充分利用经济手段,通过掌握大量的物资和商品,应用经济法则进行经济斗争,利用商品经济规律调配物资、调剂金融、平抑物价,占领货币市场,扩大本币流通量,取得货币斗争的高地。充分利用货币斗争、贸易管理和生产建设"三驾马车"的连环配合,通过发展生产增加商品供应量,是加强贸易管理和货币斗争的前提,有效的贸易管理又是货币斗争和促进生产建设的重要保障,而货币斗争的胜利更加有利于加强贸易管理和促进生产建设。在敌后根据地边币、法币、伪币之间激烈斗争中,制定科学的贸易政策,强化贸易管理,取得货币斗争的有利地位,彻底击破敌伪对根据地的金融侵略阴谋,从而紧密配合军事战争和政治博弈,取得抗战的胜利。

(一)贸易政策

抗日根据地的巩固与发展,依赖正确的财政货币政策和对外贸易政策。1938年8月,毛泽东提出:"边区应有比较稳定的货币,以备同日寇作持久的斗争;边区的纸币数目,不应超过边区市场上需要的数量,可是应该估计到边区有扩大和缩小的可能;边区工业品主要来源于日寇占领地,边区农业产品之出卖地,亦在日寇占领区域,因此边区应该有适当的对外贸易政策,以作货币政策之后盾。"[1]邓小平指出,我们实行的贸易政策,是采取"对外管理、对内自由"的原则,其目标是争取出入口平衡。[2] 他又进一步强调,在实施"对外管

---

[1] 《毛泽东文集》第二卷,北京:人民出版社1993年版,第137页。
[2] 《解放》第130期,1941年6月15日。

理、对内自由"政策时不能"一刀切",如对敌占区贸易不能采取政府统制一切的办法,而是管理的办法。对内尤不能垄断,而应采取贸易自由的办法。① 前述充分体现其具体问题具体分析,实事求是的灵活的应对措施。

边区政府成立了专门的贸易机构,先后颁布了一系列加强贸易工作的法令,对货物的出入口实行统一管理,禁绝和限制奢侈品的输入,组织根据地多余产品输出,以换取必需的外来物资,同时开展群众性的缉私工作,组织商人参加对敌斗争。

1941 年初,为打破经济封锁,保障物资供给,边区政府成立了边区贸易局,由陕甘宁边区银行行长朱理治担任贸易局局长。1941 年 5 月 1 日作出的《关于贸易工作决议》对贸易局的性质和任务作出了明确规定,提出了边区的贸易政策,即"对外调剂,对内自由"。新民主主义的贸易政策,在抗日的战时情况下,是以有计划地调剂对边区之外的贸易,以保护边区之内的贸易自由与流通之发展,对内则实行自由贸易,加强对粮食的调剂和棉布等重要物资的交易,除了发挥公营商店及合作社力量,还特别注意发挥私人经济的有益作用。《关于贸易工作决议》指出,边区的贸易政策必须服从于边区自给自足的经济政策,以边区之有交易边区之无。以输出边区外所必需的物品,来换入边区内所必需的物品。一方面达到输入平衡;另一方面防止市场操纵,不妨碍自由,又不放纵自由。该决议对贸易局的具体工作任务做详细规定:(1)保证党政军民必需品的供给。经过贸易局各级组织,经过各地合作社,经过其他关系,收购土产,组织输出,以输入边区必需品与法币,同时刺激各种土产品的生产。(2)与银行及公营商店保持密切联系,以便吸收各方面的投资,增加资本,发展商品流通。特别是要发展与组织运盐工作,争取食盐大量出口。……(5)调剂市场、平抑物价。② 从贸易局的任务可以界定出它的性质,它从实施政府

① 《邓小平文选》第一卷,北京:人民出版社 1994 年版,第 83 页。
② 星光、张杨:《抗日战争时期陕甘宁边区财政经济史稿》,西安:西北大学出版社 1988 年版,第 209 页。

贸易政策角度来看,具有行政机构部门的属性,从管理实际业务工作来说,又属于从事贸易事务的业务单位。可以说,特定战时环境下,中共领导下的贸易局所承担的任务和作用,正是我们党践行着因时因地灵活运用的具体问题具体分析的例证。

　　林伯渠在陕甘宁边区政参议会工作报告中指出,边区金融已发生重大变动,平抑物价、稳定金融是财政工作的重心,保障部队物资供给和改善人民生活的中心一环是发展生产、繁荣贸易、大量运盐与稳定金融。[1] 1942 年 8 月,在陇东边区银行召开陕甘宁边区各贸易分局局长、各地银行办事处主任、各贸易站站长、光华商店经理联席会议时,确定下半年总的业务方针仍为"调剂金融、稳定物价"[2]。在此方针下办理农贷和发展对外贸易。

　　(二)货币斗争中的贸易管理

　　1941 年日本支出经国会通过者,1941 年 2、3 月军事经费 1000000000 日元,1941 年 4 月至 1942 年 3 月约军费 4880000000 日元,1941 年一般合计 6673000000 日元,追加预算 1131000000 日元、13894000000 日元,支收不敷(出超)8567000000 日元,特别会计预算(预算外之国库负担)6000000000 日元,全年度总支出 22415000000 日元,公债发行总额 11000000000 日元。[3] 仅从 1941 年 2 月到 1942 年 3 月的军费开支可见其巨。日本如此巨大的军费开支和军费资源使得日本贸易长期处于严重的出超状况。以 1940 年上半年贸易额为例,详见表 4.1。

---

　　① 林伯渠:《陕甘宁边区三年来的工作概况》,林伯渠文集编写组:《林伯渠文集》,北京:华艺出版社 1996 年版,第 269 页。

　　② 《解放日报》1942 年 8 月 17 日。

　　③ 《翁文灏日记》(下册),北京:中华书局 2014 年版,第 659 页。

表 4.1　日本大藏省公布 1940 年上半年贸易额①

（以千日圆为单位）

	对日元集团输出	由日元集团输入	比较（出超）
本年（1940 年）上半年	1162250	496914	665536
去年（1939 年）上半年	98513	428696	452817
	对第三国输出	对第三国输入	比较（入超）
本年上半年	857730	1856729	503085
去年上半年	734011	1590152	427445

日本获得战略物资的主要渠道为：一是通过向占领国人们掠夺；二是通过向美国进行贸易进出口获得。如表 4.2 和表 4.3 所见：

表 4.2　美对中日贸易额（1940 年 1—9 月）②

华货输美	474000000	较上年同期加 74%	较 1936 年同期加 16%
美货输华	68250000	较上年同期加 60%	较 1936 年同期加 80%
日货输美	104000000	较上年同期加 2%	
美货输日	165000000	较上年同期加 64%	

表 4.3　1939 年和 1940 年美对中日贸易额比较表③

本年十个月	上年十个月	增加
自中国输往美国货值 77581000 美金	同意值 48488000 美金	60%
自日本输往美国货值 122677000 美金	同意值	减低
自美国输入中国货值 67508000 美金	同意值 40170000 美金	增加
自美国输往日本货值 191413000 美金	同意值 179337000 美金	增加

---

①　《翁文灏日记》（下册），北京：中华书局 2014 年版，第 502 页。
②　《翁文灏日记》（下册），北京：中华书局 2014 年版，第 574 页。
③　《翁文灏日记》（下册），北京：中华书局 2014 年版，第 591 页。

上表可见,这时候中国输入美国的贸易值呈现上升,而日本输往美国的货值减少了,说明日本本土能源急剧减少,战线拉得太长对此不无影响。1940年7月7日,日本发表成绩为:日军战线长2850英里,占领面积617760平方英里(=1600000平方公里),较日本大2.4倍,占中国16%。① 这些数据既是当时日寇疯狂侵略中国的战绩,又是对中国政府和人民血腥侵略的见证。这些战果使日本这个资源匮乏的岛国陷入困境,战线越拉越长,所需要的战略资源越来越多,在某种程度上,日本自不量力对美国发动偷袭珍珠港也是为了解决能源问题,使其陷入万劫不复的困境。

1939年下半年,欧战爆发,英镑下跌,日元本以一先令二便士的汇价与英镑相联系。英镑跌价以后,日元也随之猛落,日本政府即决定日元与英镑脱离关系,而以二十三又十六分之七美元等于日元的汇价,与美元相联系。② 日元对外价值实际上既已低落,然而日本政府为何不抑低币值,促进出口改善贸易差额,图谋根本解决。依平时理论而言,抑制币值确有改善贸易差额之效,但在战时,进口者均为军需上必要物品,如果汇价低落,则成本随之提高,预算点被迫膨胀,将使恶性通货膨胀转瞬即至。故日本政府不惜一切牺牲,维持汇价。

日本本土农业方面,1940年中,生产的低落更属显然。1941年1月22日农林省统计,1940年产未实收额为10874252石,较1939年减少8090216石,合2.7%;较前五年平均收获额减少4315748石,合6.6%;甚至较该年第一次预料收获额也减少甚多。日本军队多自农村征召,农村中失去中坚以后劳力不足自发减产为第一因素。军需工业发达之际,肥料工业或转而生产军需品,如碳酸亚工厂等,或为原料缺乏,停止工作,如氮化物工厂等,因之,肥料供给减少,价格昂贵,农村民无力购买,此为米谷减产之第二因素。在此产米额减

---

① 《翁文灏日记》(下册),北京:中华书局2014年版,第502页。
② 上海市档案馆藏:档号:Q53-2-8,第24页。

少之际,米消费额却因战事而增加。①

日本战时粮食、棉花等食品来源主要依靠中国、朝鲜和菲律宾等国,到了 1940 年,日本人已经开始把东南亚视为大米进口的额外来源。1940 年至 1941 年,该地区为日本提供了近 150 万吨大米,用于在大陆建立储备仓库。1942 年和 1943 年,进口到日本大米的四分之三来自这个地区。到 1942 年年中,日本是东南亚的主宰国,其大米产量占战前世界贸易的 67%。1942 年朝鲜发生严重的旱灾大大影响了粮食收成,因而它停止了对日本的大米的供应。此外,太平洋战争爆发后,美国对日本的严重封锁更加加剧了日本的粮食危机和能源困境。美国全面封锁包括使用潜艇、飞机和地雷,这意味着日本不能从东南亚进口稻米,原籍岛屿逐渐与粮食的主要来源隔绝。1941 年至 1945 年期间,国内军事力量从 100 万增至 350 万,大米消费量从 16000 吨增加到 744000 吨,这相当于商船设法逃过美国封锁的全部大米数量。②

据 1940 年 6 月 21 日国民政府财政部给上海市银行业公会、钱业公会、商会来电内容呈现周佛海、陈绍妫等逆商定破坏我国金融办法:(一)抢夺兑收套取外汇。(二)制造谣言垄断金融市场,收买港金融界败类及商人就范,必要时得采用威胁手段。(三)使伪币流通内地。(四)限制携带法币至各通商口岸。(五)由香港中亚银行及陈绍妫等主持之秘密机关督促实施。③ 据统计日本吸收法币的情况:"日本对华输出,虽在严厉执行查禁敌货之下,仍有渐增的趋势,如 1937 年总值 1.5 亿元,1938 年为 2 亿余元,1939 年为 3.8 亿元,1940 年则增至 4.6 亿元。"④日伪通过利用法币套取外汇,利用伪币流入内地

---

① 上海市档案馆藏:档号:Q53-2-8,第 29 页。

② Lizzie Collingham. *The Taste of War*:*World War* Ⅱ *and the Battle for Food*,Penguin Press HC,2012,pp.450-478.

③ 上海市档案馆藏:档号:S173-1-360。

④ 《翁文灏日记》(下册),北京:中华书局 2011 年版,第 538 页。

货币市场,收买香港金融界和逼迫商人等合作,扰乱中方金融市场。

华北沦陷区粮食恐慌更加严重。1941 年前曾向伪满洲国和伪"蒙疆自治政府"请求发给粮食,并大肆地宣传东北有大批粮食即将运到。但结果只由东北运来一些豆饼,由蒙疆运来一些冻了的山药蛋。因此配给制虽然限制极严,而仍配不出粮食来。如北平日军于 1942 年 6 月开始实行配给制度,但每个粮店只发白麦面 20 袋,由粮店按户配给,当时白面每袋 27 元,9 月至 11 月 5 口以下之户配给半袋,10 口以下之户配给一袋。1943 年 1 月起,不按户配给,而按人数配给。每人配给玉菱面五斤,每月不得超过三次。而且所配给的玉菱面内有一半是发了霉的豆饼。如果配一袋白面,则一定强制配给 48 斤冻坏了的山药蛋,并规定每人献铜 3 斤才能领配给证,学生亦须每人献铜四刀。太原自冯司直(新任伪山西省省长)到任后,1 月 6 日实行粮食配给,以 16 万人计算,每人每日配小米 10 两。10 天第一期,20 天为第二期。每人每日加糠 6 两。第三期就不配给了。寿阳现在亦实行配给粮制,因此敌占区(特别是大城市)人民的生活陷于严重的饥荒。[①] 敌伪仍无法解决粮食困难问题,在东线缺粮地区,一般地实行开放,而西线产粮区,却更加封锁,以便掠夺。

汪伪政府一方面利用尽一切力量打击联银券,提高储备券,可能造成将边币拉下水去的后果。另一方面,由于敌寇粮食恐慌的严重及准备大规模的军事行动。需要粮食更加迫切,因此敌寇在山西、山东等敌后根据地加紧开展抢粮活动。国军利用伪钞一时动摇与混乱的空隙,实行紧缩法币、提高法币价值。1942 年 2 月 11 日林县友军征粮,不要粮而要钱,直征到 7 月底,每丁银要 1000 元,并言在 7 月底只征一次。按林县银两 36000 两,我区估计 4000 两,为此全县可征洋 3200 万元。[②]

---

① 中国人民银行河北省分行编:《冀南银行》(全二册·1),石家庄:河北人民出版社 1989 年版,第 346—350 页。
② 山西省档案馆藏:档号:A204-01-00001。

日伪通过专门军事机关和利用沦陷区金融机构和商人将伪币及伪造货币挤入大后方和敌后抗日根据地,抢购石油、粮食等重要战略物资,造成大量军需物资外流。因此,货币斗争是对敌经济斗争的关键。① 敌人将伪造的大量法币流向抗日根据地,利用这些假货币抢购诸如粮食、棉花等重要战略物资。

敌伪搜刮华北粮食之总额,虽无确实统计可稽,但据报告,仅河北 1 省之密云、通县、香河、大兴、良乡、三河、顺义、昌平、涿县等 9 县,于民国三十二年(1943)7 月间,对小麦一项,即一次被征去 3738 吨。其他如山西之汾阳、文水、孝义、交城等地,每年每县被掠去之粮食均在 10 万石以上,全省则在 500 万石以上。② 由于敌寇粮食恐慌的严重及准备大规模的军事行动,需要粮食更加迫切。因此敌寇在山西更加紧抢粮活动。从我们得到的敌人在晋冀鲁豫边区的抢粮计划中看到:"1943 年 3 月至 5 月的三个月拟在山西抢粮 4.8 万吨。驻长治的敌人就从 1943 年 4 月至 1944 年 3 月底,计划在上党地区抢粮 6827 万斤。"③

物资的生产决定物资的交换,而物资的交换则决定货币的流通。任何纸币只要它能担负物资交换的媒介作用,为物资交换之所必须,它就可能保持着一定的交换价值。薛暮桥指出,在经济斗争方面,我们也可以采用各种方法。控制粮食或其他重要物资,准许敌占区人民用抗币来购买,这样提高抗币在敌占区的信用。如在敌占区领导人民来破坏敌伪的经济统制,配给制度。组织走私,组织黑市,来打击伪币,缩小它的流通范围。④ 用半数以上法币或伪币和要用 40%诸如粮食的重要物资作为边币的准备基金,当物价不稳定的时候,严重影响边币信用的时候,可以通过抛售这些物资去换回法币、伪币,用来供给外汇,维护边币信用。此外还应当把多量抗币用做短期信用贷款,如有必

---

① 山东省档案馆藏:《关于货币斗争的指示》,档号:G001-01-0082-006。
② 庄建平、章伯锋等:《抗日战争》(第六卷·日伪政权),成都:四川大学出版社 1997 年版,第 654 页。
③ 戎子和:《晋冀鲁豫边区财政简史》,北京:中国财政经济出版社 1987 年版,第 53 页。
④ 《薛暮桥文集》第 2 卷,北京:中国金融出版社 2011 年版,第 254 页。

要时可以用收回贷款的方式，来收回一部分的抗币。

为了避免日伪吸取根据地物资，一方面，制定法规制度禁止伪币和停止法币在边区使用；另一方面，还要将货币斗争和物资管理等贸易手段结合起来。因为，敌后根据地货币斗争的实质则为争夺物资、稳定物价、独占本币市场，除用行政手段建立本币市场、保护边币之外，还要通过掌握重要物资，调节物价，掌握对外贸易，达到排斥伪币和法币，取得货币斗争胜利。

南汉宸指出："我们发行边币的任务是帮助边区的经济建设，不是为了财政的支出而发行的，在数量上也是按照地域的需要而发行，绝不让它恐慌和膨胀，这是我们边区今天的金融政策。"① 习仲勋认为，在关中要做到维护法币，禁止法币在边区境内流通，提高边币信用，巩固边币的目的，我们的意见：（1）是认真地执行"关于法币问题的解释"中所指示的各种办法，但增加生产和输出，一则要较长时期；二则要增加输出是需要土产多，但现在主要的症结是可以输出的土产少，而必须输入的物品倒很多，所以这需要较长的时期才能收效。（2）流入关中的边币数目设法制止或只准许流通一定的数目，否则即使再有其他办法，流入得多了，既不能流出边区以外，又不能再流回延安及其他地区去，势必发生边币膨胀的现象。② 由于法币贬值引发边币贬值，导致物价上涨，为了预防物价上涨，必须及时储存一批物资，陕甘宁边区银行于 1942 年半年发行边币 17626835 元，财政借款占发行额的 48%，利用这批边币购进了大批棉纱、棉布。③ 中共山东分局关于货币政策的决定，过去一年各地货币斗争相继胜利，普遍停用假伪钞，完成单一本位币制，停止物价上涨，巩固本币使

① 南汉宸：《在边区专员县长联席会议中的财政报告记录》，中国财政科学研究院：《抗日战争时期陕甘宁边区财政经济史料摘编·第五编·金融》，武汉：长江文艺出版社 2016 年版，第 17 页。

② 陕西省档案馆、陕西省社会科学院合编：《陕甘宁边区政府文件选编》第 4 辑，北京：档案出版社 1988 年版，第 30 页。

③ 星光、张杨：《抗日战争时期陕甘宁边区财政经济史稿》，西安：西北大学出版社 1988 年版，第 241 页。

用,予法币、伪钞以很大的打击,滨海、鲁中、鲁南已完成统一发行,这是过去货币斗争所得到的成绩。①

谢觉哉在谈财政经济时说:"我们货币的政策:一是以银行的财产作抵,随时可变为现货;二是根据边区市场的需要,随时伸缩其发行额使物价稳定;三是商民对外需要法币,可随时依法向银行兑换,兑换的法币来源,依靠土产出口,实际上是对外的'以物易物'。"②李富春具体地提出了金融贸易政策的原则:"1. 事实上物物交换,要求出入口收支平衡;2. 以实物保障,求得金融稳定;统一集中自己力量,进行对外斗争。"③在山西长治,1939 年秋 1 斗米(14 斤)到 1942 年仍然可以换 1 斗米,1939 年秋 8 斤盐到 1942 年春则只换到 4 斤盐了,1939 年秋 1 丈布到 1942 年则只能换到 2 尺半了。这种情况决定了我们要把白晋线粮食吸收过来,实行供给平汉线不可。④ 因此,要发展物资交流,使得农村中重要的商品——粮食成为冀钞的有机的准备,和敌人开展有力的经济斗争,必须实行统制粮食。

邓小平指出,敌人掠夺粮食,我们就帮助人民采取武装的以及各式各样的方法打击敌人的抢粮计划。⑤ 时任北方局书记杨尚昆所说,抗战时期,如果能很好将粮食问题解决了,就等于解决了全部问题的 2/3。掌握住粮食是边区重要战略问题之一。⑥ 我们的边区政府制定正确的粮食政策和贸易政策,在具体执行贸易管理,一方面,组织粮食局干部向广大抗日民众宣传,激励爱国热情,保障粮食供应;另一方面,遵循市场规律收购边区粮食,保障老

---

① 山东省档案馆藏:《关于货币政策的决定》,档号:G001-01-0096-007。
② 《新中华报》1941 年 3 月 27 日。
③ 李富春:《在 1942 年整财会议上的发言》,1942 年 9 月 30 日,中国财政科学研究院:《抗日战争时期陕甘宁边区财政经济史料摘编·第五编·金融》,武汉:长江文艺出版社 2016 年版,第 80 页。
④ 中国人民银行河北省分行编:《冀南银行》(全二册·1),石家庄:河北人民出版社 1989 年版,第 334 页。
⑤ 《邓小平文选》第一卷,北京:人民出版社 1994 年版,第 84 页。
⑥ 魏宏运:《晋察冀抗日根据地财政经济史稿》,北京:档案出版社 1990 年版,第 240 页。

百姓利益,运用商品经济规律,打击敌伪高价或低购粮食的阴谋,利用我们手中的粮食恰当抛售有力地抵制其侵略图谋。抗日根据地利用粮食在货币斗争中的作用,是控制边币发行和流通的有力杠杆,充分发挥粮食硬通货的作用。

1939 年 10 月 19 日,陕甘宁边区政府第 94 号训令关于《规定禁止粮食出口与调剂民食办法》规定禁止出口与调剂民食办法如下:(一)边区内粮食,除送邻区之赈粮一万元,购粮二万元外,一律禁止运输出口,尤不得运往敌区。(二)在边区内相互调剂之粮食,凡购买运输,须取得当地乡政府之介绍,出售粮食地区之区政府之证明。(三)无偷运出口之粮食,一经查获,当地政府得予以扣留,报告县政府处罚。① 1941 年 4 月 23 日颁布的《陕甘宁边区禁止粮食出境条例》规定"凡边区所有粮食不问属于原料或制成品(如面粉),一概严禁私运出境,而边区内部则实行自由流通,各级政府不能予以阻止"。同年 11 月 25 日公布之《禁止粮食出境修正暂行条例》,对各级政府应负责查禁粮食输出边区境外之办法及奖惩,都有明确之规定。1942 年 10 月 24 日的《工商管理总局指示所属组织粮食斗争打击伪钞提高冀钞比值办法》要点如下:(一)利用突击征收公粮的时机,把大量的公粮折款收回。(二)除用大量伪钞去曲线购粮外,更要以一部分伪钞购买冀钞,造成西部地区冀钞比值高于东部地区。(三)在西部地区用一定数量冀钞买粮,其价格要比冀钞对伪钞比值说来要高一些,使群众欢迎冀钞。(四)用一部分伪钞在平汉线敌占区高价买粮,目的在营造其价格高涨,就地卖成冀钞。(五)对西部地区煤窑作坊,给以大量伪钞,要他收买冀钞;对东部地区煤窑作坊卖麦子、粮食及木料给他,向他要冀钞。(六)大量吸收粮食,先交公粮不向外出,或少向外出。② 1943 年 2

---

① 陕西省档案馆、陕西省社会科学院:《陕甘宁边区政府文件选编》第 1 辑,北京:档案出版社 1986 年版,第 400 页。
② 中国人民银行河北省分行编:《冀南银行》(全二册·1),石家庄:河北人民出版社 1989 年版,第 316—317 页。

月 6 日边区政府颁布的《关于禁止粮食出境的命令》拟定该分区各县查禁粮食出境具体办法,严令各县认真实施,以贯彻本府禁止粮食出境政策之执行。1943 年 5 月 27 日,边区政府颁布的《陕甘宁边区战时管理进出口货物及过境物品暂行办法》,不仅使进出口货物管理有法可依,而且在发展生产,防止敌顽的经济封锁、倾销、破坏金融等方面起着重要作用。

苏中行署及财经处 1943 年 7 月 7 日发下关于查禁伪币的十大办法及指示信,内容大致相同:(一)严禁继续流入。(二)限制现存伪币之活动,用伪币登记限期抛出,商户具结不再用伪币,管理出口商,以物易物。(三)排斥现存的,分期限数没收,六月内禁绝。(四)利用行政力量打击其信用,在税收机关压低比例征收,必要时并以低价抛出伪币或粮食,以提高抗币威信。① 这些条例、办法为防止边区粮食外流和敌顽对边区粮食的破坏与封锁做了制度的刚性规定,既有利于保证边区部队、机关和群众的粮食供应,又为保障边币的信用提供了重要的制度基础。

皖南事变后,边区金融物价空前不稳,出入口不能平衡,当时急需要解决的问题,是外汇需要管理、金融物价需要稳定、出入口需求平衡。在法币停用后,必须依靠外汇,银行应当准许输出输入商人持贸易与输出入许可证,用本币来换法币、伪币或用法币来换本币,如果银行不替他们调剂外汇,他们便会自己调剂,于是竟生黑市,要想禁绝黑市,只有自己起来调剂外汇,管理外汇,为使银行有力量来供给外汇,必须造成对外贸易的有利形势,即商品的出超和货币的入超,如果法、伪币供过于求,银行便可提高本币的比值,恢复供求之间的平衡;反之,如果商品入超,法、伪币求过于供,本币的比值便会自然跌落,所以政府必须实行统制对外贸易,特别要控制几种重要输出物资用以换取外汇稳定并继续提高本币的比值。② 因此,加强对外贸易调剂,配合贸易局在商品交换方面的活动,平衡贸易出入量,利用粮食和食盐调控边币发行,管理对外

---

① 山东省档案馆藏:档号:G001-01-0082-008。
② 山东省档案馆藏:档号:G001-01-0082-006。

贸易,动员民众运输食盐,积极筹备食盐统销,利于回笼边币,平抑物价,扩大了边币的流通领域。

1941年5月,边区金融波动之后,政府开始确立了由银行统一办理边、法币交换业务的主导思想。为了方便对外贸易和打击边区内黑市交易,于1941年底,边区政府成立了货币交换所,公开挂牌买卖法币,明确规定凡为对外贸易等用途,欲买进或卖出边区以外的其他货币者,均应到各交换所依公平价格自由交易,任何人不得强迫兑换或借故没收。

晋冀鲁豫边区设立了对外贸易交易所,就对外贸易交易所的性质、任务和组织做了具体规定。性质是商人群众(私商、机关生产合作社)自己为自己谋利益的对敌经济斗争的组织、任务和作用,是统一力量对敌做经济斗争,团结起来防止敌人各个击破,廉价掠夺物资,克服买空卖空,做到先进后出,争取主动。组织是商人群众的民主组织,负责人以民主方式进行选举,其物资兑换标准由民主会议产生,分县局只是在行政上指导,说服货栈,只是其中成员之一,不是领导关系,可以起带头作用,过去官办把持作风并在商人群众面前作检讨。特别指出贸易工作一定要加强交易的情报工作,奖励商人的真实情报者。此外,对敌区商人的交往,有些不讲信用者,一批货物无利则不来取,使我们内地商人吃亏,亦无地可找,今后应注意这些骗人的手段。第一,最好要有抵押金;第二,可通知我各地交易所与之断绝交易。交易所总的方针应该以组织群众大量的(大宗的和看点的)组织输出,抓紧时间进行兑盐(不强调争取高价和达高标准),摆脱伪钞,与敌人争夺棉花,发展内地纺织手工业,为达到自给自足而奋斗。①

贸易交易所对于1945年1—4月的主要出入货物进行了统计,见表4.4。

---

① 河北省涉县档案馆藏:档号:18。

表 4.4　1945 年 1—4 月份主要出入货物统计表：①　　　　　单位：斤

货\数\区\	入口		出口				
	盐	棉	什麻	皮毛	桃仁	花椒	植物油
磁武	460.127	58.401	53.331	45465	45.736	89049	62356
林北	270.809	168.412	44.919	26753	29.358	297153	22259
安阳	70541	10.672	3.580 半	8022	×	4072	6231
合计	801.477	267.485	19830 半	80240	75094	390274	90846

　　表 4.4 说明边区在市场萧条出入口不畅通的情况下,设法组织根据地不必要的物资出口,换回来根据地的必需品起到了重要作用。发展生产和稳定金融,保持商品贸易量平衡,必须要加强贸易管理。

　　1943 年 3 月 3 日,鉴于敌伪利用伪币套取粮、棉等重要物资的阴谋,晋冀鲁豫边区政府对工商总局和边区银行的职责、任务、分工问题等进一步明确与整合:银行部门(及其厅层系统)专做票币发行、管理通货、调节通货、吸收存款、发放贷款、掌握与管理外汇、吸收及抛售各种货币、东西线和战略区间通货外汇之调拨、买卖有价证券与生金银、货币之兑换汇兑、对敌货币斗争等一切金融货币信用事业之经营。工商管理局部门(及其下层系统)专作生产建设、物资供应、贸易建设、商品调节、评议物价、粮食斗争、管理出入口、征税缉私、发展合作事业、繁荣市场等一切工商业之经营。鉴于工商局工作和银行工作的紧密相关度,在战时开展对外贸易斗争的关键时期,一般来说,工商总局局长兼边区银行行长,如朱理治身兼陕甘宁边区银行行长和边区工商总局长。

　　银行及其各个部门彼此的分工有了明确规定:银行及其下层系统下各机构今后工商业之经营、买卖粮食、采购材料等,除分行级为外汇工作下必须而设立之一定数量的外汇(以山货为掩护),经过与工商局商店商量同意,并随时取得其互助互帮,互相监督者允许其存在;在某一特定时期,某一特定生产

---

　　①　河北省涉县档案馆藏:档号:18。

材料之一定数量的采购,以应急需者,取得双方协商同意后进行之;与一定机构为改善本组织细胞,内部人员物资生活而进行少量之合法机关生产外,统限于命令下达日起,至3月21日以前,一律办完清结,移交与委托手续等事宜。工商局商店下各系统之一定机构,其存贷款之经营,本票至发行,货币之买卖调控,外汇之吸收抛售掌握调度,特批私自货币携带护照支之开发,及汇兑工作,生金银收买工作等,除受银行之正式委托者,(委托条例细则另拟)得以遂行并完成其被委托之特定工作,并在本范围内受该银行之领导指挥督促检查外(被委托机构不寻借口、推辞或怠工)。应自命令下达之日起停止,并于3月31日以前将全部手续办清,移交各该当地或附近之分行级银行。不论在任何情形下,均应按此命令之精神及规定办法,按公定平价折合,随时就地交给银行或受银行正式委托之一定机构,不作单作库存,不再自由在东西线间调度。即如在乙地需用时,亦须按照法定手续,向该地附近银行协商购买,并按当时、当地公定平价成交,工商局商店方面,固不应苛求强索,滋生是非,银行方面,亦应以有效的调剂工作,首先充分保证其一定之供给,多予方便帮助,不故意刁难推诿,致使工作受损。关于今后工商局税收款项之收入,决定由3月1日起,一律交给银行或受银行正式委托之商店,作税收往来账,建立存款关系。①

目前粮食斗争是敌我双方的生死斗争。实行对敌贸易统制,使敌人不能得到边区一点有用的出产,禁止粮食、棉花、铁、皮等出口,换进边区的东西却是我们需要的海盐、布匹、电料、军用品等。物资掌握在我们手里,凡出口货必须换回必需品,竭力减少输入,以争取出入口平衡。结合敌占区人民、组织敌占区商人的办法反对敌人封锁,敌占区的商人常常跑到根据地来,愿意为根据地服务,敌占区人民亦用各种方法帮助根据地冲破敌人封锁。

猛烈打击伪联券,保持根据地物价平稳不涨,或者慢慢地涨。设法制造并

---

① 山西省档案馆藏:档号:A204-01-00001。

促使敌占区物价更加高涨,使根据地物价(冀钞价)与敌占区物价(伪钞价)之比较逐渐趋于平衡,这是我们对敌经济斗争的中心工作。其关键在于用大力打击伪钞! 首先必须做到冀钞与联银券在商品价格上等值,则冀钞与伪联券比价为一比一,唯有打击伪联券,才能保持根据地物价平稳,不受敌占区物价高涨的影响而受波折高涨。边区政府采取以下措施:1.根据地山货、土货、农产品,应抓紧掌握收集控制,不应急于大宗出口,被外商老客抢购出去,粮食亦然;但亦不应绝对不出,而应处在主动地位,有计划地出口一部分,继续制造敌占区价格高涨,陆续待价输出,向敌人作"囤积居奇"。2.出口山货、粮食,决定应摆脱外汇伪联银券的直接关系,一律要收冀钞,外汇登记亦以冀钞为本位计算,敌占区商民老客购货,必须以携带伪联券外汇,要限制只向银行按当时规定挂牌公价兑换冀钞方准卖给,后从黑市或别处调换来的冀钞则不准卖给。……5.各地入口物品,除用大力抢购大批粮食入口(不仅限于西线),及少量必需的日常用品(布匹、棉花、油盐等)外,其余必须严格限制入口,减少入口货。6.严重打击伪钞工作,并不等于完全不收兑伪钞,而只是要集中统一于银行机构负责兑收(其他机构不得竞相兑收)才能逐渐打击其价格,银行机构必须善于吸收并善于抛售,有的地方可能赔钱,有的地方亦可能获得差额利润,因此要有灵活远见,但也不能无意义地蛮干赔钱,也只有善于掌握吸收伪钞,才能有力量去进行与敌货币斗争。7.各地商品粮店向敌占区购粮,除由银行吸收掌握之外汇伪钞,首先供给其需用外,应努力打开用冀钞向敌占区购粮,或用其他通货,或用其他物资去购换,不应单纯依靠伪钞,才能取得更大效果。银行厅掌握外汇伪钞,必须有一部分直接用于对敌货币斗争,才能把伪钞普遍打击下去,决定原则:以获得外汇伪钞数量的一半,或必要时以三分之二的数量供用购粮,一半或三分之一用于对敌直接货币斗争。①

1943年冬,实行一元化对敌斗争方法,我们获得很大的胜利。一方面,把

---

① 山西省档案馆藏:档号:A204-01-00001。

伪联银券严重打击下去,达到与冀钞币价为一比一,使敌占区物价高涨,保持根据地物价平稳。在一定程度上实现了根据地商品冀钞价与敌占区商品伪钞价的平衡。另一方面,敌人无法吸收根据地粮食,还要使得在敌占区游击区的群众愿意把粮食送到根据地来。

1943年敌伪为解决物资困难,制定了掠夺粮食两千万石的恶毒计划,其方式是派集公仓,低价收买和武装掠夺。1942年11月,在冀中的安新、文安、任丘三县以低价强买稻米,在高阳、里县掠夺棉花,还把全年收成50%以上的粮食抢走,造成了冀中人民生活的严重困难。边区政府一方面发动群众挖窖分藏粮食,免遭日军攫取,在对敌负担上宁可交钱,也绝不交粮与敌伪,这些保护粮食办法,均是在武装斗争配合下进行的。另一方面,在平汉线一带大量收购棉花,发动群众纺纱织布,运到察南、雁北、平西等地,换取了大批粮食,供军民食用。这样做既促进了边区纺织业的发展,又粉碎了敌人掠夺粮食的阴谋,使产粮区的粮食能被根据地所吸收。[1] 充分发挥老百姓储存粮食的作用。

在晋冀鲁豫敌后抗日根据地,敌伪掠夺粮食和棉花等重要战略物资,通过任意抬高或贬低价格抢购物资,该抗日根据地因为敌伪区定价格棉花为群众所反对,敌伪区夏粮的掠夺是具有准备大规模地掠夺的野心的,而且发现用伪币抢购粮食和棉花,强迫老百姓使用伪币。同时,粮食跌价、盐涨价对群众经济生活极为不利,食盐也很难马上大批入口,给老百姓的生活带来严重困难。我们要抓住这点扩大宣传,现在仅是开始,给钱是个骗人的阴谋,我们要配合政治攻势深入动员使得群众了解敌伪掠夺之毒辣,把粮棉设法储藏不让敌人抢走,而且我们要抢出一些盐供给群众。[2]

1943年7月15日,武偏工商管理局向各事务所粮调所发布联合通知规定:(一)仍照六专区划定武安之后临河、委泉、汝洺、刘家河、龙务、柏林、从井、赵庄、十里店、三王庄、冶陶以东为缉私地带,在缉私线以西之根据地粮

---

① 魏宏运:《晋察冀抗日根据地财政经济史稿》,北京:档案出版社1990年版,第267页。
② 河北省涉县档案馆藏:《敌我区经济变化》(1944年),档号:11。

买卖运贩完全自由,不受任何限制,以前之购粮证一律取消,缉私以东之粮食户重新发购粮证,由县局同政府办理,只监察如保旧粮户在本村可以自由借贷,出村时须经村工作后,取得区上证明即可,事务所证明也行,也批准到集市买卖。(二)粮食管理办法撤销后立即恢复到自由集市封锁地带,人民可到冶陶等集市售卖,武东由办事处同武东所指定后报查,但是在新办法未能行通以前冶陶、汝洺、阳邑还要做一定时期的调剂,7月底可取消在自由集市内应起先取消指定各自由集市之合作社负责,纺织交易所办理过秤买卖,抽手续费十分之一给交易员,须经过当地事务所主任之核准或同意后确定之。(三)边境地带人民经营粮食须领取乙种粮食票证及粮食购运证,指定阳邑、冶陶到西线买回,到东线一定集市出售,并取得双方交易媒介之证明用完后交回。①

由于敌寇开放东线封锁,西线及储备券与联银券的激烈斗争,可能造成东西两线物价与币值较大的不平衡,给我们以可乘之机。晋冀鲁豫边区工商管理总局和冀南银行联合在《关于目前形势与对敌经济斗争紧急任务的指示》指出我们的对策:"1.加紧开展敌占区工作,利用敌伪之间矛盾。随时揭露敌伪的阴谋,扩大敌伪的矛盾和中日矛盾;利用日伪换防广泛开展伪军工作,组织敌我区间物资交流。利用群众对敌伪日益增加的不满,团结敌占区广大群众,扩大我们的政治影响。2.利用联银券储备券的矛盾与斗争,加紧打击伪钞(目前着重集中力量打击联银券),扩大冀钞流通地区与使用范围。3.利用东线开放,西线封锁的空隙,加紧吸收东线有利有用的必需品,供给西线敌占区与游击区,换取粮食,粉碎敌人的封锁。4.利用敌寇在西线疯狂抢粮,群众恐慌,加紧采用各种办法(用现洋、必需品、伪钞、冀钞、法币)大量吸收粮食。保证内地调剂。供给东线出口,在今天,只有西线吸收粮食的胜利,才能支持我们的斗争。5.利用东线开放与物价上涨,出口必要数量的粮食与山货。打击伪钞支持冀钞。(根据总局和银行所发联合指示)在压低伪钞比值中,吸收伪币必需品,保证供

---

① 河北省涉县档案馆藏:《关于货币斗争的方法》,档号:2。

给西线购粮使用,随吸收随送去。6.繁荣内地粮食市场。首先应设法筹一部分
粮食调剂支持,吸引粮食上市,然后再逐渐压低价格。单纯的压低粮价,只有使
粮食不上集市,发展黑市,粮食飞涨。7.冀南、冀鲁豫、太岳区应依此指示,根据
各地区实际情况,深刻研究配合太行区,采取积极进攻的有效对策。①

通过采取上述有效措施,我们在西线吸收粮食,保证内地调剂,利用东线
开放与物价上涨,吸引粮食上市,然后再逐渐压低价格,利用适当数量的粮食
与山货,维护合理的供求关系,有效地调节商品价格,打压了黑市,平抑粮食价
格,粉碎敌人在西线疯狂抢粮导致群众恐慌和扰乱金融的阴谋,达到从压低伪
钞比值中,吸收伪币、必需品,从根本上打击伪钞支持冀钞,充分体现粮食发挥
硬通货的作用。

陕北各县于1941年成立了平粜办事处,在平抑物价、调控粮食价格方面
取得显著成效。见陕北各县平粜办事处督办第一期平粜总报告书所示:各县
购粮数目及开粜情形:各县灾情迫切,就近采购平粜食粮,非但不能平抑市价,
反而有提高;前往绥远、宁夏两省采购,因当地粮禁森严,交涉耗时,且路途遥
远,运输困难。其余各县就地分批采购少数尽先开粜外,并会同专署,派杨毓
尊、高克恭赴宁夏,常韶光赴绥德,交涉购粮。结果宁夏允购千石,绥德允购二
百石,随即转电各县,派员往购。兹将各县购粮开粜情形分述如后:(1)榆林:
自去年办理平粜,即行派员赴宁夏购粮,本年二月二十一日粜委会重行改组,
将粜款汇往宁夏,采购食粮。计购得黄米(宁斗)一百五十余石、麦子一百二
十余石,于三月一日开粜,救济灾民三万余人。办理得法,成效最著。(2)横
山:三月十一日成立粜委会,因该县毗连安定,吸收特区食粮较易,就近先后购
得食粮二百零七石余,于六月一日开粜,救济灾民两万人,成绩亦佳。……
(5)定边:三月二十三日成立粜委会,先行就地采购,于四月二十一日开粜。
续由宁夏购回粮三十余石,救济灾民约三千余人,成绩尚可。(6)靖边:五月

① 山西省档案馆藏:档号:A204-01-00001。

一日成立粜委会,派员赴宁夏采购三十余石,就近采购二十余石,于五月十八日开粜,救济灾民约五千余人,成绩尚佳。(7)葭县:在晋西沿河各县,购得杂粮二十余石,于五月初开粜,成绩很好……①

冀西一带边区政府,早在1940年就号召人民集股购粮,组织政民合办平粜局,专司其事。当时政府以财政困难,责成银行发行一部期票,1941年1月至3月三个月中,期票发行达3435350元,募集民股达2478390元,合计平粜资本5913740元购到粮食60101石(27斤斗),这是一个很大的收获。② 1941年秋,平粜局已有517万元资金,掌握粮食30180石。在1942年4、5、6月份粮价飞涨之际,进行平粜,同样起到了上述作用。③

边区的策略是以自己握有的粮食,动摇伪币在其流通区内的信用,造成伪币贬值,物价暴涨,市场恐慌。天津"以面粉、杂粮等华人主要食粮价格日见昂腾,实于日常生活上一大威胁,而渐化为重大社会问题。"④日伪曾以平抑粮价办法,挽救其币值狂跌,而商号多不遵行。1939年12月,受大米、面粉缺乏的影响,杂粮价格也急趋高涨,有钱连杂合面都买不到,敌又改订标准价,仍无补于事。1940年春节时,以伪钞为主导的物价,如脱缰之马,敌伪经济陷入严重危机。"中国联合准备银行"顾问阪谷希一哀叹:"故物价问题,成为华北之紧急而难解决之重要问题,通货之价值维持,实以治安工作的进展为前提。"⑤

货币斗争的主要任务,是根据战争形势的发展,努力扩大本币流通范围,压缩敌币流通范围并适应对外贸易的需要,掌握外汇牌价,调剂出、入口贸易。在解放区扩大时,迅速驱逐敌币,在敌占区物价高涨时,迅速抑低敌币币值,从

① 陕西省档案馆藏:档号:64-1-167(2),第87页。
② 中国社会科学院经济研究所中国现代经济史组编:《革命根据地经济史料选编》(中册),南昌:江西人民出版社1986年版,第165页。
③ 魏宏运:《晋察冀抗日根据地财政经济史稿》,北京:档案出版社1990年版,第244页。
④ 《新民报》(晚刊)1940年2月2日。
⑤ 《新民报》(晚刊)1940年1月10日。

而避免损失。延安市安塞区农民拿边币在各区县联分社买到他们所需用的各种物品。县联社领导下的五处群众消费合作社,1941 年上半年的六个月内贸易总额达 71 万余元,边行安塞办事处放出农贷后,农民换得镢头一千把、铧五百页及其他农具多种,仅在过去的 6 个月内,安塞便有百万元的食粮,农业刚需产品换成了边币,同时亦有 60 万元的边币充实了农民的生产力量,50 万元的边币补充了农民的生产用具。①

近日市面货物流通量已大大增多。贸易局已有计划地源源从外购货进来,市面上绝不致缺货,因此三大商店的减价运动,能对平稳物价有极大贡献。② 各公营商店根据客观实际情况实行价格调整的行动对于平衡物价和平稳民生安定方面起到重要作用。

日本对棉花、食盐等重要战略物资实行统制政策。如棉花实行输入输出统制。1938 年 11 月 28 日,北平伪临时政府公布了"棉花输出许可暂行条例"八条,对棉花之种类(细绒或粗绒)、数量及价格、买入者姓名或商号及其住址、输送目的地、输运目的港、输出港、输出日期、办理输出货款汇兑时的汇兑日期、汇兑银行及汇兑金额等及不办理货款汇兑时陈述其理由等有严格的规定。1942 年 1 月,国民政府对盐、糖、烟酒等实施统制专卖政策。因此,边区政府从实践中看准了实行食盐等对外统销,不仅是管理对外贸易的重要措施,也是开展外贸斗争,打破敌顽经济封锁的需要。

通过组织食盐及其他土产的生产和出口,并配之以机动灵活的斗争策略,边区的对外贸易就有可能掌握必要的物资力量去换回必需物资和法币,从而摆脱被动挨打局面,取得出入口贸易的主动权。1941 年 12 月,边区政府决定食盐对外统销。1942 年初贸易局在贸易计划中把实施食盐对外统销列为主要内容,并把它作为实行统一管理对外贸易和弥补入超的重要措施。同年 9 月 1 日成立了食盐公司,并经办统销业务,边区食盐实行对外统销。食盐对外

---

① 《解放日报》1942 年 7 月 18 日。
② 《解放日报》1941 年 6 月 17 日。

经销的办法是:各地盐脚不得私自运盐出口,出口食盐价格由盐公司统一规定、统一收购,各地盐脚运出口食盐须执有该地统销机关签发的统销票始得放行,并按盐公司指定口岸出口。

1945年初,晋冀鲁豫边区冀南银行第五分行关于磁武、安阳敌后工作会一天天地开展,有些据点也可能攻克,故棉花入口较往年要容易些,食盐因在敌人手中掌握,且今后运输不易,困难更大,甚至有可能断绝来源,而棉盐除五分区自用外尚需供给三、四分区。对物价作出估计:1944年的丰收使大部分群众有了存粮,再加上目前的雨水缺乏,群众都接受灾荒的经验,存粮放着备荒,不愿出售,即有少数贫户经过了群众运动的开展其生活也略有改善,这样一来市场粮食不会太多或太少,我们估计可能平稳,去年的暴涨、暴跌不会在今年出现。1945年的麦收可能因雨水不均,产量削弱,也有去年的积蓄也不致暴涨、暴跌。棉花、食盐目前涨幅平落,食盐今后可能因交通影响。目前略有上升,日后越涨,在这两者看来食盐今后比棉花涨的程度要大。为了使群众保存食盐不致以后吃亏。其做法:首先,由德兴栈往西线购买食盐起带头作用打开过境贸易;其次,在任村、两岔口、河南店以一部分款子慢慢购买一部分盐,提高价格以活跃市场,打开汇兑盐的顺利局面;最后,边区进盐数多时,发动群众贮存盐,避免以后盐贵了,群众吃亏,目前因为内地存盐不多,如果发动群众起来大量存盐可能造成盐价暴涨,但以上两个办法也可达到刺激群众存盐的目的。①

边区的货物税就是边区的关税与统税,如果掌握不好,就会使边区物资需求上发生困难,使货物流通上发生混乱现象,影响出入口平衡和金融,我们的货物税必须与边区的贸易政策紧密地配合。1940年5月30日公布《陕甘宁边区货物税暂行条例》中的第八条至第十二条对边区食盐税收进行明确规定:"第八条　边区食盐产地税、或非边区所产之食盐过境查验手续费,均以

---

① 河北省涉县档案馆藏:档号:18。

驮为单位征收之。……第十二条　购运边区食盐、皮毛、药材者,不问其为个人或公共之自用或行销边区以外,皆应向边区出产地附近之边区税收机关缴纳产地税、领取税票通行。"①其间,晋冀鲁豫边区工商局对一般出境货物税率亦有过相当仔细的规定:1.各种油饼过去禁止出口,今后准予出口税率定为百分十五。2.大蒜籽油过去出口税率为百分之三十,现改订税率为百分二十。3.生羊皮出口税率百分之二十,熟羊皮出口税率为百分之十五。特许入口货物税率:1.煤油特许入口税率以百分之十征税。2.擦枪油特许入口税率以百分之十征税。3.海味茶食及消耗品特许入口税率以百分之五十征税。4.白色洋布特许入口税率以百分之十征税。5.纸业制造材料纸粉等材料特许入口税率以百分之三十征税。6.印制币张及文化品特许入口税率以百分之二十征税。② 这样各县工商局在征收出境货物税款时能有章可循,这是加强贸易管理的重要举措之一。

食盐是边区的一大富源,历来是边区出境物资的大宗。1941年食盐出口大约20万驮以上,占出口总数的90%。在经济封锁后,食盐输出成为获取外汇和必需品的主要手段,在平衡边区出入口贸易、稳定金融物价起着至关重要的作用,见表4.5所示。

表4.5　1937至1945年边区盐税收入统计表③

年　份	税　款	占工商税收收入%
1937	1868.50	100.00
1938	49247.50	68.50

---

① 星光、张扬:《抗日战争时期陕甘宁边区财政经济史稿》,西安:西北大学出版社1988年版,第227页。

② 山西省档案馆藏:《晋冀鲁豫边区政府及财政厅、工商总局、豫晋联办关于税务征收工作的通知、通令(1943—1944)》。档号:A198-03-00036。

③ 星光、张扬:《抗日战争时期陕甘宁边区财政经济史稿》,西安:西北大学出版社1988年版,第227页。

续表

年　份	税　款	占工商税收入%
1939	29895.50	67.30
1940	44060.00	56.80
1941	372084.00	46.30
1942	489576.00	12.80
1943	4471490.00	15.60
1944	24578778.00	17.50
1945	178187842.00	34.50

注:金额均以券币为单位。工商税包括盐税业、物资营税及其他各项。

据贸易局统计,1942 年上半年延安等 28 个光华商店分店共买进 4857 万元,卖出 4224 万元,纯益达 750 万元。资金平均周转率 10.81 次,平均利润达 200%。足见光华商店在促进边区流通方面的作用。在资助财政方面,1941 年延安光华商店整批供销公家的物资如布匹、纸张、文具、工厂器材、化学原料等总值 780 万元。1942 年春秋二季光华商店以低于市价 10%的价格卖给财政厅棉花 50 余万斤,冬衣材料 1000 余万元。同时,为财厅收了公盐 70 余万斤,代发 30 余万斤①。

在商品价格普遍下降时,如果商品量的增加同商品价格的跌落保持相同的比例,或货币流通速度的减低同价格的跌落保持相同的比例,流通手段量就会依然不变。如果商品量的增加或货币流通速度的减低比商品价格的跌落更迅速,流通手段量就会增加。② 从表 4.6 可见货币的发行与其购买力之间的内在联系。

---

① 《光华商店去年营业 800 万元》,《解放日报》1942 年 1 月 10 日。
② 《资本论》第 1 卷,北京:人民出版社 1975 年版,第 142 页。

表 4.6　历年货币发行与购买力变化表①

项目/时间	本年发行（万元）	累积数（万元）	发行指数	使用边币人口（万）	每人平均使用		物价指数		货币发行总额购买力指数		每人平均购买指数		每万元购买力
					金额（元）	指数	单平	全边区	单平	全边区	单平	全边区	
1938	410	410	100	250	1.64	1.00	1.00		100.00		100.00		10000.00
1939	1626	2036	496	530	3.84	2.40	2.72		182.00		88.20		3676.00
1940	3428	5424	1332	700	7.80	4.75	10.92		133.00		43.50		915.75
1941	3464	8928	2176	700	12.75	7.77	8.99		242.00		86.40		1112.34
1942	5045	13973	3406	560	24.95	15.21	14.69		232.00		103.50		680.73
1943	9530	23503	5729	400	58.75	35.82	97.74		58.00		36.10		102.31
1944	163304	186807	45534	600	311.35	189.84	344.83		145.00		55.04		28.99
1945	620396	807203	196755	1500	534.14	328.13	546.01		361.00		60.00		18.31
1946	9917699	10724900	2615830	1500	7150.00	4319.75	7032.47	100	357.00	100	62.00	100	14.20

① 河北省金融研究所编:《晋察冀边区银行》,北京:中国金融出版社1988年版,第41页。

敌后根据地货币斗争的根本目的是争夺物资和稳定物价。通过贸易斗争和货币斗争,争取边区对敌区的贸易达到有利于边区的物资交流,即以边区多余的物资换回其急需的敌区物资。贸易工作应该支持货币斗争,要在新解放区平抑本币物价,使群众乐于使用本币。在外汇管理中,货币斗争应为贸易斗争服务,按照进出口需要,适当调整外汇比价,吞吐外汇。

为保证太行根据地军食民食,度过青黄不接之空前艰困时期,迎接胜利,确实掌握及扩大外汇来源,节约外汇支用,并用最大突击力量以争取抢购粮食工作的完成,是当前全区财政经济金融工作之最迫切任务。

1943年4月冀南银行和晋冀鲁豫边区工商总局《关于当前外汇工作之紧急任务》关于扩大外汇来源和节约外汇作出联合指示。①

(一)扩大外汇来源:1.效"欲擒故纵"之策略,为了从西线敌占区吸收大量粮食,首先便须在东线以一部分粮食输出至敌占区,换回伪钞。其具体做法,应以本币作价,形式上收本币,但实质上则必须掌握外汇。2.竭泽而渔,倾尽根据地内一切可能出口之货物,如花椒、黄麻、丝、药材、茸席、皮毛、毛毯等,组织出口,只求不赔钱,不苛求赚钱,各分局应以全力组织及主持此事,各商店应赋以较前更大之突击力量去进行之,并应注意求得各级政府及财经委员会较大力量之领导。同时,各级银行亦必须迅速布置在各地(东西线内地一切区域包括在内)组织一定数量之长期或短期的山货行,吸收山货;或以投资经营方式,获取某些私营山货行之主导权,使其在正确领导下经营业务;或经贷款之形式,劝诱商人组织山货出口,以求襄助于成。如晋中第二分行,应立即配合商店尽力搜集该区黄麻等货,运往蟾坊、阳邑、宋家庄等地(该区出口价较高),四三分行,应迅速搜集羊毛、毛皮、毛织物等,运往林安、磁武邢等地出口,以换回外汇供作购粮资金。山货出口,应将其货价值全部外汇,悉数登记,废止过去以一定比例数登记外汇,以一定比例数准于换回入口货之临时做法。

----

① 山西省档案馆藏:档号:A204-01-00004。

3.责成平汉线一五六分行立即拨派专人,携总行命令前往路东银行协助吸收外汇,要求自四月至九月底之半年内,自冀南吸收四百至五百万伪汇钞,解供太行。价格上,准许比太行黑市稍高,自三元以下至三元左右。责成白晋线三四分行及太岳行,于同一时期内,以相同之比价,自太岳吸收同券数额之外汇,解供太行。4.授权及命令各地分行,应会同工商局县局分局、各商店、各该地政府、各该地部队机关团体及工作队等,或经过商人群众等一切私人社会关系,向地下组织大量吸收存款,准许在以伪钞作计算单位之情形下,酌予月息二至三分之高额存息,或在以适当比价折合本币为计数单位之情形下,酌予月息一分五厘至二分以上之存息,并最好约定于秋后至年前提偿之。(应以伪钞计算为主)5.经过各级政府之配合,及各专区财经委员会之讨论洽商,于征收敌占区、游击区票款时,征取一定数额之伪钞,并随收随缴银行折价。(已经边区财经委员会决议)6.要求各分行于各该区边沿,尽量肃清伪钞市场,掌握黑市,以一切办法,集聚伪钞于我手中。

(二)节约外汇之使用:1.重申总行总局三月三日合字三号联合命令之精神与要点,各机关团体及商民人等,为了整体利益,要求一律遵循规定,以一切来源寻找外汇钞,悉数向银行交兑,由银行统一计划调动,更不寻私相授受买卖,避免无谓损耗。东线或其他地区之公营商店等,不论系出口粮或出口货所寻外汇钞,一律交给银行,转供西线。但为及时迅速解送计,一行随时发现伪钞时(不拘数量多少),可交各该地商店代为收解西线(或有各该地商店请求亦可)银行只准以收兑比价折合本币,加收百分之五于手续。2.所有一切非必要之入口货,凡棉、布、盐、火柴、纸张及其他消耗品等,除急需之实用器材、医药用品、特殊印刷材料等外,一律尽量减少出口,不准用外汇。3.各机关团体、各敌区工作队等,因工作或其他需用而必需之外汇,必须由该机关首长制造预算数字,经各专署以上之财经委员会审核批准后,始得在预算范围内请求使用。公私营商店经营业务所需之外汇,须在每月之前估计需求量制造预算,集中银行,提交财经委员会核定。4.东西线外汇行情,应尽量求得减少差额;

挂牌价格,应尽量接近当地黑市。各地银行本身打击伪钞,打击黑市等所需外汇,即使极少数量,也须呈请总行批准后,始得动用。5.各地银行必须专立财册,记载外汇收支数字及详细缘由,并于每月底制造统计报表一次,呈报政府、财经委会、与总行,知照各工商分局、各商店等有关机关,以昭信实,并收互相监督、互相推动之效。在外汇统一管理、统一支配调剂,不使存有分毫不必要支出及无益浪费现象之总原则下,尽一切努力,从消极方面限制外汇的使用;必须以全部外汇钞集中于银行,以全部或最大比例首先尽快供应西线购粮之用。

边币发行初期,边币主要是用于解决财政困难。1942年,随着生产的发展,各个抗日根据地的货币发行用于财政性质的发行不断减少,用于发展生产贸易的发行不断增加,成为发展独立自主的根据地经济建设的重要途径。边币的发行,要有充足的准备金,开始之初,是以法币为准备金,因为法币是全国流通的法定货币,是有英美外汇保证,币值比较稳定,信用比较巩固。边币发行之初借重于法币作保证,以建立自己的信用,这是符合当时的实际政治经济形势的货币政策。后来采取物资准备,主要是以粮食为主,发挥粮食硬通货的作用。

为确实掌握外汇,争取商品出入平衡。1943年7月,晋冀鲁豫边区政府召开财政大会,对外汇的使用手续做了具体规定。同年10月5日,晋冀鲁豫边区工商管理总局制定了关于外汇预算编造办法:1.加强全省经济情报联系,统一斗争步调,首先争取胶东、渤海的统一发行,接着完成全省币制的统一。具体规定各部根据需要,每半年向财经委员会造使用外汇预算一次,由1月到6月底为一期,7月至12月底为一期,预算需同样造四份,送请边区财经委员会核准后,发还使用机关一份,送银行管理局各一份,财经委员会留存一份。2.各部依据预算,向工商管理总局批用外汇时,在批准数内,工商局须依要求入口货品物种,通知入口地之县局,填发入口凭单,作向银行购用外汇之依据,办理入口,如超时预算或入口货物与预算不符时,工商管理局得拒绝发给凭单。①

1943 年 9 月 21 日,晋冀鲁豫边区政府关于吸收之伪钞统交银行处理进行了规定:查管理外汇办法,业已颁发在案,近据报尚有个别专署和县府,向敌占区征收粮款吸收之伪钞,未按规定交与银行,或直接交给工商局,此种情事应予纠正。为求步调一致,集中力量加强对敌货币斗争起见,兹再决定凡向敌占区征收粮款吸收之伪币,应按时价规定一律交冀南银行,不得直接交给工商局或自行处理。如政府向银行取用伪钞时,亦按时价规定,双方均系自愿为原则,谁也不得强制谁。在冀钞与伪钞混合流通之区域,如二专区平、寿等地,征收粮款时应尽量强调征收冀钞,以扩大冀钞市场,打击伪钞。②

货币政策附着继续稳定币值、稳定物价,山东抗日根据地作出指示:必须注意:1. 服从发展生产对敌经济斗争要求,供给必要资金,增加各种贷款,勿使土产物价继续跌落(亦勿过分上涨),粮价应适当提高,使得群众购入必需品,如粮食价格比值比较相当。2. 与巩固反攻以巩固物价基础结合起来,充实印刷机构储存大量本币,并积蓄力量物资随时用于反攻。(1)目前全省发行约为 4.7 亿元,须于今后两个月内突击增发 1.3 亿元,并须于明年上半年增印 4 亿元(合计 10 亿元),按照发行需要随时发行,但需呈请批准。胶东增发 2 千万元(连前共 2 亿元),今后发行应当慎重,应当防止物价高涨,严格保证发行不作财政开支,过去政府借支款迅速归还。渤海增发 3 千万元,明春继续增发至 1 亿元,迅速完成冀鲁边区停法币工作。滨海、鲁中各增 3 千万元,两地合计连前约共 2.5 亿元,鲁南再增 2 千万元连前合共 6 千万元,明春增发至 9 千万元,迅速完成运河区停法币停伪币工作。上述数额完成后胶东再印 1 亿元、渤海印 5 千万元,滨海、鲁中、鲁南再印 2 亿至 2.5 亿元,不打号码印章,于市

---

① 山西省档案馆藏:《晋冀鲁豫边区政府工商总局、第二厅、南汉宸等关于金融、信贷工作、破币销毁工作的命令、通知、办法、指示(1944—1948)》,档号:A198-03-00012。
② 山西省档案馆藏:《晋冀鲁豫边区政府工商总局、第二厅、南汉宸等关于金融、信贷工作、破币销毁工作的命令、通知、办法、指示(1944—1948)》,档号:A198-03-00012。

场需要时请总行批准随时发行,旧历二月内,除渤海、鲁南外暂不增发本币,防止物价高涨。(2)按照以前规定以发行半数充实工商管理局之资金,加强对市场及物资之控制力量,以便应付任何货币危机,目前各地工商资金总数为2.4亿元,一月底止再增6千万元,合共3亿元,以后增加发行仍以半数作为工商管理局之资金。各地资金分配,胶东现有6千万元,再增2千万元(可能应增至1亿元以符规定);渤海现有4千万元(尚未交足)再增1千万元,滨海现有6千万元,再增1千万元;鲁中现有5千万元,再增1千万元,鲁南现有3千万元,再增1千万元。①

各地随时注意勿多存伪钞防止突然跌价大受损失,伪钞大量兑入时各县局可自动压价或停止兑入,贸易出超应精确估计,有计划换回各种物资,以免伪钞影响土产输出。边币发行初期,边币主要是用于解决财政困难。1942年,随着生产的发展,各个抗日根据地的货币发行用于财政性质的发行不断减少,用于发展生产贸易的发行不断增加,成为发展独立自主的根据地经济建设的重要途径。

边币的发行量,按照市场来调剂。当物价上升时,出售物资回笼货币;当物价下降时,增发货币收购物资,以平抑物价。边币的发行同外汇管理和贸易管理密切配合,以保持区外贸易的平衡保持物价的相对稳定,使边币的币值得到不断巩固和提高,又进一步促进根据地的经济建设,有力地支持抗日战争。

二、综合治理伪造货币

(一)多个部门协同打假

1943年9月1日,中共中央山东分局《关于对敌货币斗争的指示》指出,货币斗争中曾存在组织和领导上的不统一、不协调,军政机关往往自己破坏政府法令。要知道货币斗争的胜利,主要依靠动员我们领导下的一切力量(如

---

① 山东省档案馆藏:档号:G001-01-0082-006。

贸易局交易所、公营商店、合作社等),造成货币斗争的有利形势,如使人民自动拒绝法币或自动将法币折价使用。然后政府颁布法令,予以法律保证。因此,必须党政军民全体动员有机配合,才能达到预期的目的。①

　　我们要求各地政府应负主要责任来组织查禁伪造北海本币的各种工作,北海银行为自己业务机关,贸易、税务各局与金融有密切联系,均应主动与政府配合进行这一工作。各地公安局为查缉违反根据地的利益的各种罪犯的主要机关,查禁伪币亦是其应尽的天职。并且我们要求各地党与群众团体动员其组织内的成员,对于这一工作予以确切的保证,各地区继续调查研究,以期继续发现其他种类之伪币,达到杜绝伪造假票,安定根据地金融。为防止伪造假票之继续暗中扩大流通额,由北海银行即日公告停止使用红色的及胶东版蓝色带"繁"字的两种伍元票,以后再由银行公告定期全部收回。其兑换基金可暂由各地政府收入项下垫借,由银行拨款偿还。②

　　北海银行在杜绝伪造北海本币的来源和巩固北海本币的信用采取如下措施③:第一,通过党政军民各种组织自上而下地深入动员,先使每个组织内的成员对于这个问题有正确的认识,能够识别真钞、伪币,这样才能从各方面向广大人民深入宣传。第二,由政府布告人民,指出真钞与伪币区别之点,使群众自己能够识别。第三,由县政府以区为单位召集村长联席会议,研讨识别方法及其查禁问题,会后各村分别召开村民大会深入动员,确定识别和查禁办法。第四,由贸易局、北海银行召开各地商人座谈会,说明敌寇阴谋和对北海本币爱护的必要,从商人本人的识别做起达到禁绝伪币的目的。第五,利用各种报纸、书刊及文学等教育机关,揭露敌寇扰乱金融的阴谋,指出维护北海本

　　①　中国社会科学院经济研究所中国现代经济史组:《革命根据地经济史料选编》(中册),南昌:江西人民出版社1986年版,第688页。
　　②　中国人民银行金融研究所、中国人民银行山东省分行金融研究所合编:《中国革命根据地·北海银行史料》,济南:山东人民出版社1986年版,第577页。
　　③　中国人民银行金融研究所、中国人民银行山东省分行金融研究所合编:《中国革命根据地·北海银行史料》,济南:山东人民出版社1986年版,第574页。

币,查禁伪造假票是全体抗日人民的严重政治任务,告诉群众识别伪币的方法
与发现使用大批伪币的奸人对策,造成查禁伪币的群众运动。第六,对于伪币
来源,应由各地公安局负责严密侦察,必要时可以利用关系好的商人到敌区去
找线索,做到正本清源。第七,查获大批使用伪造北海本币,敌寇的计划是在
破坏根据地金融之奸人,应立即处以极刑,以资镇压。但持有伪币之安善良
民,因昧于识别方法致被愚弄者,应耐心解释说服,除将其持有之伪币作废外,
不能苛责。第八,北海银行总行、各地分行及办事处应会同各地政府机关,设
立识别所,替人民辨别真伪。其组织为:(1)有集市的村镇,其村镇长兼任识
别所负责人。(2)区公所兼识别所责任。(3)各地贸易、税收机关兼任识别
所。(4)各级银行机构兼识别所(无银行办事处之县份由县府财政科兼任识
别所)。在宣传时亦可利用集市,用彩色布幅粘贴各种真钞伪币,号召群众自
己鉴别。

1943 年 5 月 21 日,晋冀鲁豫边区政府"关于反对假冀钞紧急指示"中,指
出"反对假票是一种群众运动",应加强宣传和群众的组织工作,并规定对某
些奸商要严刑制裁、处以极刑。滨海各地连日发现大批敌人伪造之北海银行
纸币,混入根据地,企图捣乱金融。据悉,此系敌寇财阀巨头三井、三菱策划下
之阴谋,其伪造票已达两千万元之多。① 山东省战时工会已于日前通令各地,
紧急动员,展开群众性反假票斗争,北海银行总行并同时公布真假北币识别办
法,张贴大小集市。在我党政军民紧急动员下,群众性反假票斗争已广泛展
开,各地现已查获散布假票之奸商多起。

抗日民主政府为了有力打击伪造抗币活动,除对造假、使假者采取严厉制
裁外,还分别对不同情况实行不同的处罚办法:对有意带进假票扰乱金融者严
惩;为牟取非法利益而带进假票蒙混使用者,送县政府处理;对无意识使用者
进行教育;干部使用假票则以贪污论处。此外还利用会议及各种形式进行广

---

① 《大众日报》1942 年 12 月 25 日。

泛宣传,使家喻户晓,还由淮南银行、公营商店、货检税务机关等处将假票贴出,让民众识别,并常到市场检查,侦察使用假票的线索。采取了种种措施后,民众对假钞的警惕性提高了,使得假钞无立足之地,其后假钞逐渐减少乃至绝迹。敌人为破坏金融,1940 年在鲁中发现两种伪造北票,1942 年内敌复有计划、有组织地在各地区伪造北海票多种,利用奸人向根据地行使。在我们宣传查禁、建立识别所等办法的打击下,也均先后绝迹。

　　北海银行发行的本票共有三种:(1)票面额壹佰元的是小黄花票子。(2)伍佰元的是紫地花瓣凑成圆花。(3)壹仟元的是紫地布纹没有花。使用本票时不但要注意票面额当中的大写数,还要注意下头的阿拉伯码数,再牢牢记住三种本票花纹和颜色是不同的,就不能受骗。北海银行本票壹佰元之红色版,近发现假票,其识别最易者为颜色淡、花纹模糊、号码字体大而笨、印刷不清等。希各地群众严格注意,不要使用,并即应追究使用者之来源,送政府法办。① 泰南区 X 地集上,目前已查获奸商三名,搜出假票一万三千余元。现滨海各地连日纷纷召开村民大会,深入传达真假票识别办法,动员群众协助政府缉私。② 对伪造北钞,则由政府严密查缉,并将缉获之物伪造北钞分送党政军民,动员群众一致监视。

　　由于假票对根据地的政治经济危害极大,晋冀鲁豫边区政府和冀南银行等都对此极为重视,对反假斗争进行了一系列部署和制定相应的政策措施,积极开展反假工作。1943 年 5 月 21 日,晋冀鲁豫边区政府《关于反对假冀钞的紧急指示》里对反假票的措施做了非常详细的规定:③一、反对假票是一种群众运动,应从各方面深入这一工作,专署县在接到这一指示后,应召集财经委员会讨论通过,县无财经委员会组织者,由县政府召集有关部门的临时会议讨

---

① 《渤海日报》1944 年 8 月 27 日。
② 《群众报》1943 年 2 月 8 日。
③ 山西省档案馆藏:《晋冀鲁豫边区政府工商总局、第二厅、南汉宸等关于金融、信贷工作、破币销毁工作的命令、通知、办法、指示(1944—1948)》,档号:A198-03-00012。

论之。在一县之区办以区为单位,召开村级干部会议,宣布讨论打击检查假票办法,有集市的大的城镇村庄,除由镇村公所召集镇村庄代表会讨论外,应由商联会召开商人联合会,讨论对付办法,商联会者由工商局中镇村公所召集之,其他军政机关应召集供给部门和会计事务管理人员会议讨论之。某些假票流行多的区域或边沿区域,定期宣传假票之样式或流行之坏处,及敌人之阴谋。二、各县高小学校或村剧团应该利用各种机关,向人民宣传解释,各村国民学校、民众夜校应在一定时间向村民进行反对及辨别假票之教育。三、过去我区各片开设有冀钞辨识所,需要加大推广,普遍设立,工商管理交通局各地、各村之各种合作社,以及军政机关所设立之商店合作社,都可兼办辨认所之责任,而且都设立冀钞辨识所,代民众进行辨认工作,或者在自己住地等各县冀钞辨认所,以便团结民众于自己周围,无以上组织者,政府银行应委托可靠商号,或指定村公所国民学校兼办之。四、由县统一计划主持,在各市镇村辨认所,要将所得假票,假的主要特征差别所在(其不明显不易为人民所辨认者)标出标志,(银行已有专门指示时好参照),贴于通街、市街的墙壁上,让民众浏览参观,以资识别,因此,要求已经查获假票之各专署,除留必要数目在各区张贴外,其余要悉数解交边府,以便转发全区一律执行。五、在游击区、敌我交错区,一面由县政府根据敌我斗争形势,划分一定经济封锁线,责成封锁线上村庄特别注意稽查,一面由边境商店、事务所、税卡、缉私队,民众例行检查;但不得借口故意为难商人,违章地行没收,以及无端扣留等。六、在游击边境区尽一切办法,组织民众抵制反对敌伪强迫以假票兑换伪钞。并组织民众打击敌人宪兵队或伪警察,使其不敢出来向游击区强迫推销假票,对于已经推销假票的区村应令民兵限期登记销毁,不得保存,并向游击区民众,揭发敌人之毒辣阴谋,勿上其当。七、要深入除奸工作,派可靠得力人员打入敌人印发贩运机关,从内部侦查破获。八、发现使用假票之人犯,必须跟踪严予追踪。客观上也取得非常好的效果,各个部门协同开展打假票工作取得综合治理效果,冀南票币值比较稳定,信誉良好,人们比较拥护。

边区银行在每县的各区内部,设立了边币对照所,除了兑换破烂的法币及损坏了的边币之外,还负责打击伪币及辨别真假法币、边币的任务。并广发票样到处张贴,动员群众共同打击伪造边币、法币的日寇、汉奸。对照所的工作人员还不断地巡回在每个集市上,发动群众、教育群众,辨别真假法币、边币。日寇、汉奸制造伪钞,以假乱真的货币阴谋,再次宣告破产,边币的信用得以提高,边区金融阵地,日益巩固。

在打击伪造货币中,提出"反对假票是一种群众运动"的口号,注重反击伪造货币中群众的作用,充分体现了中共对群众的组织能力和宣传作用。如山东省战工会通令各地,紧急动员,展开群众性反假票斗争。如北海银行总行公布真假北币识别办法,张贴于大小集市。在我党政军民紧急动员下,群众性反假票斗争广泛展开,各地查获散布假票之奸商多起,有效地治理了伪造货币乱象,有力打击了日军的金融侵略。

(二)严惩与重奖相结合

在过去有些民兵或工作人员查获伪钞,多是为了提奖,而收伪钞只是为了把伪钞没收到税收机关去提奖,就欢天喜地、万事大吉,根本就不解释,为什么不要花伪钞,所以有的老百姓,被没收就骂啦,他们不让花,没收了他们拿去干什么? 所以我们反伪钞应当把教育放在第一位,没收放在第二位。① 政府与群众团体除兑换破票完全不配合外,在反假票反伪钞工作,配合得相当差,他们对这几项工作,总以为是银行的工作,特别表现在反假票斗争上,有时我们在集上宣传假票时,老百姓都很高兴地来看,而我们工作人员一个也没有来识别假票的,所以区级政府及税收人员最易混收假票,就那五区公所交一两次就有 250 元,十区分卡交一两次就有 60 元假票。据群众反映,有时老百姓误用假票被发觉后被我们剪了,就不高兴啦,倒以为假票是我们出的了,就说假票

---

① 山东省档案馆藏:档号:G039-01-0005-003。

子不好,咱们不好不出吗? 再就是反映我们印的票子种类太多,老百姓脑子比较简单,最不易识别,因此对我们不满。①

1943 年夏曾破获一起假抗币案件:东南办事处渝兴区乡一个保长王景椿,曾帮淮南抗日根据地其表兄李康出售大烟土给本保村民丁阿大,丁付给一色新的十张"伍圆"淮南券,由王交给李,李觉得所付钞票可疑,后由渝兴乡政府送交淮南银行检验,确认是假钞,随即将丁阿大抓获,丁犯供认是扬州方面敌伪阴谋破坏根据地金融印制的假淮南票,派人带进根据地内使用。1943 年秋,值渝兴集逢集的一天,在渝兴集召开了千人公开宣判丁阿大大会,会上以汉奸罪、破坏抗日根据地金融罪,判处罪犯丁阿大死刑,并立即执行。大会还动员广大民众要提高警惕,识别假钞,并许诺政府将对检举揭发制造、使用假钞案有功人员给予奖励,大会当场奖励了检举捉拿罪犯丁阿大的有功保长王景椿淮南币 50 元。会后张贴了布告,公审大会收到了良好的效果,此后几年内东南地区再未发现假钞。②

近日滨海区城头、十字路等集市,继鲁中之后分别查获伪造之伍元北海币数起,足证敌寇是有计划、有组织地破坏我金融市场。滨海专署特发出布告,着全区商民密切注意免受欺骗,并指出此种假票系敌人在青口一带所伪造,其与真票之显著不同有四:(略)。在根据地内携带假票者,不论其行使与否,一律查明其来源,以便破获奸犯,从严惩处之。③

1940 年 12 月 10 日的《冀太联办召开的第一次专员、县长会议上对法币问题的规定》第 7 条规定:"凡伪造或涂改证明文件,或法币之种类数额等与证明文件所载不符,或并无证明文件,而携带之法币经查获后一律以走私资敌论处,在 50 元以内者全数没收充公,在 50 元以上者除没收充公外,并须解送司法机关以法令依法惩处。"冀南银行于 1943 年 9 月 29 日通令第 11 条规定:

① 山东省档案馆藏:档号:G039-01-0005-003。
② 章书范:《淮南抗日根据地货币史》,北京:中国金融出版社 2004 年版,第 76 页。
③ 《大众日报》1942 年 12 月 25 日。

本票严禁伪造,伪造人、贩运伪本票人、行使人、窝藏人,均与伪造本币、贩运伪本币、行使伪奉币、收藏伪本币同等论罪,由政府法办。查获人得与查获伪本币之办法享受同样之奖励。①

根据地境内也有一些坏人,从事制造假抗币的勾当,以牟暴利。盱眙县也曾有人私刻钞版印制假淮南币,后被发现破获,从其家中搜出印钞的木刻钞版,该犯也被枪决;汉涧镇也曾破获一个伪造钞票的窝点,查出钞版、印钞机器等物,对制假钞者都给予了严厉制裁。北海银行本票壹佰元之红色版,近发现假票,其识别最易者为颜色淡,花纹模糊,号码字体大而笨,印刷不清,等等。希各地群众严格注意,不要使用,并即应追究使用者之来源,送政府法办。②

抗日根据地采取的一系列反假措施,挫败了敌人的假票攻势,注重查禁伪造假票与平抑物价相结合,统制货物出入口与控制外汇等工作紧密联系起来,为粉碎敌寇破坏和掠夺我根据地物质资源的阴谋,有效地开展对敌经济斗争,成功地维护了边币信用安全和根据地金融稳定,保证抗日根据地的市场金融秩序和生产发展,取得货币斗争的成功为根据地经济建设和抗战的胜利作出重要贡献。

---

① 中国人民银行河北省分行:《冀南银行》(全二册·1·2),石家庄:河北人民出版社 1989 年版,第 178—179 页。

② 《渤海日报》1944 年 8 月 27 日。

第五章　抗日根据地治理伪造货币的 特点及其基本经验

英国政治家伯克说:"历史是一部打开了来教诲我们的大书,可以从人类过去的错误和苦痛中汲取未来智慧的材料。"①货币的本质是一种信用关系,它迷恋空间和秩序,它的魅力在于拓展流通空间和彰显信用秩序。抗战时期,日本通过伪造中国货币、充斥货币流通领域、破坏中国货币信用体系和金融秩序达到侵略图谋。中共遵循货币本质规律,构建独立自主的货币体系和治理伪造货币的有效机制,保障了货币信用体系和金融秩序,为抗战胜利和新中国成立赢得物质基础,呈现出中国共产党在金融领域的治理能力,预示着一个政党的生命力。系统梳理抗日根据地对伪造货币的治理特点及其基本经验,为今天治理伪造货币和加强金融建设提供历史经验和现实启示。

第一节　抗日根据地治理伪造货币的特点

共性是事物的普遍性,个性是指区别于其他事物的特殊性,遵循事物的普遍规律是体现个性的前提,个性才是呈现"自我"价值的真正标识,二者辩证

---

① [英]埃德蒙・伯克著,何光武等译:《法国革命论》,北京:商务印书馆 2003 年版,第184 页。

统一。抗日战争时期,日本利用"伪造货币"作为"货币进攻"的手段,导致大量伪造货币涌现在流通领域,严重扰乱战时经济生态。马克思说:"一切社会变迁和政治变革的终极原因,不应当在人们的头脑中,在人们对永恒的真理和正义的日益增进的认识中去寻找,而应当在生产方式和交换方式的变更中寻找;不应当在有关的时代哲学中去寻找,而应当在有关的时代的经济学中去寻找。""同时还说明,用来消除已经发现的弊病的手段,……这些手段不应当从头脑中发明出来,而应当通过头脑从生产的现成物质事实中发现出来。"[①]这里强调一切时代的哲学来源于时代的经济学,"这些手段"旨在强调社会调查。毛泽东在《反对本本主义》中强调:"共产党的正确而不动摇的斗争策略,决不是少数人坐在房子里能够产生的,……这就是说要在实际经验中才能产生。因此,我们需要时时了解社会情况,时时进行实际调查。"[②]毛泽东强调没有调查就没有发言权,可见,关于金融的调查工作也是为制定科学合理的金融政策的重要前提。既开展广泛而深刻的社会经济调查工作,又灵活运用经济手段,中国共产党构建了既反映马克思主义政治经济学原理又体现时代特征的独具特色的战时治理伪造货币机制,充分彰显中共在金融领域中强大的治理能力和有效的组织能力,是对"解放思想、实事求是"之思想路线的有效实践。

一、理论与实践相结合的特点

毛泽东说过"没有调查,就没有发言权",这一点在延安时期的边区银行工作调查研究中得以充分体现。时任陕甘宁边区银行行长朱理治特别强调开展银行工作一定要注重实地调查,既要收集边区的生产、贸易及物价等问题变化,还要关注国统区和沦陷区的法币购买力和伪币币值变化及其汇率等线性

---

①　中共中央马克思恩格斯列宁斯大林著作编译局编译:《马克思恩格斯选集》第3卷,北京:人民出版社1972年版,第307—308页。

②　《毛泽东选集》第一卷,北京:人民出版社1991年版,第115页。

变化的情报,同时强调收集材料的目的不应忘却主要是解决现实问题。① 重视调查研究工作是中共一贯以来坚持的原则和风格,充分体现了中共中央关于调查决定中强调的"系统的周密的社会调查,是决定政策之基础"之指导思想。

第一,注重社会调查工作。陕甘宁边区银行及其他各抗日根据地各分行和办事处均指定专门负责调查工作的人员,要求将调查情况专门向总行研究室呈报。朱理治担任陕甘宁边区银行行长时特别强调社会调查工作对于银行的重要作用。1941年8月21日,他在《社会调查是决定金融政策的基础》一文中指出,深入金融工作的调查,了解边区内外部经济环境,是发现和运用经济现象的本质和利用金融发展规律的重要前提,也只有重视银行的调查工作才能实现边区银行人的根本任务,即正确执行党和政府的金融政策和货币政策。他对金融调查工作需要从事哪些方面进行调查研究做了具体要求:(1)随时搜集与研究边区四周敌友我的书报、电报;(2)多找外来的脚户商人谈话,了解外面的情况;(3)广泛进行农村调查与手工业的调查,研究我们如何向私人生产投资;(4)系统地进行信用调查,将每个有关的户头信用情况了解清楚;(5)与税局配合起来,进行出入口的登记;(6)根据总行物价金融调查表,按时进行调查;(7)与各个有关调查机关进行分工与交换材料(如系秘密材料,要注明不许公开)。② 甚至指出调查研究中必须要详细注明调查的时间、地点及材料的准确性,体现其调查研究的准确性、有用性和可靠性。

1941年5月1日,他又在《关于贸易工作决议》中强调:要对各种公私关系进行调查统计工作,随时掌握边区内外市场情况。生产消费量、价格变化、

---

① 朱理治金融论稿编纂委员会、陕甘宁边区银行纪念馆编:《朱理治金融论稿》,北京:中国财政经济出版社1993年版,第77—79页。

② 朱理治金融论稿编纂委员会、陕甘宁边区银行纪念馆编:《朱理治金融论稿》,北京:中国财政经济出版社1993年版,第46页。

运输等情况；并出版刊物，为推动和扩大内外贸易提供情报。① 他在《关于边区物价上涨原因及解决办法的几点意见》和《物价波动的原因和银行贸易局今后的业务方针》二文中进一步强调调查研究工作在银行工作中的重要性。并且对银行调查研究工作的范围有明确指示：边区银行应做的工作、物价与边币问题及边法币汇兑问题、农业金融、工业金融、财政金融、对外贸易问题、会计问题。此外，他还特别强调调查工作要收集系统的材料，如物价问题，应收集的有：第一，各地物价变动表；第二，边币在各口岸价格表；第三，边法币汇率升降表；第四，边法币发行流通表；第五，大后方及西安每月经济动态。② 这对中共制订科学的货币政策和边区银行正确执行党的金融决策至关重要。

1941 年 1 月，晋冀鲁豫边区仔细认真地开展了市场调查，关于河南店市场调查情况：事变前，该镇商户布庄兼放账 3 家，每家资本 1 万，后至 2 万元（大的 2 万元，小的 1 万元），布庄一个资本 3 万元，当铺 1 家资本 2 万元，小杂货铺 7 家每家资本 300—500 元，大杂货铺 2 家资本均在 2 万元，染坊七八家，一个大一些的资本六七千元，其余每家在 315 元，店坊十四五家饭铺，八九家共 40 多家资金在十六七万元，现时家数 260 余户按商人登记统资本 160 多余元，实际上估计在 200 多万元。

各商号规定卖货按本。事变前，该市有 4 个斗行，4 个斗行是由村民自己集股组成的，有 60 股，每股投资 200 元作 1 股，入石股的是入 100 元，入上 50元的 2.5 分石股，工资近六七千元，粮食交易最多每集日（隔 1 日集），交易数在 800 元到 10000 元，平均每个斗每日 200 多石（大石），归斗行收入最大，每日收上粮三四石，实行钱庄时过一斗使用了 6 个字钱后又改为 1 个铜元，最后又改为 5 钱。粮食之所以能够如此多的原因，是襄坦、蓉城、羊顺、长治、长子

---

① 星光、张杨：《抗日战争时期陕甘宁边区财政经济史稿》，西安：西北大学出版社 1988 年版，第 209 页。

② 朱理治金融论稿编纂委员会、陕甘宁边区银行纪念馆编：《朱理治金融论稿》，北京：中国财政经济出版社 1993 年版，第 77—79 页。

屯等县,粮食从此地大批向路东送到这里,形成了接头站。这一时期的特点:第一是粮食为主,第二是大字号放款,第三是大商号地多人多(大部分是南庄人),第四是卖面商人多,除平街八九家外,只南庄磨面户有三四十家,由于粮食来往多,店坊较发达。事变后,大生意停止了,外欠收不回来,资本受了损失至今未能恢复。

索堡市场调查:事变前放账几个资本 28 万绸缎庄,6 个资本 25000 元布庄,14 个资本 14000 元,粮行什货等共 100 户,资本在 70 多万元。事变后,全市商人 150 家,资本 170 多万元,现在的商人大都是过去店员,大股东都已歇业了。根据以上两个市场调查情形,进行了具体分析,说明根据地市场基本上起了变化,大商停业,小商代而兴起,停止的原因,有的是事变后事务受了损失不能恢复,有的是外来商人(如索堡放账庄绸缎庄)回了家,还有一部分人见到了过去工作有时做的"左",后来虽然纠正了,但对我们的政策还抱着怀疑心理,有钱也不敢做。特别对山货调查的存货及交易状况进行细致调查:花椒是 109 万斤、核桃是 20000 余万个、柿子 1 万斤 9 千余个、木料 4200 元石、大蒜子(六区)3 万余斤、杏相(二七两区)370 余石。每斤核能出仁子 50 个每个仁子出油 9 两,共出仁子 10 万,每个出油 5 两,每石木料出油 30 斤,共出油 12 万斤油。棉产:1941 年全县种棉 30735 亩,以 30 斤计算可出籽花 9205 个,等等。① 这些翔实的数据,有了准确的山货数量,为有计划地换回必需品提供了重要依据,更为边区政府加强贸易管理、平抑物价、整顿金融提供可靠的材料。

对加强调查研究和情报工作作出如下两个方面的要求:1. 经过干部调整设法配备给地方调查研究员。2. 贯彻执行情报制度——做到准确及时。还指出除区行总局研究员所要的材料按时完成外,还需调查的:磁武——磁业、硫黄业调查。磁、安做敌后调查以开展今后工作。同时要加强交易的情报工作,

---

① 河北省涉县档案馆藏:档号:4。

奖励商人的真实情报者。① 加强各地区情报联系,统一各地斗争步调,滨海、鲁中、鲁南之间筹设电话联系,胶东渤海应用电报经常报告币值物价变化,严格纠正过去忽视统调工作,不作经常报告,甚至省工商处去电以致置之不理的麻烦现象,各地每月应作两次经常报告,如有重大变化应用最迅速之方法报告省工商处并与邻区经常联系,用最迅速方法互相交换情报。②

晋冀鲁豫边区于 1945 年春对主要出入口货物兑换数目进行调查,具体数据见主要出口货物分配数目统计表和主要入口货物分配数目表:

表 5.1　主要出口货物分配数目统计表③

品名	单位	数量	换回外汇数	备考
麻皮	斤	600000		换回盐 500 万斤
桃仁	斤	600000	2400 万	外汇买药用
花椒	斤	800000	2000 万	外汇买药用
皮毛	斤	200000	4000 万	外汇买药用
植物油	斤	300000	1800 万	外汇买药用
大麻子	斤	300000	1000 万	外汇买药用
药材	斤	600000	1200 万	外汇买药用
肥皂	箱	3000	1500 万	外汇买药用
蚕丝	斤	10000	1000 万	外汇买药用
其他	斤		5100 万	外汇买药用
粮食	石	20000		换回棉花 20 万斤
总计			20000 万	
说明	1.其他系指杏仁、席、煤、黄花菜、鸡蛋、木料茶果等。2.换回外汇数以万元为单位。3.外汇 20000 万元可买棉花 75 万斤。			

① 河北省涉县档案馆藏:档号:18。
② 山东省档案馆藏:档号:G001-01-0082-006。
③ 河北省涉县档案馆藏:档号:18。

表 5.2　主要入口货物分配数目表①

品名	单位	数量	备考
棉花	斤	1800000	出口外汇不购 75 万斤粮食换 20 万共 95 万斤
食盐	斤	5000000	用出口麻 60 万斤换回
说明	棉花不足之数以本币购买		

上述调查表中呈现的如此详细的出入口货物分配数目,为准确掌握物资与托购物资的处理提供可靠依据,也为掌握物资与调控外汇,恰当发行边币,调配资金,有效利用资金流动,为科学利用物资回笼货币的经济策略奠定了重要基础,因此,调查是研究的前提,正确的调查研究是制定科学政策的关键。

第二,重视金融研究工作。金融调查工作是为金融研究工作做准备,为了深入金融调查工作,创办专门的杂志《经济简报》,通过各种渠道调查得来的一手资料,是为更进一步地系统地专业分析和对金融理论的运用提供预判和评估的重要依据,必须将调查工作与研究工作紧密结合。各根据地银行分别成立研究室,以分行行长为研究室主任,发给富于调查研究能力之其他同志负实际专责,全体工作同志为研究员。办事处成立研究小组,以主任为组长,全体同志为组员。银行研究工作是由银行行长为总领导,由专职秘书具体负责,由全体银行工作人员为研究员的整体研究机构和研究工作系统,足见当时对金融研究工作的重视。

1944 年 7 月 12 日,中共中央发出《关于收集全国经济情报的通知》规定了具体办法:(一)由陕甘宁边区政府的西北财经办事处负责编辑一种带全国性的经济情报,委托各根据地及办事处向一定的大城市收集必要的材料,按期

---

① 河北省涉县档案馆藏:档号:18。

编成情报,通知各根据地作参考。(二)各地负责收集情报的项目随时由西北财经办事处通知,但各地最重要的责任是收集带战略性的经济情报,例如:(甲)大后方及敌伪的货币政策,及其内部的金融秘密消息;(乙)大后方及敌后对于有关的某项物资政策(如食盐、棉布的产运销等)。此外,每周或按期通报几项物价以及物价、金价的涨跌及比价。① 这些为如何收集沦陷区和国统区的财政金融贸易情报提供了方法指导,拥有详细的经济情报是组织抗日根据地工农业生产和发展对内和对外贸易的重要前提。

通过对市场经常性的切实调查研究,在尊重市场客观规律的基础上,对货币兑换率进行适时适度的行政掌控,由根据地银行与外贸、工商管理等部门配合,在银行网点、外贸口岸及大的集镇等处组织实施。即"本着有利于保持根据地货币币值稳定,有利于根据地重要物资(棉花、粮食)的生产和收购,有利于军民必需品输入,并照顾剩余土产品输出的原则,通过经常性的市场输入,根据两种货币购买力的高低和地区物资输入输出的实际情况,适时确定和灵活调整双方货币兑换比率"。②

基于对国统区及抗日根据地财政状况有比较深入详细的调查了解,进行了深入分析和研究,准确把握金融问题所呈现的一切问题都归于经济问题,而经济问题的实质即为生产与消费的矛盾。科学运用马克思关于再生产理论,即"生产不仅直接是消费,消费也不仅直接是生产;而且生产不仅是消费的手段,消费不仅是生产的目的,也就是说,每一方都为对方提供对象,生产为消费提供外在的对象,消费为生产提供想象的对象;两者的每一方不仅直接就是对方,不仅媒介着对方,而且,两者的每一方当自己实现时也就创造对方,把自己当做对方创造出来。"③只有建立在充分调查研究的基础上,才能准确把握生

---

① 中共中央文献研究室、中央档案馆:《建党以来重要文献选编》第 21 册,北京:中央文献出版社 2011 年版,第 425 页。

② 尚明:《当代中国的金融事业》,北京:中国社会科学出版社 1989 年版,第 24 页。

③ 中共中央马克思恩格斯列宁斯大林著作编译局编译:《马克思恩格斯选集》第 2 卷,北京:人民出版社 1972 年版,第 95—96 页。

产与消费的辩证关系,才能科学地提出"发展生产、保障供给"的财政总方针,才能开展大生产运动,从行动上解决生产与消费的问题。

只有基于对科学的社会经济发展规律的准确理解和把握,才能深刻理解货币发行量与商品供给量的辩证关系,才能明白货币的生命力在于货币本身,才能把握边币的发行速度和发行数量,努力处理好稳定金融、稳定货币、稳定市场与支持财政、发展生产、扶助贸易之间的关系,尽量避免和减少财政性的发行,避免大量货币集中在短时期内发行,使边币发行与市场商品流通对货币流通的要求相适应。

中国共产党领导的各个抗日根据地有效运用发行边币增加农业、工商业等投资,发展大生产运动,整合利用各种劳动资源,有效提升劳动量,大大提高生产率,增加产品商品供应量,有效解决经济增长,成功践行投资量、劳动量和生产率的决定经济增长的"三驾马车"的先进经济理论,充分体现中国共产党的财政理论和金融理念的先进性和科学性。这既是抗日根据地有效治理伪造货币、打赢这场货币保卫战所采取的财政金融措施,也是战时中共对马克思的货币本质规律和商品经济规律的成功运用,进而充分彰显出中国共产党的经济治理能力。

二、经济手段与行政手段相结合的特点

针对敌伪利用大量法币及伪造的法币流入根据地,为了挫败敌伪掠夺物资的图谋。中共采取将行政手段与经济手段相结合的方法去保护边币安全和保障金融稳定,一方面,制定相关金融法规从制度上保障货币信用安全,成立货币交换局和贸易局采取相应行政手段促进金融稳定;另一方面,充分利用经济手段,通过掌握大量的物资和商品,应用经济法则进行经济斗争,利用商品经济规律调配物资、调剂金融、平抑物价,占领货币市场,扩大本币流通量,取得货币斗争的高地。抗日根据地充分利用货币斗争、贸易管理和生产建设"三驾马车"的连环配合,通过发展生产增加商品供应量,是加强贸易管理和

货币斗争的前提,有效的贸易管理又是货币斗争和促进生产建设的重要保障,而货币斗争的胜利更有利于加强贸易管理和促进生产建设,在敌后根据地边币、法币、伪币之间激烈斗争中,制定科学的贸易政策,强化贸易管理,取得货币斗争的有利地位,彻底击破敌伪对根据地的金融侵略阴谋,紧密配合军事战争和政治博弈,取得抗战的胜利。

货币在流通过程之内,可以说每一货币都对另一货币承担责任。如果一个货币加快流通速度,另一个货币就会放慢流通速度,甚至完全退出流通领域,因为流通领域只能吸收这样一个金量,这个金量乘以它的单个元素的平均流通次数,等待实现的价格总额。因此,货币的流通次数增加,流通的货币量就会减少,货币的流通次数减少,货币量就会增加。① 可以说,在抗战时期,中国货币市场流通着法币、伪币和边币三种不同政权发行的不同性质的货币,而这三种货币的流通速度和流通领域意味着另外一种或两种货币会放慢或者退出流通领域,这样的流通量就会从根本上影响另外货币的发行量。

货币流通速度和发行量其实质则取决于商品流通。商品流通是资本的起点。商品生产和发达的商品流通,即贸易,是资本产生的历史前提。② 中日之间、国共之间在国统区、沦陷区和边区之间的军事对抗与政治博弈背后隐藏着一场硕大的物资抢夺的经济战,其间,货币是一个不可或缺的重要的媒介或载体,揭示了中日货币战的实质是物资抢夺战。

根据地金融工作离不开对外贸易工作的支持。因为对外贸易可以为根据地金融带来外汇,以换取根据地不能生产而又急需的物质。1938 年 8 月,毛泽东提出:边区应有比较稳定的货币,以备同日寇作持久的斗争;边区的纸币数目,不应超过边区市场上需要的数量,可是应该估计到边区有扩大和缩小的

---

① 中共中央马克思恩格斯列宁斯大林著作编译局编译:《马克思恩格斯选集》第 2 卷,北京:人民出版社 1972 年版,第 140 页。
② 中共中央马克思恩格斯列宁斯大林著作编译局编译:《马克思恩格斯选集》第 2 卷,北京:人民出版社 1972 年版,第 167 页。

可能;边区工业品主要来源于日寇占领地,边区农业产品之出卖地,亦在日寇占领区域,因此边区应该有适当的对外贸易政策,以做货币政策之后盾①。

1941年初,为打破经济封锁、保障物资供给,陕甘宁边区政府成立了边区贸易局,由陕甘宁边区银行行长朱理治兼任贸易局局长。1941年5月1日作出的《关于贸易工作决议》贸易局的性质和任务作出了明确规定,提出了边区的贸易政策,即"对外调剂,对内自由"。新民主主义的贸易政策,是以有计划地调剂对边区之外的贸易,以保护边区之内的贸易自由与流通之发展,对内则实行自由贸易,加强对粮食的调剂和棉布等重要物资的交易。②

中共中央对各边区作出指示:要求对外贸易应实行相当管理,要尽量做到以货易货,有计划地管理主要贸易,以剩余生产品,换进缺少的或不足的必需品;以边币或地方辅币吸收境内法币以扩大边币或地方辅币流通范围。在相当巩固的一定区域,有可能时动员党政军民、公营商店、合作社,将所得之法币随时随地交给贸易局向境外换回货物,不得再用于境内,更不应囤积,以减少法币在境内停留所遭受的损失。③ 各根据地积极发展对外贸易,根据地群众努力发展生产,增加商品外销的力度,以换取边区需要的外汇及物资。

1940年4月1日,北方局关于财政经济政策的指示统制贸易:(一)设立贸易局,统制贸易,其目的在平衡物价(现华北一般必需品均在急迫中),调剂市场,以打破奸商操纵、敌人封锁。(二)各部队机关对主要消费品经常发生竞购现象,同时给了奸商高抬市价混乱市场的机会,为了纠正这种现象,凡部队机关需要货物,应经贸易局统一买卖。在尚无贸易局的地区,可由部队帮助政权建立临时的采办机关。(三)必需品输入根据地,应做到只缴纳一次税款,取消各设立厘金关卡的办法,逐渐实现不必需货出去,我军行动地区内往

① 《毛泽东文集》第二卷,北京:人民出版社1993年版,第137页。
② 乌日汉:《抗日战争时期陕甘宁边区大生产运动研究》,天津大学硕士学位论文,2014年。
③ 中共中央文献研究室、中央档案馆编:《建党以来重要文献选编》第19册,北京:中央文献出版社2011年版,第55—58页。

来只缴纳一次进口税外,即可通行各地,不再缴税,但运往友军地区或敌区出售者不在此例。(四)应禁止一切足资敌人军用的原料运出。① 1944 年夏天,冀南银行各该地工商县局、商务银行作出指示,售粮款随即交当地银办办事处商店代为保存。银行收款后给商店开收据,商店每月将收据交分局,分局持收据转分行,银办收款后随即交分行商店。争取年前应将麦子完全售完,其他粮食也应大量抛出,使粮价做到适当的回跌。②

邓小平指出:"我们的税收贸易政策,是采取'对外管理对内自由'的原则。争取出入口平衡是我们努力的目标。为了便利对敌斗争,我们把税收和贸易两个部门,置于工商管理局的单一领导之下,用严格的税制来保护根据地的经济,并使对敌斗争容易得到胜利。我们不断地对敌占区进行政治攻势以及适时地利用物资,给了伪钞以相当的打击。"③在晋察冀抗日根据地开展与敌伪争夺物资采取了有效措施并且取得良好效果。1941 年敌人设卡低价强制收买苇席,不准他人收买,群众为换取粮食,只得忍痛低价出售,冀中区为了争夺这一富源,解决群众疾苦,首先在军事上进行布置,使敌人足以控制苇席的两个据点变成二线,第一线则处于根据地掌握之中,然后发出布告,号召群众出卖苇席时到根据地机关登记,并由合作社配合,降低粮价,提高苇价,群众获利,皆大欢喜。④

与此同时,国民政府为了有效地进行货币战,必须加强国家兑换和贸易的控制。但是,因为有租界和治外法权,大部分的外汇掌握在外国银行手中,这种半殖民地的条件,使国民政府很难控制外汇。特别是在中国经济中占绝大比重的上海经济,因为国民政府把它作为国民经济的基础,所以束缚了它的手脚。因此,战争开始后,卖法币买外汇的热潮蜂拥而来,国民政府不得不通过

① 中共中央文献研究室、中央档案馆编:《建党以来重要文献选编》第 19 册,北京:中央文献出版社 2011 年版,第 284 页。
② 河北省涉县档案馆藏:《关于银行工商局交粮交款手续的规定》,档号:16。
③ 《邓小平文选》第一卷,北京:人民出版社 1994 年版,第 83—84 页。
④ 魏宏运:《晋察冀抗日根据地财政经济史稿》,北京:档案出版社 1990 年版,第 267 页。

无限制地卖外汇来维持法币的价格。

1938 年 3 月,中国联合准备银行在华北一成立,国民政府就果断地实行了兑换管理,但上海租界出现了黑市,5 月下旬,法币 1 元等于 1 先令 2 便士的 1/4 的官价下降到 8 便士左右。国民政府不得不再次实行外汇无限制卖出。1939 年 3 月 8 日,国民政府又设置了中英合作的 1000 万英镑的法币稳定资金,继续卖外汇。但是,上海的贸易结算连月入超,极度恶化,外汇枯竭。6 月 7 日,稳定资金委员会放弃兑换率的维持,结果兑换价格降到 6 便士,7 月又降到了 3 便士。太平战争爆发后,英镑下跌,法币才恢复到 5 便士。①

全面抗战爆发后,法币价格不稳定,但是以联银券为首的日本货币更加软弱。在没有兑换规定外汇准备也不充分的情况下发行联银券,创立两周年间,一直受到法币的排挤,法币一下跌,联银券的价格更加暴跌。联银券勉强通用的只是日本军占领下的城市及其周围。日本军队自己也承认“向内地进一步联银券完全不能使用,只能用法币买东西”。因为法币能兑换外币,联银券不能兑换外币,日本的掠夺带来华北出口能力的减退。在一定程度上反映出日本在物资争夺战中企图战胜中国的图谋失败。

第二节　抗日根据地治理伪造货币的基本经验

欲知未来,必须先了解历史,研究历史不仅仅只是为了相信历史是必然的,而是为了从历史中寻找本质规律,汲取历史的智慧,去保护未来。中国共产党科学运用马克思主义原理与中国战时经济实际情况建构了独特的治理伪造货币机制,有效地治理伪造货币乱象,有力打击敌方金融侵略。今天,我们试图还原其伪造货币的历史场景与重现治理伪造货币的历史图景,不是为了

---

① ［日］石岛纪之著,郑玉纯译:《中国抗日战争史》,长春:吉林教育出版社 1990 年版,第85 页。

记仇和逞能,而是期冀在回望历史过程中汲取历史智慧!

一、科学运用马克思主义原理

列宁说过"没有革命的理论就没有革命的运动"。① 他又说:"没有理论,革命派别就会失去生存的权利,而且迟早注定要在政治上遭到破产。"②"只有以先进理论为指南的党,才能实现先进战士的作用。"③马克思说:"理论只要说服人,就能掌握群众,而理论只要彻底,就能说服人,所谓彻底,就是抓住事物的根本。"④马克思主义的货币理论和银行学说是指导经济建设和金融建设的根本,而这个根本正是我们掌握社会经济发展的本质规律,是我们打赢这场货币战的重要理论基石。

马克思说:"当无产阶级取得政权以后,就应该通过拥有国家资本和独享垄断权的国家银行,把信贷集中在国家手里。"⑤马克思认为中央银行具有国家机关的性质,是"信用制度的本枢纽,是货币流通和信贷资金运动的调节者"⑥。陕甘宁边区政府决定成立陕甘宁边区银行,它履行着国家银行功能。列宁认为银行是全部资本主义国民经济体系的神经中枢⑦。他说:"谁掌握着银行,谁就直接掌握着美国1/3的农场,并且间接统治着所有农场"⑧,列宁认

① 中共中央马克思恩格斯列宁斯大林著作编译局编译:《列宁选集》第1卷,北京:人民出版社1972年版,第241页。

② 中共中央马克思恩格斯列宁斯大林著作编译局编译:《列宁全集》第6卷,北京:人民出版社1986年版,第367页。

③ 中共中央马克思恩格斯列宁斯大林著作编译局编译:《列宁全集》第6卷,北京:人民出版社1986年版,第24页。

④ 中共中央马克思恩格斯列宁斯大林著作编译局编译:《马克思恩格斯选集》第1卷,北京:人民出版社1972年版,第9页。

⑤ 马克思、恩格斯:《共产党宣言》,北京:中央编译出版社2005年版,第45页。

⑥ 中共中央马克思恩格斯列宁斯大林著作编译局编译:《马克思恩格斯全集》第44卷,北京:人民出版社2001年版,第865页。

⑦ 中共中央马克思恩格斯列宁斯大林著作编译局编译:《列宁选集》第3卷,北京:人民出版社1972年版,第136页。

⑧ 中共中央马克思恩格斯列宁斯大林著作编译局编译:《列宁全集》第27卷,北京:人民出版社1990年版,第236页。

为"没有大银行,社会主义是不能实现的"①。列宁高度认同银行在革命和建设中的重要作用,在革命战争年代,中共一直非常重视银行的功能和作用,无疑与马列主义的理论有重要关系。中共在坚持抗日民族统一战线前提下,其他各个抗日根据地相继在西北、华北、华中等根据地建立银行或其他金融机构,分别创建了晋察冀边区银行、冀南银行、鲁西银行、西北农民银行、北海银行及华中等抗日根据地银行,分别发行了区域本位币及地方币等货币,对发展经济、建设金融和保障抗战胜利起到了重要作用。

货币政策是一种重要的宏观调控手段,在稳定物价、促进经济增长和平衡收支等方面发挥重要支配作用。银行又是作为信用与货币流通的专门机构,成为现代经济生活的有机组成部分,是执行货币政策的重要机构和场所。马克思主义关于货币发行量的理论是中共遵循货币本质规律、创建独立自主货币政策的重要思想指导。马克思认为,既然货币流通只是表现商品流通过程,即商品通过对立的形态变化而实现的循环,所以货币流通的速度也就表现商品形式变换的速度,表现形态变化系列的不断交错,表现物质变换的迅速,表现商品迅速退出流通领域并同样迅速地为新商品所代替。② 货币流通迅速表现为互相对立、互为补充的阶段——由使用形态转化为价值形态,再由价值形态转化为使用形态——的流水般的统一,即卖和买两个过程的流水般的统一。相反,货币流通的缓慢则表现这两个过程分成彼此对立的独立阶段,表现形式变换的停滞,从而表现物质变换的停滞。

马克思也指出了银行力量有其局限:"不论银行有怎样的权力去滥用别人的资本,它对流通中的货币量都没有任何支配权力"③,"银行并不能使银行

① 中共中央马克思恩格斯列宁斯大林著作编译局编译:《列宁专题文集(论社会主义)》,北京:人民出版社 2009 年版,第 44—45 页。
② 中共中央马克思恩格斯列宁斯大林著作编译局编译:《马克思恩格斯选集》第 2 卷,北京:人民出版社 1972 年版,第 140 页。
③ 中共中央马克思恩格斯列宁斯大林著作编译局编译:《马克思恩格斯全集》第 12 卷,北京:人民出版社 1998 年版,第 342 页。

券的流通量甚至达到早已规定的限额"①,"流通银行券的数量不是银行本身所能控制的"②。马克思的银行学说理论,使得中共科学界定了商品供给与货币发行之间的本质规律,正确处理边币发行的质量与数量,适时调整边币发行总量。商品量与货币量之间的矛盾是货币币值不稳定的重要因素,由于军事、政治原因,边区受到围剿与封锁,使得边区商品量减少,物价不断疯涨,为了解决财政赤字又不得不增发货币量,货币量增加了,商品量减少了,货币量与商品量之间产生矛盾。这个矛盾从纸币发行规律可见,假如市场上流通的商品量不变,纸币的流通量增加了,物价必然上涨;如果假定市场上流通的货币量不变,流通在市面上的商品总量减少,那样物价也必然提高,而商品量减少,货币量增加的情况,二者对立的矛盾则为必然,自然会引起边币币值不稳定,边区金融紊乱。

抗日根据地经济困难主要表现为财政困难、金融危机,表面是财政问题、金融问题,剥离其表象背后的内在实质则为生产问题,即生产和消费的矛盾。特别是在1941年后外援被完全切断,无疑更加加重了根据地财政上的困难,至于其他财政和贸易金融上的困难,则皆为生产与消费这对矛盾衍生出来的。

货币发行与流通是由货币的本质规律来决定,尽管在特定的战争时期,可以考虑政治和军事等其他因素,但经济因素是根本的本质的力量,充分说明:货币的生命力在于货币本身,因此,谁的力量大,谁的流通区域就扩大;谁的力量小,谁的流通区域就缩小。这一结论,为中共后来制定更加科学合理的货币金融政策提供了重要参考。

马克思认为,"信用制度会作为有力的杠杆发生作用,但是它仅仅是和生产方式本身的其他重大的有机变革相联系的一个要素"③。他特别强调"对于

---

① 中共中央马克思恩格斯列宁斯大林著作编译局编译:《马克思恩格斯全集》第12卷,北京:人民出版社1962年版,第581页。

② 中共中央马克思恩格斯列宁斯大林著作编译局编译:《马克思恩格斯全集》第12卷,北京:人民出版社1962年版,第583页。

③ 中共中央马克思恩格斯列宁斯大林著作编译局编译:《马克思恩格斯全集》第46卷,北京:人民出版社2003年版,第686页。

银行来说具有最重要意义的始终是存款"。① 邓小平说,"发展生产是经济建设的基础,也是打破敌人封锁、建设自给自足的基础,而发展农业和手工业,则是生产的重心"。② 1942 年 12 月,毛泽东在《经济问题与财政问题的报告》中对农贷工作的基本原则和重要作用及其具体发放办法都做了详细规定。1940 年 4 月 1 日,在《中共中央书记处关于财政经济政策的指示》中对各中央局及各分局作出指示:要提高银行的作用与信仰,在各个地区的重要点建立银行网,帮助民众生产建设,实行低利借贷,提倡民众储蓄吸收游资。③

据报道,随着农贷、青贷在各区大量地发放,生产工具——镢锄、耕牛、种子等大批地流入农村,此间农民对于边币的信用已提高,过去部分农民对边币认识不清,说边币是"延安钞"的现象,已不再听到,五七两区曾流行的"以物易物"交易,现已被边币所代替。农民拿边币在各区县联分社买到他们所需用的各种物品。县联社领导下的五处群众消费合作社,1942 年前半年的 6 个月内贸易总额达 71 万元,边行安塞办事处在放出农贷后,农民换得镢头 1 千把,铧 500 页及其他农具多种,仅在过去的 6 个月内,安塞便有 100 万元的食粮,农业产品换成了边币,同时亦有 60 万元的边币充实了农民的生产力量,50 万元的边币补充了农民的农具。农民虽不把边币大量地放在家中,但他们确已重视边币了。在安塞普遍流行着这样一个故事,一个姓吕的农民当他在旧城集上卖出了食粮后,向他的同伴问:"世界上什么东西最宝贵?"同伴的回答是金子,吕不同意,同伴反说,吕欣然掏出怀中的边币说:"世界上最宝贵的东西是花金子。"④在这里,农民所说的"花金子"就是边币。

① 中共中央马克思恩格斯列宁斯大林著作编译局编译:《马克思恩格斯选集》第 2 卷,北京:人民出版社 2002 年版,第 565 页。
② 《邓小平文选》第一卷,北京:人民出版社 1994 年版,第 79 页。
③ 中共中央文献研究室、中央档案馆编:《建党以来重要文献选编》第 19 册,北京:中央文献出版社 2011 年版,第 282—283 页。
④ 《解放日报》1942 年 7 月 18 日。

二、坚持党的正确领导

习近平总书记在党的十九大报告中指出,坚持党对一切工作的领导。坚持党的领导既是我们在革命和建设的历史过程中总结出来的基本经验,也是我们进行社会主义革命和建设的重要保证。1942 年 9 月 1 日,中共中央政治局发出的《关于统一抗日根据地党的领导及调整各组织间关系的决定》指出:"党是无产阶级的先锋队和无产阶级组织的最高形式,它应该领导一切其他组织,如军队、政府与民众团体。"[①]1943 年 2 月 20 日,邓小平在《根据地建设与群众运动》中指出:"武装、政权、群众、党四种力量中如何联系与配合呢?首先是党的领导问题,党是领导一切的核心。在没有党的地方,革命队伍的责任是建立党与发展党。"[②]这是根据地建设的基本规律,只有正确处理这四个方面的辩证关系,才能掌握根据地建设的基本规律,才能取得中国革命和建设的胜利。反之,如果没有坚强的党的领导和党的组织基础,没有党的一元化的领导,党的领导不贯彻于武装、政权、群众组织等各系统中,党的领导发生错误,都要影响到根据地的建设、巩固与坚持,历史做了最好的佐证。新中国成立后,毛泽东在第一届全国人大会议上指出:"领导我们事业的核心力量是中国共产党。"[③]江泽民在中央纪委第四次全体会议上强调:"工农兵学商,党是领导一切的。"[④]习近平总书记在党的十九大报告中特别强调:"党政军民学,东西南北中,党是领导一切的。"[⑤]因此,坚持中国共产党的领导,不仅是中国特色社会主义最本质的特征,也是中国革命和建设事业取得胜利的根本保证。

---

① 逢先知:《毛泽东年谱:1893—1949》(中卷),北京:中央文献出版社 2002 年版,第 400—401 页。

② 《邓小平文选》第一卷,北京:人民出版社 1994 年版,第 66 页。

③ 逢先知、冯惠:《毛泽东年谱:1949—1976》第 2 卷,北京:中央文献出版社 2013 年版,第 283 页。

④ 《江泽民文选》第二卷,北京:人民出版社 2006 年版,第 496 页。

⑤ 《习近平著作选读》第二卷,北京:人民出版社 2023 年版,第 17 页。

要打赢敌伪制造伪票的这场货币战,必须要有正确的财政政策和金融货币政策,采取科学合理的财政措施和金融措施及行政司法措施,才可能取得有效的结果。马克思指出,生产是一般,分配和交换是特殊,消费是个别,全体由此结合在一起。生产决定于一般的自然规律;分配决定于社会的偶然情况,因此,它能够或多或少地对生产起促进作用;交换作为形式上的社会运动介于两者之间;而消费这个不仅被看成终点而且被看成最后目的的结束行为,它又会反作用于生产及整个过程。① 生产与消费具有同一性,生产决定消费,而消费也反作用于生产。邓小平指出:"发展生产,不能是一个空洞的口号,而需要正确的政策和精细的组织工作。……以减租减息交租交息政策稳定各阶层的关系,加强各阶层的团结,号召各阶层人民努力生产积蓄,由自给自足向着丰衣足食的道路前进。"②

马克思认为,在一定时期内流通的货币量取决于市场上商品供应量。同一种货币在一定时间内的流通次数可以用来计算货币流通的速度:商品价格总额/同名货币的流通次数=执行流通手段职能的货币量,也就是说商品价格总额与同名货币的流通次数之比决定执行流通手段职能的货币量。③ 1938 年 8 月,毛泽东等党中央领导联名对晋察冀边区货币工作发出指示信,对在对敌斗争中如何稳定币值、控制货币发行量、建立发行准备金、结合对外贸易开展货币阵地斗争和比价斗争,以及货币政策与财政政策相结合等问题提出了具体要求,告诫大家一定要有比较稳定的货币才能同日寇作持久的斗争。④ 这一指示正是党对于货币政策和货币工作的科学指导。

中共正确理解马克思主义的再生产理论,科学运用马克思关于商品供给量与货币发行量的货币本质规律,在抗战特殊的革命年代,将"发展生产、保

① 中共中央马克思恩格斯列宁斯大林著作编译局编译:《马克思恩格斯选集》第 2 卷,北京:人民出版社 1972 年版,第 92 页。
② 《邓小平文选》第一卷,北京:人民出版社 1994 年版,第 79 页。
③ 《资本论》第 1 卷,北京:人民出版社 1975 年版,第 139 页。
④ 殷毅:《中国革命根据地印钞造币简史》,北京:中国金融出版社 1996 年版,第 405 页。

障供给"作为党的财政总方针,并且在各抗日根据地开展大生产运动,注重农贷,大大地推动了生产的发展,科学处理了边币发行的质量与数量的关系,保护了边币币值,边区的金融稳定得到了有效的保障,是打击和防范伪造货币流通的重要手段。

三、体现以人为本的指导思想

抗日根据地货币的宗旨是为人民群众利益服务,中共的货币政策及其相关金融措施都充分体现了以抗战和人民利益为基本出发点。抗战时期,根据地银行本着"一切为群众利益着想"的原则,实行灵活掌握货币发行的政策,发行货币考虑提高人们生活水平,按人口数量为发行参照数,恰当扩大货币发行量,为人们的生产提供农业贷款,注入资金,促进生产发展,改善人们生产和生活的条件;同时,认真控制货币发行总量,建立以市场所需商品物资为主的货币发行准备金,力求使市场货币流通量与货币需要量基本保持平衡,以使币值和物价相对稳定,使得人们免受物价飞涨之苦,使人们得到实惠。

1943 年 2 月 20 日,邓小平在《根据地建设与群众运动》一文系统阐述了武装力量、政权、群众、党四种力量之间的关系及其如何联系和配合,他指出:"武装力量的责任是保卫根据地,保卫革命政权,保卫人民利益,建立党而又服从党的政治领导,建立革命政权而又服从政府的革命法令,参加群众工作,发动群众,而又为群众所帮助、所监督。"①《中共中央书记处关于财政经济政策的指示》对各中央局及各分局作出指示:"要发展群众合作事业,要依靠银行建立公营商店,借此帮助真正群众性的生产与消费的合作社,收买土货,调剂物价,发展生产,既补助收入又改善群众生活新钞一经发行则保证其流通,维护其使用,是党政军民共同的严重任务。"②林伯渠提出:"保障部队物资供

---

① 《邓小平文选》第一卷,北京:人民出版社 1994 年版,第 66 页。

② 中共中央文献研究室、中央档案馆编:《建党以来重要文献选编》第 19 册,北京:中央文献出版社 2011 年版,第 282—283 页。

给和改善人民生活的中心一环,是发展生产、繁荣贸易、大量运盐与稳定金融"①。1940年5月5日,中共中央书记处对山东分局财政工作作出指示:"各区银行所发行纸币额,需按各地每年度可能流通额为准,发行的纸币数事实上不能全部作为收入,并须以一部分为改善人民生活用。"②1940年9月,中共中央北方局代理书记彭德怀在北方局高级干部会议上作报告时提出:"一般的在根据地内流通货币数目不得超过全人口每人3元。"③抗日根据地为了便于控制货币发行量,曾制定按本地人口比例发行货币的制度。抗日战争时期,1938年晋东南上党银号开始发行货币时,按全区人口每人3元的数量控制货币的发行量。

1942年12月,毛泽东在西北高级干部会议上作了《经济问题与财政问题的报告》,对农贷工作提出了七项原则,指出农贷的重要作用和对农贷的发放的具体内容做了详细规定。1943年7月,邓小平说:"我们的货币政策,也是发展生产和对敌斗争的重要武器。为了保障本币的信用,我们限制了发行额,大批地贷给人民和投入生产事业,取得了人民的热烈拥护,本币的信用是很巩固的。"④1943年1月19日,《解放日报》发表了《迅速发放农贷》的社论进一步强调论述了农贷的意义,并且要求"各级党政机关应把此事当作自己的重要工作之一",使农贷发挥更大作用,促进边区经济的进一步发展。据冀南银行统计,从1940年到1948年4月,8年共发行货币1705亿元,用于财政透支的是883亿元,占发行总数的51.78%,用手中产贸易贷款的822亿元,占发行总数的48.22%。可见1940年财政透支占发行总额的81.1%,生产贸易贷款占发行总额的18.9%,1943年财政透支占发行总数的25.16%,生产贸易贷款

---

① 林伯渠文集编写组:《林伯渠文集》,北京:华艺出版社1996年版,第269页。
② 中央档案馆:《中共中央文件选集》第12册,北京:中共中央党校出版社1991年版,第384页。
③ 中国人民银行金融研究所、财政部财政科学研究所:《中国革命根据地货币》(下册),北京:文物出版社1982年版,第48页。
④ 《邓小平文选》第一卷,北京:人民出版社1994年版,第85页。

占发行总数的 74.84%。①

在放贷方面,1944 年,冀南银行太行区行关于修滩贷款及贷粮折款问题的处理作出指示:(一)关于修滩贷款的处理:一年来滩地因洪水而被冲毁者甚多,修滩贷款群众大部难以偿付,边府决定清理办法如下:1. 凡经政府指定修滩修理者,现在滩地已经冲毁无法偿付本息,不论时间长短,经农林局查明后,均由边府按百分之五十垫付本钱(银行损失一半,边府垫付一半,群众不再还款),利息以所贷时间照算,其计算法,在滩地冲毁以前由群众支付,在冲毁以后概由政府负责,归还本行。2. 凡非政府指定而为群众自行向银行贷款修滩者,因滩地被冲毁以致无法偿付,亦不论时间长短均按百分之五十付本(银行损失一半,群众归还一半),利息照算,如原契约规定为分期偿还,而目前已还本一半者,本息均停付,不足一半者,补足一半,如有贫苦群众,归还一半尚且不能时,则其不足部分由各县地方款内偿付。至于各县地方款因偿付上述贷款而致公款不足使用者,另造预算呈请专署批准,于第二期统累税内加征。(二)过去八专署的农业贷款买成种子,黎北贷款买成粮食,贷给群众,现在群众以原贷粮食加上利息,全部还政府,因粮价跌落,致使粮食折款,不够偿付银行原贷款的半数,现边府已决定此项不足数目由各地地方款内补足,银行仍旧收足一半(损失一半由银出损失),但无论如何,群众所归还之一半,其不足数均由边府补足。②

列宁认为有责任使农民和工人产生联系,途径就是工人向农民供应工业产品来偿还向农民借的粮食③,1941 年 6 月 7 日,朱理治主持陕甘宁边区贸易局召开公联执委会,决定由光华、西北、交通三大商店从 6 月 15 日起开展平价运动④,

---

① 戎子和:《晋冀鲁豫边区财政简史》,北京:中国财政经济出版社 1987 年版,第 47 页。
② 河北省涉县档案馆馆藏:档号:15。
③ 中共中央马克思恩格斯列宁斯大林著作编译局编译:《列宁全集》第 38 卷,北京:人民出版社 1986 年版,第 117 页。
④ 刘录开、钟廷豪主编:《中国革命根据地商业史》,北京:中国商业出版社 1997 年版,第 159 页。

其他公私商店自愿参加。平价运动的内容主要是同农村生产生活相关的布匹、毛巾、洋烛、铁锹、锄头等生活用品和农具,其目的就是打破农村消费者恐惧边币、迷信法币的心理,让他们看到边币能够买到更实惠的东西。……同时公营商店也能将存货变现,集中资金运盐出口以进口棉花及边区需要的工业原料,这样促进了边区工业产品的生产,再平价地出售给农村消费者……如此形成一个良性循环。①

在打击伪造货币中,提出“反对假票是一种群众运动”的口号,注重反击伪造货币中群众的作用,充分体现了中共对群众的组织能力。1943 年 5 月 21日,晋冀鲁豫边区政府《关于反对假冀钞的紧急指示》里对反假票的措施做了非常详细的规定:指出反对假票是一种群众运动。在游击边境区尽一切办法,组织民众抵制反对敌伪强迫以假票兑换伪钞。各边区银行在每县的各区内部,设立了边币对照所,除了兑换破烂的法币及损坏了的边币之外,还负责打击伪币及辨别真假法币、边币的任务。并广发票样到处张贴,动员群众共同打击伪造边币、法币的日寇、汉奸。② 山东省战工会通令各地,紧急动员,展开群众性反假票斗争。北海银行总行公布真假北币识别办法,张贴于大小集市。泰南区 X 地集上查获奸商三名,搜出假票 1.3 万余元。滨海各地连日纷纷召开村民大会,深入传达真假票识别办法,动员群众协助政府缉私。③

1944 年 12 月 12 日,太行区行晋冀鲁豫边区工商管理总局向各分县行局主任局长、监委、商店经理颁发训令:近日在第一、六分区发现假冀钞 50 元,希望接此命令后周密布置,广泛地宣传动员,开展群众性的反假票运动,向群众宣传时只按照边币对照所规定的识别办法。④ 注重发挥群众在打击伪造货币中的作用,在我党政军民紧急动员下,群众性反假票斗争广泛展开,各地查获散布假票之奸商多起,有效治理伪造货币乱象,有力打击日军侵华的金融图

---

① 《绥德公营商店进行平价》,《解放日报》1941 年 8 月 11 日。
② 山西省档案馆藏:《晋冀鲁豫边区政府工商总局、第二厅、南汉宸等关于金融、信贷工作、破币销毁工作的命令、通知、办法、指示(1944—1948)》,档号:A198-03-00012。
③ 《群众报》1943 年 2 月 8 日。
④ 河北省涉县档案馆藏:档号:15。

谋,体现了中国共产党对群众的号召能力和组织能力。

四、遵循货币本质规律

马克思认为,在一定的货币流通速度下,一定时期内流通中的货币总量决定于待实现的商品价格总额,加上同一时期中到期的支付总额,减去彼此抵消的支付。① 商品供给量与货币发行量是辩证统一的关系。1938 年 8 月 17 日,毛泽东在《关于晋察冀边区货币政策给聂荣臻等的电报》指出:(一)边区应有比较稳定的货币,以备同日寇作持久的斗争。(二)边区的纸币数目,不应超过边区市场上的需要数量。这里应该估计到边区之扩大和缩小的可能。② 曹菊如指出,边币发行量要与市场容纳量相结合。③ 这些都为边区银行的建立和边币的发行提供了重要理论指导,充分体现中共货币发行原则和货币政策指导方针,可以充分遵循货币本质规律是中共成功打击伪造货币、维护金融稳定的关键所在。

随着太平洋战争形势变化和国民政府对中共态度的变化,加上客观上法币的贬值,物价的飞涨,鉴于法币本身的汇兑体制造成日军利用法币套取外汇套用战略物资的后果,中共进一步调整货币政策。1942 年 2 月 5 日,在《中共中央财政部关于法币贬值各根据地应采取的对策的指示》中针对法币购买力下降对各根据地的金融和物价的严重影响,作出如下决定:一是停止法币在边区的流通的决定;二是在各个抗日根地建立独立的与统一的金融制度,以维护根据地的资源,财政上应努力发展私人经济特别是农业,以其税收收入来解决财政问题,不要依靠发行钞票为主要来源。④ 各个抗日根据地都建立了法定

---

① 中共中央马克思恩格斯列宁斯大林著作编译局编译:《马克思恩格斯全集》第 13 卷,北京:人民出版社 1962 年版,第 137—138 页。
② 中共中央文献研究室、中央档案馆编:《建党以来重要文献选编》第 15 册,北京:中央文献出版社 2011 年版,第 540 页。
③ 曹菊如:《曹菊如文稿》,北京:中国金融出版社 1983 年版,第 55 页。
④ 中共中央文献研究室、中央档案馆编:《建党以来重要文献选编》第 19 册,北京:中央文献出版社 2011 年版,第 55 页。

的区域本位币制度,规范了货币流通管理。在货币发行上,普遍建立了货币发行基金,严格了对货币发行量的控制,加强了对市场物价的监测研究和地外汇汇价的掌握。可见,边币的发行量基本上是按照市场来调剂。当物价上升时,出售物资回笼货币;当物价下降时,增发货币收购物资,以平抑物价。与此同时,有效利用经济手段解决经济问题,特别是利用粮食和食盐等重要战略物资,发挥根据地群众的积极作用,有效地调配物资,注重查禁伪造假票与平抑物价相结合,利用调控物价达到回笼货币,很好地控制了边区货币市场的货币流通量。

中共领导的抗日根据地根据战争局势、日军侵略策略变化及国共关系嬗变,将马克思的金融货币理论与根据地金融实际情况相结合,坚持理论与实践相结合的原则,坚持经济手段与行政相结合的工作原则,构建了独具特色的货币体系和治理伪造货币机制,成功治理了伪造货币,粉碎了日本"以战养战"的侵略阴谋,既增强了中共对货币本质规律的认知力,又丰富了马克思主义金融理论体系。

当然,尽管初期已经呈现出中共对于马克思主义经济规律的灵活运用,由于中共对于经济金融领域的治理与组织尚处在理论与实践的见习期,毕竟中共当时还处在不断学习与摸索过程中,加上抗日战争的恶劣经济环境,因此,治理伪造货币的某些手段过于倾向行政命令。例如,在审理伪造货币案件的司法程序上趋于简单,主要趋向行政处罚,行政惩治非常严厉,诸如公审、死刑者多。如金融法令条例规定,"伪造法币或本位币者,处死刑";"阴谋推销伪造之法币、本位币或意图供行使之用而收集或交付于人者,按数目多少,影响大小,分别处死刑、无期徒刑或五年以上有期徒刑"。如1943年秋,值渝兴集逢集的一天,在渝兴集召开了千人公开宣判丁阿大大会,会上以汉奸罪、破坏抗日根据地金融罪,判处罪犯丁阿大死刑,并立即执行。①

---

① 章书范:《淮南抗日根据地货币史》,北京:中国金融出版社2004年版,第76页。

结　　语

　　1937 年 7 月 7 日卢沟桥事变,日本全面侵华战争开始。1937 年 8 月 11 日,日本陆军《对"支"经济谋略实施案(第 1 期)》的第一个项目:"以伪造纸币 2000 万—3000 万元为主。使之在'中南部支那'流通,激发民众对南京财政的不安感和憎恶感,并引起财政的混乱。"1938 年 12 月,东条英机批准制定了《对"支"经济谋略实施计划》,其目标是"使蒋介石政权的法币制度崩溃,并以此扰乱其国内经济,消灭其政权的经济抗战能力"。[①] 本工作的机密代号为"杉工作",具体负责机关是陆军第九科学研究所(通称登户研究所),伪造法币的设计者和负责人即登户研究所主任是陆军主计少佐山本宪藏,本工作主要目的是对敌进行隐蔽连续的经济干扰工作。1938 年底,东条英机亲自下令日本军部伪造货币的行动正式实施。

　　太平洋战争爆发后,日军攻占中国香港,日军掠夺了国民政府设在中国香港的造币厂及没有来得及运走的造币机器,截获了 20 亿元中国银行小额法币半成品,从此,加快了伪造法币的步伐,从 1939 年到 1945 年的 7 年间,日本侵略者制造假法币达 40 亿余元之巨。从国民政府每年发行法币总量的数据显示,1937 年是 16.4 亿元,1938 年是 23.4 亿元,1939 年是 42.9 亿元,也就是

---

① 《对支经济谋略实施案(第 1 期)昭和 12 年 8 月 11 日第 7 課》,防衛省防衛研究所,アジア歴史資料センター,レファレンスコード:C11110869800。

说,日军整个抗战期间伪造法币数量的总和相当于 1937 年和 1938 年两年法币发行总量,或者等于 1939 年一整年的法币发行数额。日方除伪造大量法币外,还伪造了大量根据地的边币,仅从相关机构破获案件统计,伪造根据地边币达 30 多种,伪造机关数十个,伪造边币数目已达数亿元之多。综上统计,日军伪造中国货币 40 多亿元,其中,至少有将近 30 亿元被投至市场得以流通。一部分用来吸取法币购买战略物资,另一部分被用作侵华日军的军饷,大量伪造货币涌入市场,造成物价飞涨、金融市场动荡、严重的通货膨胀和金融恐慌。

李大钊说过:"过去的一段历史,恰如'时'在人生世界建起来的一座高楼,里面一层一层陈列着我们人类累代相传下来的家珍国宝。我们登这过去的高楼登得越高,愈能把未来的人生光景及其道路,认识得愈清。"①也许,当我们合上这本书的时候,希望能与读者有共鸣,笔者所要呈现的不仅是抗战时期伪造货币血腥的"活态"画面,而是透过那个血雨腥风的时代画卷,要把一个个关于那个时代弊端、文化劣根和民族弱点都揭示出来。联结历史与现实,深度挖掘战时各类伪造货币的历史图景,呈现抗日战争多维的"活态"画面,深刻揭示伪造货币与货币伦理异化的本质关联,反映伪造货币所隐喻的货币道德失范的根本意蕴。既为从货币伦理角度有效规范或约束世界货币资本的逐利性与竞争性,加强国际货币制度化建设、伦理化建设,又为反驳日本右翼势力极力否认甚至美化侵华历史提供有力证据。因为,历史会告诉人们,过去时代令人悲哀的错误将来是不需要重演,但每一个现实问题都可以在历史中找到原因或解决方案。

抗战时期,中国共产党正确分析日本对华金融侵略意图,科学认识法币的内生机制,适时制定科学的货币政策,采取保护货币安全的措施。在进行货币斗争时,采取财政金融和司法行政等相结合的措施,制定较为完善的金融法规,保护边币占领边区货币市场,取得打击伪造货币的有利形势;制定合理的

---

① 李大钊:《史学要论》,上海:上海古籍出版社 2014 年版,第 41 页。

贸易政策,运用经济手段进行经济斗争,特别是利用粮食和食盐等重要战略物资,充分发挥根据地群众的积极作用,积极有效地调配物资,注重查禁伪造假票与平抑物价相结合,统制货物出入口与控制外汇等工作紧密联系起来,平衡贸易量与货币量,利用调控物价达到回笼货币,很好地控制了边区货币市场的货币流通量,粉碎敌伪破坏和掠夺抗日根据地物质资源的阴谋。可以说,货币斗争、贸易管理与生产建设正如齐驱并驾的"三驾马车",同轨同速、相辅相成、形成巨大合力,制定科学有效的对伪造货币的治理机制,成功治理伪造货币、打赢这场货币保卫战,很好地维护了货币安全和金融秩序,为边区经济建设和抗战胜利赢得了重要的物质基础和精神力量。这正是对马克思主义货币本质规律和商品经济规律的成功运用,显示出中国共产党的经济治理能力和政治智慧。

中国战场上大批伪造货币导致的货币混乱,无不警醒着世界各国对战后政治、经济、金融秩序的构建,二战后世界格局变革与重组之时,可以说,以国际货币基金组织、世界银行为依托的国际货币体系的构建无不体现其对伪造货币与货币伦理异化的历史反思。那么历经1997年东南亚金融危机、2008年国际金融危机,今天,构建国际货币体系的伦理问题,健全国际货币体系的机制,仍然是不容忽视的问题。

"复活"战时伪造货币之客观画面,呈现日军对华货币进攻、金融侵略的鲜活史实,事实胜过雄辩,有利于揭示日本政府至今尚未承认战时印制伪造货币的事实,为驳斥日本右翼势力极力否认甚至美化侵华历史提供有力的证据。让这些真实客观又血腥侵略的画面"复活",真实又荒谬地伪造货币图景,促使日本政府作出思考和解答,唤起他们文明生存与发展所必需的良知、义务和民族力量,而不是否认甚至美化侵略史乃至重蹈历史灾难的覆辙,"再现"这些伪造货币画面背后杀人的血腥是为了把历史教训变为历史教育,去警醒、警示后人,让一个时代经受的惨痛教训,成为另一个时代的精神财富,并且永远告别那个时代。

附录：抗日根据地货币一览表

表 1　陕甘宁抗日根据地货币一览表①

货币名称	发行机构	币别	面额				版别	流通区域	流通时间	备注
延安光华商店代价券	陕甘宁边区银行	地方币	贰分伍角	伍分	壹角	贰角	5	陕甘宁边区	1938 年 6 月—1941 年 2 月	
光华商店代价券	陕甘宁边区银行	地方币	贰角	伍角	柒角	伍分	3	陕甘宁边区	1940 年	

① 资料来源:李实:《陕甘宁革命根据地货币史》,北京:中国金融出版社 2003 年版。转引自详树信:《中国革命根据地货币史纲》,北京:中国金融出版社 2008 年版。

236

续表

货币名称	发行机构	币别	面额	版别	流通区域	流通时间	备注
陕甘宁边区银行币	陕甘宁边区银行	区域本位币	壹角 贰角 伍圆 拾圆 伍拾圆 壹佰圆 贰佰圆 伍佰圆 壹仟圆 伍仟圆	15	陕甘宁边区	1941年3月—1944年5月	
陕甘宁边区银行三边分行币	陕甘宁边区银行三边分行	地方币	壹佰圆	1	定边、靖边、安边地区	1942年	布质
陕甘宁边区贸易公司商业流通券	陕甘宁边区银行	区域本位币	伍圆 拾圆 贰拾圆 伍拾圆 壹佰圆 贰佰圆 伍佰圆 壹仟圆 贰仟圆 伍仟圆	13	陕甘宁边区	1944年7月—1945年8月	

注:区域本位币指战略区以上发行的货币,地方币指专区以下发行的货币,下同。

表2 晋绥抗日根据地货币一览表①

货币名称	发行机构	币别	面额	版别	流通区域	流通时间	备注
西北农民银行币	西北农民银行	区域本位币	伍分 贰角 壹圆 伍角 拾圆 伍拾圆 壹圆 伍佰圆 壹佰圆	19	晋绥边区	1940年5月—1945年8月	
兴县农民银行币	兴县农民银行	地方币	伍分 贰角 壹圆 伍圆 伍角	6	兴县、河曲、保德、偏关一带	1937年12月—1940年5月	
文水地方金融流通券	文水县政府	地方币	壹角 贰角 壹圆	3	文水地区	1938年10月—1939年10月	
兴县财政局流通券	兴县抗日政府	地方币	壹角 壹圆	2	兴县地区	1939年	
兴县产销合作社代价券	兴县产销合作社	地方币	伍角	1	兴县地区	1939年	

① 资料来源:杨世源:《晋绥革命根据地货币史》,北京:中国金融出版社2001年版。

表 3　晋察冀抗日根据地货币一览表①

货币名称	发行机构	币别	面额	版别	流通区域	流通时间	备注
晋察冀边区银行币	晋察冀边区银行	区域本位币	贰拾枚圆　贰圆　伍角　壹圆　伍圆　壹佰圆　拾圆　伍拾圆　伍佰圆	23	晋察冀边区	1938 年 3 月— 1945 年 8 月	
晋察冀边区银行(冀热辽)币	晋察冀边区银行	区域本位币	伍圆　拾圆　伍拾圆　壹佰圆	6	冀热辽地区	1945 年 6—8 月	
晋察冀边区银行(冀中)币	晋察冀边区银行冀中分行	区域本位币	拾圆　伍拾圆　壹佰圆　贰佰圆	8	冀中地区	1945 年 6—8 月	
晋察冀边区银行兑换券	晋察冀边区银行	区域本位币	壹仟圆　伍仟圆	2	晋察冀边区	1944 年—1945 年 8 月	
灵寿县调剂金融兑换券	灵寿县政府	地方币	壹角　贰角	2	灵寿地区	1938 年 3 月	
定襄县人民商店兑换券	定襄县人民商店	地方币	伍分　贰角　伍角	3	定襄地区	1938 年	
唐县合作银行券	唐县合作银行	地方币	贰角	1	唐县地区	1939 年	
冀中第五区行政区钱局票	冀中第五区行政区钱局	地方币	伍分　壹角　贰角　伍角	4	雄县、固安等七县地区	1939 年	

① 资料来源:河北省金融研究所:《晋察冀边区银行》,北京:中国金融出版社 1988 年版;《中国钱币大辞典》编纂委员会:《中国钱币大辞典》,北京:中华书局 2001 年版。

239

续表

货币名称	发行机构	币别	面额	版别	流通区域	流通时间	备注
晋察冀边区第七行政区合作社流通券	晋察冀边区第七行政区合作社	地方币	壹角、贰角、伍角	4	深南、宁晋等八县地区	1941—1942年	
冀中区深县农村合作社流通券	冀中区深县农村合作社	地方币	伍分、壹角、贰角、伍角	6	深县地区	1939—1940年	
冀中区武强县农村合作社流通券	冀中区武强县农村合作社	地方币	伍分、壹角、贰角、伍角	4	武强县地区	1939年	
冀中区安平县农村合作社流通券	冀中区安平县农村合作社	地方币	壹角、贰角、伍角	3	安平县地区	1939年	
冀中区无极县农村合作社流通券	冀中区无极县农村合作社	地方币	壹角、贰角	3	无极县地区	1939年	
冀中区任邱县农村合作社流通券	冀中区任邱县农村合作社	地方币	伍角	1	任邱县地区	1939年	
冀中区安新县农村合作社流通券	冀中区安新县农村合作社	地方币	壹角、贰角、伍角	3	安新县地区	1939年	

续表

货币名称	发行机构	币别	面额	版别	流通区域	流通时间	备注
冀中区饶阳县农村合作社流通券	冀中区饶阳县农村合作社	地方币	壹角 贰角 伍角	3	饶阳县地区	1939年	
冀中区交河县农村合作社流通券	冀中区交河县农村合作社	地方币	伍角	1	交河县地区	1940年	
冀中区献县农村合作社流通券	冀中区献县农村合作社	地方币	伍分 壹角 伍角	3	献县地区	1940年	
冀中区深泽县农村合作社流通券	冀中区深泽县农村合作社	地方币	贰角 伍角	2	深泽县地区	1939—1940年	
冀中区肃宁县农村合作社流通券	冀中区肃宁县农村合作社	地方币	伍分 贰角 伍角	3	肃宁县地区	1940年	
冀中区定县农村合作社流通券	冀中区定县农村合作社	地方币	伍角	1	定县地区	1940年	
冀中区大城县农村合作社流通券	冀中区大城县农村合作社	地方币	壹角	2	大城县地区	1940年	
冀中区徐水县农村合作社流通券	冀中区徐水县农村合作社	地方币	伍分 壹角 贰角 伍角	5	徐水县地区	1940年	

续表

货币名称	发行机构	币别	面额			版别	流通区域	流通时间	备注
冀中区文新县农村合作社流通券	冀中区文新县农村合作社	地方币	壹角	贰角	伍角	3	文新县地区	1940 年	
冀中区蓉城县农村合作社流通券	冀中区蓉城县农村合作社	地方币	伍角			1	蓉城县地区	1940 年	
冀中区新安县农村合作社流通券	冀中区新安县农村合作社	地方币	壹角	贰角	伍角	4	新安县地区	1940 年	
冀中区任河县农村合作社流通券	冀中区任河县农村合作社	地方币	壹角	贰角	伍角	3	任河县地区	1940 年	
冀中区安国县农村合作社流通券	冀中区安国县农村合作社	地方币	壹角	贰角	伍角	3	安国县地区	1940—1941 年	
冀中区河间县农村合作社流通券	冀中区河间县农村合作社	地方币	壹角	贰角	伍角	3	河间县地区	1941 年	
冀中区建国县农村合作社流通券	冀中区建国县农村合作社	地方币	贰角	伍角		2	建国县地区	1941 年	
冀中区献交县农村合作社流通券	冀中区献交县农村合作社	地方币	贰角	伍角		2	献交县地区	1941 年	

续表

货币名称	发行机构	币别	面额	版别	流通区域	流通时间	备注
冀中区蠡县农村合作社流通券	冀中区蠡县农村合作社	地方币	伍角	1	蠡县地区	1941年	
冀中区高阳县农村合作社流通券	冀中区高阳县农村合作社	地方币	伍角	1	高阳县地区	1941年	
冀中区博野县农村合作社流通券	冀中区博野县农村合作社	地方币	伍角	1	博野县地区	1941年	
冀中区清苑县农村合作社流通券	冀中区清苑县农村合作社	地方币	伍角	2	清苑县地区	1941年	

表 4　晋冀鲁豫抗日根据地货币一览表①

货币名称	发行机构	币别	面额	版别	流通区域	流通时间	备注
上党银号票	上党银号	地方币	壹分 贰分 伍分 壹角 贰角 贰角伍分 伍角 壹圆 贰圆 伍圆 拾圆	13	晋东南第三、第五专署地区	1938 年 8 月—1941 年 2 月	
山西省第五行政区救国合作社临时找零兑换券	山西五专署救国合作社	地方币	壹角 贰角 伍角 贰角伍分 伍圆	4	晋东南第五专署地区	1939 年 4 月—1940 年 5 月	
山西省第五行政区救国合作社兑换券	山西五专署救国合作社	地方币	壹角 贰角 伍角	3	晋东南第五专署地区	1940 年	
冀南农民合作社兑换券	冀南农民合作社	地方币	壹分 伍分 壹角 贰角	5	冀南地区	1940 年	
冀南银行(太行)币	冀南银行	区域本位币	伍圆 拾圆 伍拾圆 壹佰圆	7	太行地区	1939 年 10 月—1945 年 8 月	
冀南银行(太岳)币	冀南银行	区域本位币	伍圆 拾圆 贰拾圆 伍拾圆	6	太岳地区	1939 年 10 月—1945 年 8 月	
冀南银行(滏西)币	冀南银行	区域本位币	贰角	1	滏阳地区	1940 年	
冀南银行(平原)币	冀南银行	区域本位币	伍圆 拾圆 贰拾圆 伍拾圆 壹佰圆	11	平原地区	1939 年 10 月—1945 年 8 月	

① 资料来源:张转芳:《晋冀鲁豫边区货币史》,上册,北京:中国金融出版社 1996 年版;《中国钱币大辞典》编纂委员会:《中国钱币大辞典》,北京:中华书局 2001 年版。

续表

货币名称	发行机构	币别	面额	版别	流通区域	流通时间	备注
冀南银行币	冀南银行	区域本位币	拾枚 贰拾枚 壹角 贰角 贰角伍分 伍角 壹圆 贰圆 叁圆 伍圆 贰拾伍圆 伍拾圆 壹佰圆 贰佰圆 伍佰圆 壹仟圆	40	晋冀鲁豫边区	1939年10月—1945年8月	
长子县银号票	长子县银号	地方币	壹角 贰角 叁角 伍角	8	晋东南长子县	1939—1940年	
长子县银号兑换券	长子县银号	地方币	贰角	1	长子县地区	1940年	
长治县银号加盖票	长治县银号	地方币	壹角 贰角 伍角	3	晋东南长治县	1938—1939年	
长治县银号票	长治县银号	地方币	壹角 贰角伍分 伍角	6	晋东南长治县	1939—1940年	
潞城县银号票	潞城县银号	地方币	壹角 贰角 叁角 伍角	6	晋东南潞城县	1938—1939年	
晋城县银号票	晋城县银号	地方币	壹角 贰角伍分 叁角	5	晋东南晋城县	1939—1940年	晋城祥银号票盖戳记
陵川县银号兑换券	陵川县银号	地方币	贰角 叁角 伍角	6	晋东南陵川县	1939—1942年	
平顺县银号票	平顺县银号	地方币	叁角 伍角	2	晋东南平顺县	1939年	

续表

货币名称	发行机构	币别	面额		版别	流通区域	流通时间	备注
洪洞地方兑换券	山西第六行政区财政科	地方币	贰角	伍角	2	晋西洪洞县	1939年	
大宁地方兑换券	山西第六行政区财政科	地方币	贰角	伍角	2	晋西大宁县	1939年	
隰县地方兑换券	山西第六行政区财政科	地方币	贰角	伍角	2	晋西隰县	1939年	
霍县地方兑换券	山西第六行政区财政科	地方币	贰角	伍角	2	晋西霍县	1939年	
永和地方兑换券	山西第六行政区财政科	地方币	贰角	伍角	2	晋西永和县	1939年	
汾西地方兑换券	山西第六行政区财政科	地方币	贰角	伍角	2	晋西汾西县	1939年	
蒲县地方兑换券	山西第六行政区财政科	地方币	贰角		1	晋西蒲县	1939年	
灵石地方兑换券	山西第六行政区财政科	地方币	贰角		1	晋西灵石县	1939年	

续表

货币名称	发行机构	币别	面额	版别	流通区域	流通时间	备注
鲁西银行币	鲁西银行	区域本位币	肆分 伍分 壹角 贰角 贰角 贰角伍分 伍角 伍圆 拾圆 伍拾圆 壹圆 贰圆 贰拾圆 贰佰伍拾圆 壹佰圆	26	鲁西地区	1940年5月—1945年8月	
鲁西银行临时流通券	鲁西银行	区域本位币	贰角 叁佰圆 伍佰圆	4	鲁西地区	1943—1945年	
鲁西银行(湖西)币	鲁西银行	区域本位币	贰角 伍角 贰圆 拾圆 贰拾圆 伍圆	6	冀鲁豫湖西地区	1943—1945年	
鲁西银行(泰运)币	鲁西银行	区域本位币	拾圆	1	冀鲁豫泰西聊城地区	1944年1月—1945年	
泰西银行长清分行币	泰西专署	地方币	壹角 贰角 伍角	3	冀鲁豫泰西地区	1939年6月—1940年5月	
鱼台县地方流通券	鱼台县政府	地方币	壹角 贰角 伍角 壹圆	7	鱼台县及苏鲁豫地区	1939年7月—1943年春	
鱼台流通券	鱼台县政府	地方币	壹角 贰角 伍角 壹圆	4	湖西地区	1939年7月—1943年秋	
铜北流通券	苏鲁豫铜北办事处	地方币	壹圆	1	江苏铜山县于里井	1939年10—11月	

表 5　山东抗日根据地货币一览表①

货币名称	发行机构	币别	面额	版别	流通区域	流通时间	备注
北海银行（掖县）币	北海银行（掖蓬黄时期）	地方币	壹角 贰角 伍角 壹圆	4	掖县 蓬莱黄县地区	1938 年 8 月	
北海银行币	北海银行（北海专署银行时期）	地方币	壹角 伍角 壹圆	3	北海专署辖区	1938 年 12 月	
北海银行币	北海银行（胶东行政区时期）	地方币	壹角 贰角 伍角 壹圆 拾圆	6	胶东地区	1939 年 8 月—1941 年 8 月	
北海银行（东海）币	北海银行（胶东行政区时期）	地方币	壹圆	1	胶东东海地区	1939 年 8 月	
北海银行（北）币	北海银行（胶东行政区时期）	地方币	壹圆	1	胶东北地区	1939 年 8 月	
北海银行（南）、（南海）币	北海银行（胶东行政区时期）	地方币	壹圆	2	胶东南地区	1939 年 8 月	

① 资料来源:张转芳:《晋冀鲁豫边区货币史》(上册),北京:中国金融出版社 1996 年版;《中国钱币大辞典》编纂委员会:《中国钱币大辞典》,北京:中华书局 2001 年版。

续表

货币名称	发行机构	币别	面额	版别	流通区域	流通时间	备注
北海银行(胶东)币	北海银行(胶东行政区时期)	地方币	伍圆 拾圆	4	胶东地区	1939 年 8 月— 1941 年 8 月	
北海银行(胶东)币	北海银行胶东分行	区域本位币	壹角 贰角 壹圆 伍角 拾圆 贰拾伍圆 伍拾圆 壹佰圆	30	胶东地区	1941 年 8 月— 1945 年 8 月	票面有"发"、"展"、"繁"、"荣"等字
北海银行(清河)(清)币	清河区北海银行和北海银行清河分行	区域本位币	壹角 贰角 伍角 壹圆 拾圆	10	清河地区	1940 年—1943 年夏	
北海银行(山东)币	北海银行总行	区域本位币	伍分 贰角 贰拾圆 角 伍圆 贰佰壹圆 伍拾圆 圆 壹佰圆	61	鲁中、滨海、鲁南地区	1940 年—1945 年 8 月	
北海银行(冀鲁边)币	北海银行冀鲁边分行	区域本位币	壹角 伍圆 拾圆	7	冀鲁边、渤海地区	1940 年 6 月— 1945 年 8 月	
北海银行(渤海)币	北海银行渤海分行	区域本位币	伍角 拾圆 壹圆 贰佰圆 伍拾圆 壹佰圆	14	渤海地区	1943 年夏— 1945 年 8 月	
北海银行(鲁中)币	北海银行鲁中分行	区域本位币	伍角 拾圆 壹圆 伍拾圆	7	鲁中、滨海、鲁南地区	1943 年春— 1945 年 8 月	

续表

货币名称	发行机构	币别	面额	版别	流通区域	流通时间	备注
北海银行(鲁南)币	北海银行鲁南办事处（支行、分行）	区域本位币	壹角 拾圆 贰角 伍角 伍圆	6	鲁南、滨海地区	1940年—1945年8月	
北海银行(滨海)币	北海银行滨海分行	区域本位币	伍角 拾圆 伍拾圆	4	滨海、鲁中、鲁南地区	1942年9月—1945年8月	
牟平地方流通券	胶东地方流通券总管理处	地方币	贰角 伍角	2	牟平县地区	1941年—1945年8月	
海阳地方流通券	海阳地方流通券总管理处	地方币	贰角 伍角	2	海阳县地区	1941年—1945年8月	
黄县地方流通券	黄县地方流通券管理委员会	地方币	壹角 贰角 伍分	4	黄县地区	1941年—1945年8月	
栖霞地方流通券	栖霞地方流通券总管理处	地方币	壹角 贰角 伍分	5	栖霞地区	1941年—1945年8月	
蓬莱地方流通券	蓬莱地方流通券管理委员会	地方币	壹角 贰角 伍分	5	蓬莱地区	1940年—1945年8月	
掖县地方流通券	掖县政府	地方币	壹角 贰角伍分	3	掖县地区	1940年	
峰县地方流通券	峰县政府	地方币	伍角 壹圆	3	峰县地区	1940年2月	

续表

货币名称	发行机构	币别	面额			版别	流通区域	流通时间	备注
招远县地方流通券	招远县政府	地方币	壹角	贰角	伍角	3	招远县地区	1940 年	
文登地方流通券	胶东地方券流通管理处	地方币	贰角	伍角		2	文登地区	1941 年—1945 年 8 月	
福山地方流通券	胶东地方券流通管理处	地方币	贰角	伍角		2	福山地区	1941 年—1945 年 8 月	
荣成地方流通券	胶东地方券流通管理处	地方币	贰角	伍角		2	荣成地区	1941 年—1945 年 8 月	
临郯费峄地方流通券	八路军临郯费峄四县边联支队	地方币	壹角	贰角	伍角 壹圆	4	抱犊崮山地区	1940 年 3 月—1941 年 12 月	
益寿临广流通辅币	益都、寿光、临朐、广饶四边联防政府	地方币	伍分	壹角 贰角	伍角		清河地区	1940 年 5 月—1943 年 2 月①	

① 资料来源:段毅:《中国革命根据地印钞造币简史》,北京:中国金融出版社 1996 年版;《中国钱币大辞典编纂委员会》,《中国钱币大辞典》,北京:中华书局 2001 年版。

续表

货币名称	发行机构	币别	面额	版别	流通区域	流通时间	备注
长山金融流通券	长山县民众运动委员会	地方币	壹角 贰角 叁角 伍角	4	清河地区	1940年春	
莱芜农民合作社券	莱芜县抗日民主政府财政科	地方币	伍分 壹角 贰角 伍角	5	莱芜、泰安、博山地区	1939年10月—1943年	
滨海商店临时期票	滨海商店	地方币	壹佰圆 贰佰圆 伍佰圆	3	滨海地区	1944年4月—1945年	
滨北工商管理局临时流通券	滨北工商管理局	地方币	壹圆	1	滨北地区	1945年初	

表6 华中抗日根据地货币一览表①

货币名称	发行机构	币别	面额	版别	流通区域	流通时间	备注
江淮银行币	江淮银行	区域本位币	贰角 伍角 壹圆 拾圆 贰拾圆	7	苏中各分区	1942年11月—1945年11月	
江淮银行（新抗币）	江淮银行	区域本位币	肆分 壹角 壹圆	4	苏中各分区	1944—1945年	

① 资料来源：江苏钱币学会：《华中革命根据地货币史》第1分册，北京，中国金融出版社2005年版；安徽省钱币学会：《华中革命根据地货币史》，第2分册，北京，中国金融出版社2000年版；浙江钱币学会：《华中革命根据地货币史》第3分册，北京，中国金融出版社2004年版。

续表

货币名称	发行机构	币别	面额	版别	流通区域	流通时间	备注
江淮银行（苏中币）	江淮银行	区域本位币	壹圆 伍圆 作伍圆	5	苏中各分区	1941—1944年	
江淮银行（盐阜）币	江淮银行	区域本位币	作伍圆	1	盐阜区	1941年	
江淮银行（苏浙）币	江淮银行	区域本位币	拾圆	1	苏浙军区	1944年	
江淮银行苏中第一支行币	江淮银行苏中第一支行	地方币	贰角	1	江都、高邮、宝应、兴化等地	1943年	
江淮银行苏中第三支行币	江淮银行苏中第三支行	地方币	伍角	3	苏中三分区	1943年	
江淮银行苏中第三支行流通券	江淮银行苏中第三支行	地方币	壹圆	1	苏中三分区	1945年	
苏中第四行政区流通券	苏中第四专署	地方币	作壹圆	1	苏中四分区	1944年	
江淮银行五分区支行流通券	江淮银行苏中五分区支行	地方币	壹圆	1	苏中五分区	1945年	
江淮银行东南办事处代价券	江淮银行苏中四分区支行东南办事处	地方币	伍圆 拾圆	4	苏中四分区	1945年	
江淮银行苏中第三支行本票	江淮银行苏中第三支行	地方币	新抗币贰拾圆 佰圆 伍拾圆 壹圆	3	苏中三分区	1945年	与抗币等值流通

续表

货币名称	发行机构	币别	面额			版别	流通区域	流通时间	备注
江淮银行苏中第四支行南通办事处本票	江淮银行苏中第四支行南通办事处	地方币	伍圆			1	南通地区	1945年	与新抗币等值流通
江淮银行苏中第四支行东南办事处本票	江淮银行苏中第四支行东南办事处	地方币	伍圆			1	海门、启东地区	1945年	与新抗币等值流通
江淮银行苏中第四支行本票	江淮银行苏中第四支行	地方币	伍拾圆	壹佰圆	贰佰圆	3	苏中四分区	1945年	与新抗币等值流通
高邮县辅币流通券	高邮县政府	地方币	壹角	伍角		2	高邮地区	1943年	
江都河南流通券	江都县贸易管理局	地方币	壹角			1	江都地区	1944年	
江都县流通券	江都县贸易管理局	地方币	壹圆	伍圆		2	江都地区	1944年	
江高宝兴流通券	苏中第一专署	地方币	伍角	壹圆		2	江都、高邮、宝应、兴化地区	1945年	
兴化县流通券	兴化县贸易管理局	地方币	壹圆			1	兴化地区	1944年	
东台县流通券	东台县财政局	地方币	壹圆			1	东台地区	1944年	

续表

货币名称	发行机构	币别	面额				版别	流通区域	流通时间	备注
东南流通券	东南行署财政局	地方币	壹圆				1	启东、海门地区	1945年	
掘港流通券	如东县财政局	地方币	壹圆				1	如东地区	1945年	
枭东商店代价券	枭东商店	地方币	壹圆				1	如东掘港地区	1944年	
苏北流通券	通如靖临时行政委员会	地方币	伍角				1	通如靖泰地区	1940年	
江淮流通券(新抗币)	江淮银行苏中第三支行	地方币	伍圆				1	苏中三分区	1945年	
如泰靖流通券	江淮银行苏中第三支行	地方币	壹圆				1	苏中三分区	1945年	
泰兴县流通券	江淮银行泰兴县办事处	地方币	壹圆				4	泰兴地区	1945年	
泰兴公营商店流通券	泰兴公营商店	地方币	壹圆				1	泰兴地区	1945年	
扬中商店流通券	扬中商店	地方币	伍分	壹角	贰角	伍角	7	扬中码头、天后宫等地	1945年	
扬中三滧流通券	扬中县三滧镇	地方币	伍分				1	扬中县三滧镇	1945年	

续表

货币名称	发行机构	币别	面额	版别	流通区域	流通时间	备注
南通县流通券	南通县政府	地方币	壹圆	1	南通地区	1945年	
扬中公信桥临时流通券	扬中县公信桥镇	地方币	贰角	1	公信桥地区	1945年	
扬中天后宫临时流通券	扬中县天后宫镇	地方币	伍角	1	天后宫地区	1945年	
扬中普济庵临时流通券	扬中县普济庵镇	地方币	伍角	1	普济庵镇	1945年	
淮海区流通券	淮海区专员公署	区域本位币	伍角	1	淮海区	1942年	
淮海地方银行币	淮海地方银行	区域本位币	贰角 伍角 壹圆	3	涟水、淮安、沭阳地区	1941—1942年	
荣昌商店抗票	淮海分区工商局荣昌商店	地方币	贰角	1	淮海区	1945年	
鸿昌商店抗票	淮海分区工商局鸿昌商店	地方币	贰角	1	泗沭地区	1945年	
盐阜银行币	盐阜银行	区域本位币	壹角 贰角 伍角 壹圆 作贰圆 伍圆 作伍圆 拾圆 贰佰圆	24	盐阜地区	1942年4月—1945年8月	
盐阜银行本票	盐阜银行	区域本位币	壹佰圆 贰佰圆	2	盐阜地区	1943年	与盐阜币通用

续表

货币名称	发行机构	币别	面额	版别	流通区域	流通时间	备注
阜东县第四区流通券	阜东县区政府	地方币	伍角	1	苏北地区	1940年	江南商业货币券改制
访仙镇货币流通券	新四军江南抗日义勇军挺进纵队	地方币	壹角 贰角	2	丹阳访仙镇地区	1939年	
江南商业货币券	苏南第二区专署	地方币	壹角 贰角 伍角 壹圆	4	苏南东路地区	1940—1942年	
丹北货币流通券	新四军江南抗日义勇军挺进纵队	地方币	壹圆	1	丹阳北部游击区	1942年	
惠农银行币	惠农银行	区域本位币	壹圆 伍圆 拾圆	3	茅山东部、溧阳,丹阳等地	1942—1943年	壹圆券为惠农银行号流通券改制
江南银行币	江南银行	区域本位币	壹圆 伍圆	2	浙西长兴地区	1945年	
江南银行江宁办事处辅币券	江南银行江宁办事处	地方币	贰角 伍角	2	江宁、湖熟地区	1945年	
马迹山临时流通券	马迹山军政委员会	地方币	伍分	1	无锡太湖地区	1942年	

续表

货币名称	发行机构	币别	面额				版别	流通区域	流通时间	备注
汇业流通券	江南行政委员会财经局路南办事处	地方币	伍角	壹圆	伍圆	拾圆	4	茅山、大涤地区	1941 年	
茅东临时流通券	茅东贸易公司	地方币	伍角				1	茅东地区	1945 年	
句容县临时流通券	句容县财经处	地方币	壹角	贰角	伍角		3	句容地区	1945 年	
金坛县辅币券	金坛县财经处	地方币	伍角				1	金坛地区	1945 年	
溧阳县流通券	溧阳县财经处	地方币	伍角				1	溧阳地区	1945 年	
宜溧县政府财政经济局金融流通券	宜溧县政府财政经济局	地方币	伍角				1	宜溧县地区	1945 年	
宜溧流通铜币	宜溧县政府	地方币	伍分				1	宜溧县地区	1945 年	十文民国开国纪念币加戳记
溧高韩固辅区辅币券	溧高县韩固辅区政府	地方币	壹角				1	溧高韩固地区	1945 年	
溧水城区金融调剂委员会流通券	溧水城区金融调剂委员会	地方币	贰角				1	溧水地区	1945 年	

续表

货币名称	发行机构	币别	面额	版别	流通区域	流通时间	备注
江宁西岗镇商业流通券	江宁西岗镇商业部门	地方币	伍角	1	江宁西岗镇	1945年	
水北镇商业流通券	水北镇商业部门	地方币	伍分	1	金坛、溧阳交界地区	1945年	
长兴县流通券	长兴县政府	地方币	壹角 贰角	2	长兴地区	1945年	蜡版油印
长兴县泗安区临时流通券	长兴县泗安区地方政府	地方币	伍分 柒角伍分	6	长兴县泗安地区	1945年	蜡版油印
津浦路西流通券	津浦路西各县联防办事处	地方币	壹分 贰角 伍分 壹角	6	淮南津浦路西各县	1940—1943年	蜡版油印
津浦路东抗日民主政府流通券	津浦路东天长、来安等县政府	地方币	壹分 伍分	2	津浦路东地区	1940年	
淮南银行币	淮南银行	区域本位币	壹角 伍角 壹圆 伍圆 拾圆 壹佰圆 作伍圆 法币贰拾伍元 作法币五十元	32	淮南地区	1942年2月—1945年10月	
淮南银行(路西)币	淮南银行路西分行	区域本位币	拾圆 作法币伍拾圆	8	淮南津浦路西地区	1942—1943年	
直一区民众合作社兑换券	淮南半塔民众合作社	地方币	壹角 贰角	2	淮南津浦路东中心区	1942年	

续表

货币名称	发行机构	币别	面额	版别	流通区域	流通时间	备注
夏邑县流通券	夏邑县政府	地方币	壹角 贰角 伍角 壹圆	4	豫皖苏夏邑县	1940年	
萧县县政府流通券	萧县县政府	地方币	壹圆	1	豫皖苏萧县地区	1938年10月	瑞蚨祥钱庄票加盖戳记
萧县地方流通券	萧县政府经济科	地方币	壹角 贰角 伍分 伍角 壹圆	9	豫皖苏萧县地区	1939年10月—1940年	
豫皖苏边地方银号币（前期）	豫皖苏边地方银号	地方币	伍分 壹角 贰角 壹圆 贰圆 伍角	9	豫皖苏边区（前期）	1940年10月—1941年5月	
豫皖苏边地方银号币（后期）	豫皖苏边地方银号	地方币	壹角 贰角 伍角 壹圆 拾圆 贰圆	6	豫皖苏边区（后期）	1944—1945年	
淮上地方银号流通券	淮上地方银号	地方币	伍圆 拾圆 贰拾圆	3	苏皖边淮上地区	1945—1947年	有的为豫皖苏边地方号改制
股北流通券	宿东县股北地区政府	地方币	壹角 贰角 伍角 壹圆	4	宿东地区	1940—1942年	
淮北地方银号币	淮北地方银号	区域本位币	壹角 贰角 伍角 壹圆 贰圆 伍圆 拾圆 作拾圆	34	皖东北地区	1941—1945年	有的壹圆券为江淮币改制
淮北地方银号本票	淮北地方银号	区域本位币	伍拾圆	1	皖东北地区	1943年	与淮北币通用
大江银行币	大江银行	区域本位币	壹角 贰角 伍角 壹圆 伍圆 拾圆 贰拾圆	29	皖江区	1942—1945年	

续表

货币名称	发行机构	币别	面额				版别	流通区域	流通时间	备注
大江银行(皖南)币	大江银行	区域本位币	伍角 伍圆	壹圆	贰圆	五圆	4	皖南地区	1945 年	
大江银行(和含)币	大江银行	区域本位币	五角	一圆	二圆	五圆	6	皖西地区	1944—1945 年	
裕民号代价券	新四军七师商店裕民号	地方币	一角 五角				4	皖江区	1944—1945 年	
南义合作社代价券	南义合作社	地方币	壹角				1	皖中区	1944 年	
信义合作社代价券	信义合作社	地方币	壹角				1	皖中区	1944 年	
无为联营社代价券	无为联营社	地方币	壹角				1	皖中区	1944 年	
无东联营社代价券	无东联营社	地方币	壹角				2	皖中区	1944 年	
湖东联营社代价券	湖东联营社	地方币	壹角				1	皖中区	1944 年	
集成号代价券	新四军七师商店集成号	地方币	五角				1	皖江区	1945 年	
永大号代价券	新四军七师商店永大号	地方币	五角				1	皖江区	1945 年	

续表

货币名称	发行机构	币别	面额	版别	流通区域	流通时间	备注
豫鄂边区建设银行币	豫鄂边区建设银行	区域本位币	伍角 壹圆 拾圆 贰百圆 圆 贰圆 伍拾圆 伍佰圆 叁圆 壹佰圆 壹仟圆	16	豫鄂边区	1941年—1945年11月	
襄西生产运销合作社临时兑换券	襄西生产运销合作社	地方币	壹圆	2	襄西地区	1942—1945年	
襄河贸易管理分总局流通券	襄河贸易管理分总局	地方币	伍佰圆	1	襄西地区	1945年	
三北游击司令部金库兑换券	三北游击司令部	地方币	壹仟圆 伍仟圆 壹万圆	3	浙东慈溪、余姚、镇海北部地区	1943—1945年	
浙东敌后临时行政委员会金库兑换券	浙东敌后临时行政委员会	地方币	拾圆	2	浙东四明山地区	1943年	
浙东行政公署金库兑换券	浙东行政公署	地方币	作壹仟圆（"中储券"值）拾圆	2	浙东地区	1945年	
新四军浙东游击纵队金萧支队兑换券	新四军浙东游击纵队金萧支队	地方币	拾圆 伍拾圆 壹佰圆	3	浙东金华、萧山地区	1945年	
浙东行政公署金库兑换券	浙东银行经理发行	地方币	伍圆 拾圆	3	浙东地区	1945年	

续表

货币名称	发行机构	币别	面额			版别	流通区域	流通时间	备注
浙东银行辅币券	浙东银行	区域本位币	贰角	伍角		3	浙东地区	1945 年	
浙东银行币	浙东银行	区域本位币	壹圆	伍圆	拾圆	12	浙东地区	1945 年	
浙东银行(鄞县)辅币券	浙东银行	区域本位币	贰角			1	浙东鄞县地区	1945 年	
浙东银行(慈溪)辅币券	浙东银行	区域本位币	贰角			1	浙东慈溪地区	1945 年	
浙东银行(余姚)辅币券	浙东银行	区域本位币	贰角			1	浙东余姚地区	1945 年	
浙东银行(上虞)辅币券	浙东银行	区域本位币	贰角			1	浙东上虞地区	1945 年	
浙东银行(三北)辅币券	浙东银行	区域本位币	贰角			1	浙东三北地区	1945 年	
浙东银行(南山)辅币券	浙东银行	区域本位币	贰角			1	浙东南山地区	1945 年	
浙东银行本票	浙东银行	区域本位币	伍拾圆	壹佰圆		5	浙东地区	1945 年	与浙东币通用
浙东银行余姚支行币	浙东银行余姚支行	地方币	贰角	伍角	壹圆	3	余姚地区	1945 年	
浙东银行三北支行临时兑换券	浙东银行三北支行	地方币	伍角	壹圆		3	三北地区	1945 年 7—10 月	
浙东银行上虞支行临时兑换券	浙东银行上虞支行	地方币	壹角	贰角		2	上虞地区	1945 年 8—10 月	

263

续表

货币名称	发行机构	币别	面额				版别	流通区域	流通时间	备注
慈溪县大亭区通用辅币券	慈溪县大亭区署	地方币	壹角	贰角	伍角	壹圆	4	三北慈溪县地区	1945年8月	
慈溪县观城区署临时兑换券	慈溪县观城区署	地方币	壹角 贰圆	贰角	伍角 壹圆	壹圆	10	三北观城地区	1945年8月	
慈溪县庄桥区署临时兑换券	慈溪县庄桥区署	地方币	壹圆	伍圆			2	三北庄桥地区	1945年8月	
慈溪县庄桥区黄思乡公所抗币辅用券	慈溪县庄桥区黄思乡公所	地方币	伍角	壹圆			2	庄桥黄思三乡通行	1945年8月	
鄞县古林区署临时兑换券	鄞县古林区署	地方币	伍角	壹圆			2	鄞县古林区	1945年8月	
鄞县武陵区辅币临时兑换券	鄞县武陵区署	地方币	壹圆				1	鄞县武陵区	1945年	
鄞县武陵区凤岙镇公所临时兑换券	鄞县武陵区凤岙镇公所	地方币	壹圆				1	武陵区凤岙镇	1945年	
浒山区临时辅币	浒山区署	地方币（镍币）	壹角	贰角	伍角		3	余姚浒山镇	1945年	镍为铝锡合金
三管乡一分镍币	余姚三管乡公所	地方币（镍币）	一分				2	余姚三管乡	1945年	镍为铝锡合金
三管乡临时兑换券	余姚三管乡公所	地方币	贰角				1	余姚三管乡	1945年	
浒山区临时兑换券	余姚浒山区署	地方币	贰角	伍角	壹圆	贰圆	8	余姚浒山镇	1945年	

续表

货币名称	发行机构	币别	面额	版别	流通区域	流通时间	备注
后陈镇临时兑换券	上虞县后陈镇	地方币	贰角	1	上虞县后陈镇	1945 年	
陆埠镇辅币	南山县陆埠镇	地方币（镍币）	贰角	1	南山县陆埠镇	1945 年	镍为铅锡合金
中河乡抗币兑换券	余姚中河乡政府	地方币	壹圆	1	余姚中河乡	1945 年	
新民合作社抗币兑换券	余姚新民合作社	地方币	壹圆	1	余姚县	1945 年	
金山场盐民生产合作社临时易货券	镇海金山场盐民生产合作社	地方币	贰角	1	镇海县虞北	1945 年	

265

参 考 文 献

一、原始档案

南京第二历史档案馆馆藏：全宗号 3(6)。

南京第二历史档案馆馆藏：全宗号 4(26922)。

南京第二历史档案馆馆藏：全宗号 2041(2)。

天津档案馆馆藏：全宗号 J0043(1)。

天津档案馆馆藏：全宗号 J0001(1)。

天津档案馆馆藏：全宗号 J0001(3)。

上海市档案馆馆藏：全宗号 Q53(2)。

上海市档案馆馆藏：全宗号 Q54(3)。

上海市档案馆馆藏：全宗号 Q55(2)。

上海市档案馆馆藏：全宗号 Q178(2)。

上海市档案馆馆藏：全宗号 Q181(1)。

上海市档案馆馆藏：全宗号 R22(1)。

上海市档案馆馆藏：全宗号 R22(2)。

上海市档案馆馆藏：全宗号 R37(3)。

上海市档案馆馆藏：全宗号 R47(2)。

上海市档案馆馆藏：全宗号 S173(1)。

重庆市档案馆馆藏：全宗号 28(2)。

重庆市档案馆馆藏：全宗号 34(1)。

重庆市档案馆馆藏：全宗号 53(19)。

重庆市档案馆馆藏:全宗号 109(1)。

重庆市档案馆馆藏:全宗号 110(2)。

重庆市档案馆馆藏:全宗号 282(1)。

陕西省档案馆馆藏:全宗号 17(1)。

陕西省档案馆馆藏:全宗号 71(3)。

甘肃省档案馆馆藏:全宗号 15(1)。

甘肃省档案馆馆藏:全宗号 53(5)。

山东省档案馆馆藏:全宗号 G001(1)。

山东省档案馆馆藏:全宗号 G039(1)。

山西省档案馆馆藏:全宗号 A198(3)。

山西省档案馆馆藏:全宗号 A204(1)。

江西省档案馆馆藏:全宗号 18(2)。

江西省档案馆馆藏:全宗号 18(3)。

江西省档案馆馆藏:全宗号 18(7)。

湖南省档案馆馆藏:全宗号 28(6)。

湖南省档案馆馆藏:全宗号 29(2)。

南昌市档案馆馆藏:全宗号 1(2)。

河北省涉县档案馆馆藏:全宗号 2。

河北省涉县档案馆馆藏:全宗号 9。

河北省涉县档案馆馆藏:全宗号 11。

河北省涉县档案馆馆藏:全宗号 16。

台湾"国史馆"藏:2-90106。

日本防卫省防卫研究所藏:C11110869800。

《蒋介石日记》,斯坦福大学胡佛档案馆藏蒋介石日记手稿影印件。

二、报刊

《解放日报》,1941—1945 年。

《新中华报》,1941 年。

《新民报》晚刊,1940 年。

《大众日报》,1942—1945 年。

《渤海日报》,1944 年。

《群众报》,1943 年。

《解放》,1941 年。

《共产党人》,1941 年。

《中央经济月刊》,1943 年。

《银行周报》,1940 年。

《云南省政府公报》,1940 年。

南京《中央日报》,1935 年。

《申报》,1928—1938 年。

《中央日报》,1938—1946 年。

《国民公报》,1937—1943 年。

《法律评论》,1938 年。

《司法公报》,1944 年。

《广西省政府公报》,1936 年。

《广东政府公报》,1936—1939 年。

《湖南省政府公报》,1936 年。

《江西省政府公报》,1936 年。

《江西省伪造辅币》第 634 期。

《市政公报》,1936 年。

《察哈尔省政府公报》,1936 年。

《朝阳法律评论》,第 6 卷。

《防空军人》,1939 年。

《群众》,第 9 卷。

《新建设》,第 4 卷。

《中农月刊》,第 2 卷。

日本期刊《読売新聞(朝刊)》,1942 年。

三、资料集、著作

中共中央文献研究室、中央档案馆:《建党以来重要文献选编》(1—21 册),中央文献出版社 2011 年版。

中央档案馆编:《中共中央文件选集》(1—18 册),中共中央党校出版社 1982—1985 年版。

陕西省档案馆、陕西省社会科学院:《陕甘宁边区政府文件选编》(1—10 辑),档案出版社 1988 年版。

甘肃省社会科学院历史研究所编:《陕甘宁革命根据地史料选辑》(1—5辑),甘肃人民出版社1981—1986年版。

西北五省区编纂领导小组、中央档案馆合编:《陕甘宁边区抗日民主根据地》(文献卷·上、下),中共党史资料出版社1990年版。

中央档案馆、陕西省档案馆:《中共陕甘宁边区党委文件汇集》(1937—1941)(全两册),中央档案馆、陕西省档案馆出版社1994年版。

陕西省档案馆:《抗日战争时期陕甘宁边区财政经济史料摘编》(1—10编),陕西人民出版社1981年版。

陕西省档案馆:《陕甘宁边区法律法规汇编》,三秦出版社2010年版。

中国社会科学院经济研究所中国现代经济史组:《革命根据地经济史料选编》(上、中、下三册),江西人民出版社1986年版。

中国人民银行金融研究所、财政部财政科学研究所:《中国革命根据地货币史》(上、下两册),文物出版社1982年版。

晋冀鲁豫边区财政经济史编辑组:《抗日战争时期晋冀鲁豫边区财政经济史资料选编》(第1辑),中国财政经济出版社1990年版。

财政部税务总局编:《中国革命根据地工商税收史长编——山东革命根据地部分》(1927—1949),中国财政经济出版社1989年版。

中国人民银行河北省分行:《冀南银行》(全二册·1·2),河北人民出版社1989年版。

中国人民银行金融研究所、中国人民银行山东省分行金融研究所:《中国革命根据地·北海银行史料》(1—2册),山东人民出版社1986、1987年版。

河北省金融研究所:《晋察冀边区银行》,中国金融出版社1988年版。

中国人民银行陕西省分行、陕甘宁边区金融史编辑委员会编:《陕甘宁边区金融史》,中国金融出版社1992年版。

浙江省钱币学会:《华中革命根据地货币史》(1—3册),中国金融出版社2004年版。

《中国金融通史》(全6卷),中国金融出版社2008年版。

中国人民银行总行金融研究所:《中外金融法规汇编》(第3分册),中国人民银行总行金融研究所1988年版。

张转芳:《晋冀鲁豫边区货币史》(上册),中国金融出版社1996年版。

江苏省钱币学会:《华中革命根据地货币史》(第1分册),中国金融出版社2005年版。

杨世源:《晋绥革命根据地货币史》,中国金融出版社 2001 年版。

许树信:《中国革命根据地货币史纲》,中国金融出版社 2008 年版。

章书范:《淮南抗日根据地货币史》,中国金融出版社 2004 年版。

殷毅:《中国革命根据地印钞造币简史》,中国金融出版社 1996 年版。

叶振鹏主编:《中国财政通史》(1—10 卷),湖南人民出版社 2015 年版。

《中国钱币大辞典编纂委员会》,《中国钱币大辞典》,中华书局 2001 年版。

山西省地方志编纂委员会办公室:《山西金融志》(初稿),山西省地方志编纂委员会办公室,1984 年。

赵秀山:《抗日战争时期晋冀鲁豫边区财政经济史》,中国财政经济出版社 1995 年版。

魏宏运:《晋察冀抗日根据地财政经济史稿》,档案出版社 1990 年版。

彭真:《关于晋察冀边区党的工作和具体政策报告》,中共中央党校出版社 1981 年版。

重庆市档案馆、重庆市人民银行金融研究所合编:《四联总处史料》(上、中、下全 3 册),档案出版社 1993 年版。

洪葭管:《中央银行史料》[(1928—1949)全 2 册],中国金融出版社 2005 年版。

中国第二历史档案馆编、中国银行总行合编:《中国银行行史资料汇编》[上编(1912—1949)全 3 册],档案出版社 1991 年版。

中国第二历史档案馆编:《中华民国金融法规选编》(上下全 2 册),北京:档案出版社 1989—1990 年版。

中国人民银行总行参事室编:《中华民国货币史资料》第 2 辑(1924—1949),上海人民出版社 1991 年版。

中国第二历史档案馆:《中华民国史档案资料汇编:第 5 辑第 2 编》(附录)《日伪在沦陷区的统治(上、下全 2 册)》,江苏古籍出版社 1997 年版。

中国第二历史档案馆编:《中华民国史档案资料汇编:第 5 辑第 2 编财政经济(1—4)》,江苏古籍出版社 1997 年版。

庄建平、章伯锋主编:《抗日战争》(1—7 卷),四川大学出版社 1997 年版。

秦孝仪主编:《革命文献》(抗战建国史料 1—6 卷),(台北)中国国民党中央委员会党史委员会,1989 年。

中华民国重要史料初编编辑委员会:《中华民国重要史料初编——对日抗战时期》(1—7 编),中国国民党中央委员会党史委员会,1981 年。

余子道、曹振威等:《汪伪政权全史》(上、下卷),上海人民出版社 2006 年版。

《孔祥熙先生演讲集》,美国纽约中美文化协会 1960 年版。

罗家伦:《革命文献》(第八十辑),(台北)中国国民党中央委员会党史委员会,1955 年。

彭迪先:《战时的日本经济》,生活书店 1938 年版。

张锡昌、陈文川等:《战时的中国经济》,北京科学书店印行 1944 年版。

寿进文:《战时中国的银行业》,重庆中央信托局印制处 1944 年版。

王亚南:《中国经济原论》,福建经济科学出版社 1946 年版。

朱斯煌主编:《民国经济史》,见沈云龙主编:《中国近代史资料丛刊》第 3 编,第 47 辑,文海出版社 1984 年版。

《民国财政史》,中国财政经济出版社 1985 年版。

《中国农民银行》,中国财政经济出版社 1980 年版。

李剑农:《最近三十年中国政治史》,太平洋书店 1933 年版。

陈之迈:《中国政府》(第 3 册),商务印书馆 1947 年版。

《毛泽东选集》,东北书店 1948 年哈尔滨版。

中国现代史资料编辑委员会编:《战争中的日本帝国主义》,中国现代史资料编辑委员会,1957 年版。

中国法规刊行社编审委员会编纂:《最新六法全书》,中国法规刊行社 1946 年编刊。

中央训练团编印:《中华民国法规辑要》(第 3 册)(第 9 编·金融),(出版社不详)1941 年版。

谢振民:《中华民国立法史》,《民国丛书·第五编·26》,上海书店 1937 年版。

王宠惠:《中华民国刑法》,中华书局 1928 年版。

郭卫:《最新中华民国刑法》(缩微品),国家图书馆 2003 年版。

《民国丛书》第 2 编,上海书店 1990 年版。

瞿同祖:《中国法律中国社会》,中华书局 1981 年版。

北京大学法律系法律史教研室编:《中国近代案例选》,山西人民出版社 1983 年版。

司法行政部编:《民商事习惯调查报告录》(二),1930 年。

行政法院编:《行政法院判决汇编》,台湾法学编译社 1948 年版。

俞钟骆、吴学鹏:《国民政府统一解释法令汇编》,上海律师公会 1932 年版。

中国法规刊行社编审委员会校勘:《最新六法全书》,中国法规刊行 1946 年版。

《中华民国法规大全》,上海商务印书馆 1936 年版。

《中华民国刑法详解》,上海法政学社出版1940年版。

胶东行政公署:《法令汇编》,1944年。

张明楷:《刑法学》(下),法律出版社1997年版。

王振兴:《刑法分册实用》(第1册),(台湾)三民书局1985年版。

张晋藩:《中国法律的传统与近代转型》,法律出版社1997年版。

居正:《司法工作之理论与实际》,上海大东书局印行1945年版。

黄明儒:《伪造、变造犯罪的定罪与量刑》,人民法院出版社2002年版。

黄宗智:《民事审判与民间调解:清代的表达与实践》,中国社会科学出版社1998年版。

《资本论》(1—3卷),人民出版社1975年版。

中共中央马克思恩格斯列宁斯大林著作编译局编译:《马克思恩格斯全集》(第12、13、44、46卷),人民出版社1962—2001年版。

中共中央马克思恩格斯列宁斯大林著作编译局编译:《列宁全集》(第6、27、30、38卷),人民出版社1985—1986年版。

中共中央马克思恩格斯列宁斯大林著作编译局编译:《马克思恩格斯选集》(1—4卷),人民出版社1972年版。

中共中央马克思恩格斯列宁斯大林著作编译局编译:《列宁选集》(1—4卷),人民出版社1995年版。

中共中央马克思恩格斯列宁斯大林著作编译局编译:《列宁专题文集(论资本主义)》,人民出版社2009年版。

《共产党宣言》,中央编译出版社2005年版。

《毛泽东文集》(第二、三、四卷),人民出版社1993年版。

《毛泽东选集》(第一至四卷),人民出版社1991年版。

逄先知:《毛泽东年谱:1893—1949》(中卷),中央文献出版社2002年版。

《邓小平文选》(第一至三卷),人民出版社1993、1994年版。

《江泽民文选》(第二卷),人民出版社2006年版。

中共中央党史研究室:《中国共产党历史》(上卷),人民出版社1991年版。

林伯渠文集编写组:《林伯渠文集》,华艺出版社1996年版。

薛暮桥:《薛暮桥文集》(第2卷),中国金融出版社2011年版。

曹菊如:《曹菊如文稿》,中国金融出版社1983年版。

翁文灏:《翁文灏日记》(上、下册),中华书局2011年版。

姚崧龄:《张公权先生年谱初稿》(上、下册),社会科学文献出版社2014年版。

《聂荣臻回忆录》,解放军出版社 2007 年版。

徐则浩:《王稼祥传》,当代中国出版社 1996 年版。

《抗日战争时期国民政府财政经济战略措施研究》,西南财经大学出版社 1988 年版。

刘录开、钟廷豪主编:《中国革命根据地商业史》,中国商业出版社 1997 年版。

中国近代金融史编写组:《中国近代金融史》,中国金融出版社 1985 年版。

千家驹、郭彦岗:《中国货币史纲要》,上海人民出版社 1986 年版。

杨培新:《旧中国的通货膨胀》,人民出版社 1985 年版。

戴相龙、黄达:《中华金融词库》,中国金融出版社 1998 年版。

尚明:《当代中国的金融事业》,中国社会科学出版社 1989 年版。

桑润生:《简明近代金融史》,立信会计出版社 1995 年版。

王其坤:《中国军事经济史》,解放军出版社 1991 年版。

本书编写组编:《上海金融史话》,上海人民出版社 1978 年版。

艾春岐:《西方经济学说简史》,首都经济贸易大学出版社 2008 年版。

师毓符:《中国货币金融史略》,天津人民出版社 1984 年版。

朱理治金融论稿编纂委员会、陕甘宁边区银行纪念馆编:《朱理治金融论稿》,中国财政经济出版社 1993 年版。

朱理治:《朱理治回忆录:往事回忆》,中共党史出版社 2017 年版。

张文杰、王怀安、郭晓平主编:《纪念朱理治文集》,河南人民出版社 1993 年版。

武博山、王立章等:《回忆冀南银行九年》,中国金融出版社 1993 年版。

魏协武、贾光和、梁丁中:《陕甘宁边区金融报道史料选》,陕西人民出版社 1992 年版。

星光、张杨:《抗日战争时期陕甘宁边区财政经济史稿》,西北大学出版社 1988 年版。

戎子和:《晋冀鲁豫边区财政简史》,中国财政经济出版社 1987 年版。

张佳寺:《晋察冀边区财政经济史资料选编》(总论编),南开大学出版社 1984 年版。

朱玉湘:《山东革命根据地财政史稿》,山东人民出版社 1989 年版。

戴建兵:《中国货币文化史》,山东出版社 2011 年版。

易纲、吴有昌:《货币银行学》,上海人民出版社 2014 年版。

杨奎松:《毛泽东与莫斯科的恩恩怨怨》,江西人民出版社 1999 年版。

黄正林:《陕甘宁边区社会经济史(1937—1945)》,人民出版社 2006 年版。

李大钊:《史学要论》,上海古籍出版社 2014 年版。

黄自进、潘光哲编:《困勉记》(下),世界大同出版有限公司 2011 年版。

何应钦:《何上将抗战期间军事报告》,《民国丛书第三编》,上海书店 1990 年版。

陈志让:《军绅政权——近代中国的军阀时期》,广西师范大学出版社 2008 年版。

徐德莉:《民国时期伪造之风研究—以湖南为例》,人民出版社 2015 年版。

[日]守屋典郎著,周锡卿译:《日本经济史》,生活·读书·新知三联书店 1963 年版。

[日]根据大藏省与日本银行合编:《财政经济统计年报》,1948 年版。

[日]防卫厅防卫研修所战史室:《中国事变陆军作战史》(第 2 卷),东京朝云新闻社 1976 年版。

日本银行调度室编:《日本金融史资料》,昭和篇 29,1971 年版。

[日]《续·现化史资料 11·占领区货币工作》,みすず书房 1966 年版。

[日]石岛纪之著,郑玉纯译:《中国抗日战争史》,吉林教育出版社 1990 年版。

[日]松本俊郎:《侵略和战争——日本资本主义和殖民地化》,御茶水书房 1992 年版。

[日]海野福寿、山田朗、渡辺賢二编:《陸軍登戸研究所:隠蔽された謀略秘密兵器開発》,东京:青木书店 2003 年版。

[日]大岛康弘:《私の履歴書·第二次世界大戦と偽札秘話》,明和グラビア株式会社《めいわ》,1995 年版。

[日]山本憲蔵:《陸軍贋幣作戦》,东京德間書店 1984 年版。

[英]埃德蒙·柏克著,何光武等译:《法国革命论》,商务印书馆 2003 年版。

[英]约翰·梅纳德·凯恩斯著,高鸿业译:《就业、利息和货币通论》,商务印书馆 2004 年版。

[英]约翰·斯图亚特·穆勒著,金镝、金熠译:《政治经济学原理》(上、下册)(*Principles of Political Economics*),华夏出版社 2013 年版。

[奥]汉斯·凯尔森著,沈宗灵译:《法与国家的一般理论》,中国大百科全书出版社 1996 年版。

[德]黑格尔:《历史哲学》,生活·读书·新知三联书店 1957 年版。

[德]马克斯·韦伯(Max Weber)著,王容芬译:《儒教与道教》,江苏人民出版社 2003 年版。

[德]卡尔·冯·克劳塞维茨著,时殷弘译:《战争论》(上、下册),商务印书馆 2016 年版。

[德]约尔格·吉多·许尔斯曼著,董子云译:《货币生产的伦理》(*The Ethics of Money Production*),浙江大学出版社 2011 年版。

[法]谢和耐:《中国社会史》,江苏人民出版社 1992 年版。

[美]费正清著,中国社会科学院译:《剑桥中国晚清史》(1800—1911 年)(上下卷),中国社会科学出版社 1985 年版。

[美]费正清:《剑桥中华民国史》(上、下卷),中国社会科学出版社 1993 年版。

[美]埃尔曼:《比较法律文化》,生活·读书·新知三联书店 1990 年版。

[美]杜赞奇著,王福明译:《文化、权力与国家——1900—1942 年的华北农村》,江苏人民出版社 2003 年版。

[美]黄宗智:《华北的小农经济与社会变迁》,中华书局 2000 年版。

[美]吉尔伯特·罗兹曼主编:《中国的现代化》,江苏人民出版社 1995 年版。

[美]塞缪尔·P.亨廷顿:《变动社会的政治秩序》,上海译文出版社 1989 年版。

[美]曼昆著,梁小民、梁砾译:《经济学原理》(第 7 版 2 册),北京大学出版社 2015 年版。

[美]约翰·K.库勒著,陈远明、陈曦琳译:《货币战争》,浙江文艺出版社 2009 年版。

[美]卡比尔·塞加尔:《货币简史》(*Coined:The Rich Life of Money and How Its History Has Shaped Us*),中信出版社 2015 年版。

Lizzie Collingham.*The Taste of War:World War II and the Battle for Food*,Penguin Press HC,2012,pp.450-478.

四、研究论文

吴景平:《日伪统治时期上海金融市场秩序的重构》,《民国档案》2018 年第 5 期。

戴建兵:《日本投降前后对中国经济的最后榨取和债务转移》,《抗日战争研究》2001 年第 1 期。

李金铮:《论 1938——1949 年华北抗日根据地和解放区合作社的借贷活动》,《社会科学论坛》1999 年第 3 期。

丁孝智:《孔祥熙战时财政政策及其评价》,《西北师大学报》(社会科学版)1996 年第 2 期。

田茂德、吴瑞雨:《辛亥革命至抗战前夕四川金融大事记》(五),《四川金融研究》1984 年第 10 期。

姚会元:《法币政策与抗日战争》,《抗日战争研究》1996 年第 1 期。

抗日根据地对伪造货币的治理及其历史经验研究

黄正林:《抗战时期陕甘宁边区的经济政策与经济立法》,《近代史研究》2001 年第 1 期。

李成龙:《抗战时期朱理治金融思想与实践研究》,重庆工商大学硕士学位论文, 2018 年。

伍操:《战时国民政府金融法律制度研究(1937—1945)》,西南政法大学博士学位 论文,2011 年。

乌日汉:《抗日战争时期陕甘宁边区大生产运动研究》,天津大学硕士学位论文, 2014 年。

崔泽慧:《货币政策、信息披露质量与非效率投资》,东北财经大学硕士学位论文, 2017 年。

王乔:《近代中国货币法研究》,中国政法大学博士学位论文,2011 年。

吴永光:《国民政府时期金融监管体制变迁研究》,广西师范大学硕士学位论文, 2006 年。

郭静洲:《华北、华中地区的中日货币战》,《东南文化》1995 年第 3 期。

郭晓平:《太行根据地的金融货币斗争》,《中共党史研究》1995 年第 4 期。

王薇、王黎:《阿诺德·J.汤因比论二战的影响与启示》,《四川大学学报(哲学社会 科学版)》2016 年第 3 期。

黄存林:《论抗日根据地的货币斗争》,《河北学刊》1985 年第 5 期。

汪澄清:《货币之战:论抗日根据地的金融稳定政策》,《中共党史研究》2005 年第 6 期。

齐春风:《抗战时期大后方与沦陷区间的法币流动》,《近代史研究》2003 年第 9 期。

孟国祥:《民国时期的中日假钞之战》,《民国春秋》1999 年第 6 期。

梁晨:《日本侵华战争中的货币战》,《东岳论丛》2004 年第 6 期。

薛暮桥:《山东抗日根据地的对敌货币斗争》,《财贸经济》1980 年第 1 期。

申春生:《山东抗日根据地的两次货币斗争》,《中国经济史研究》1995 年第 3 期。

唐致卿:《抗战时期山东解放区的对敌货币斗争》,《文史哲》1999 年第 2 期。

陆文培:《淮北抗日根据地的货币发行与货币斗争》,《财贸研究》1986 年第 3 期。

刘万山:《抗战胜利后吉林解放区货币及其对敌斗争》,《中国钱币》1985 年第 1 期。

戴建兵:《论解放战争时期华北解放区的货币斗争》,《河北经贸大学学报》1994 年 第 6 期。

李祥瑞：《抗日战争时期的陕甘宁边区银行》，《西北大学学报》1985年第3期。

王同兴：《抗日战争和解放战争时期革命根据地的金融建设》，《中共党史研究》1990年第3期。

田霖霞：《抗日根据地金融政策的特点及历史作用》，《开发研究》1996年第6期。

汪澄清：《货币之战：论抗日根据地的金融稳定政策》，《中共党史研究》2005年第6期。

李清兰：《晋冀鲁豫根据地金融斗争史略》，《中国钱币》1991年第1期。

缪明扬：《川陕革命根据地货币政策初探》，《南京金融高等专科学校学报》2001年第1期。

孔路原：《试论川陕苏维埃的金融货币》，《中共成都市委党校学报》2001年第3期。

张励声：《抗战时期晋察冀边区银行和货币战》，《南开学报》1983年第5期。

徐爱华：《鄂豫皖苏区的银行与货币斗争》，《江淮论坛》1984年第3期。

陆文培：《淮北抗日根据地的货币发行与货币斗争》，《财贸研究》1986年第3期。

吴筹中、朱肖鼎：《苏南敌后抗日根据地发行的"抗币"》，《苏州大学学报》1987年第2期。

吴筹中、朱肖鼎：《苏北抗日根据地发行的盐阜抗币》，《扬州大学学报》1987年第3期。

曹春荣：《中华苏维埃共和国币制述略》，《江西社会科学》1991年第6期。

左进亮、赵玉平：《赣东北根据地银行的纸币》，《党史纵横》1995年第10期。

张常勇、王向英：《抗战时期冀钞的发行及其历史作用》，《山西师大学报（社科版）》2005年第4期。

徐德莉：《抗战时期日本伪造货币及中方治理对策》，《新华文摘》2015年第19期。

徐德莉：《抗日根据地对伪造货币的应对》，《中国社会科学文摘》2018年第2期。

徐德莉：《抗战时期伪造货币述论》，《江西师范大学学报（社科版）》2017年第2期。

赵颖：《晋西北根据地发行农币的原因》，《山西高等学校社会科学学报》2008年第7期。

李金铮：《抗日战争时期晋察冀边区的农业》，《中共党史研究》1992年第4期。

戴建兵：《抗日战争时期敌我双方货币策略》，《江苏钱币》2015年第6期。

王红曼：《四联总处对战时货币发行的法律监管》，《中国社会经济史研究》2008年第9期。

魏宏运：《论晋察冀抗日根据地货币的统一》，《近代史研究》1987年第5期。